JN427431

학생의 삶을 존중하는 교사

교직소양

강 승 규

동 문 사

책을 내면서

내가 과연 학생을 가르칠 수 있을까?
몰라도 가르칠 수 있을까?
학생에게 무엇을 가르쳐야 하나?
어떻게 가르쳐야 하나?
좋은 선생님은 어떤 선생님인가?

이러한 질문에 대한 묘책이 없을까? 어떠한 교사가 그러한 교사가 될 수 있겠는가? 이 의문은 우리에게 늘 숙제로 남아있다. 이에 대한 명쾌한 답은 없어보이지만, 경험적으로 이야기하자면, 우선 학생의 입장에서 학생을 먼저 생각하는 교사라면 그러한 것의 많은 것을 해결해 줄 수 있을 것이다. 학생의 마음을 잘 알아줄 수 있는 선생님이라면 능히 학생의 필요와 요구를 잘 파악하여 그 해결책을 마련해 줄 수 있을 것이다. 학생의 필요란, 자신이 사람으로 살아가기 위한 기본적인 욕구와 함께, 사람으로서 지닌 느낌과 기분, 욕망, 애정, 그리고 앎에 대한 갈망 등이다. 교사가 기본적으로 삶에 대한 기초적 애정을 가지고 있다면, 당연히 학생의 필요를 알고 채워 줄 수 있을 것이다. 그러한 교사는 학생이 처해 있는 '지금 여기'의 상황에서 참으로 필요로 하는 것을 정확하게 포착하여 해결해 줄 수 있을 것이고, 어떠한 어려움도 해결해 줄 수 있는 실마리를 찾아 줄 수 있는 사람이다. 학생의 삶에 대해서 애정을 가지고 학생을 지도하신 선생님이라면 당연히 학생의 지적인 욕구와 열망을 충족시켜 줄 수 있는 마음과 자세를 구비한 선생님이다. 참된 선생님은 참된 학생이라는 말이 있듯이, 학생을 가르치면서 공부하고 학생의 지적인 필요와 욕구를 채워 줄 수 있는 능력을 지녔다고 생각한다.

필자에게는 여름이면 마당의 잔디밭과 채소밭에 자라는 풀을 뽑는 일이 큰 일이다. 그런데 아무리 작은 풀이라도 뿌리까지 뽑아내려면 내 몸의 힘이 풀뿌리까지 전달되는 느낌이 있을 때에 풀이 제대로 뽑아진다는 사실을 알게 되었다. 그냥 건성으로 손으로만 풀을 잡아당기면 땅 위에 올라와 있는 윗쪽의 싹만 끊어지고, 땅 속에 보이지 않은 뿌리는 그대로 남게 되며, 다음에 그 싹이 자랄 때를 기다렸다가 또 다시 그 뿌리를 뽑을 때에는 힘이 더 필요하다. 또 하나 나무를 키우면서 확인한 사실은, 각각의 나무의 사정에 알맞게 거름과 영양제를 주어야 한다는 점이다. 각각의 나무의 자라는 상태를 무시하고 획일적으로 거름과 영양제를 줄 경우 잘 자라고 있는 나무는 잘 흡수하여 좋은 결과를 보지만, 그렇지 못한 나무는 오히려 그것이 독이 되어 상태가 더 악화되거나 죽어버리고 만다. 학생 교육도 이와 다를 바가 없다. 학생 한 명 한 명에게 자신의 심리적 상태, 그리고 처지와 수준에 맞추어 지도가 이루어 질 때에 교사의 교육력이 성공할 수 있다. 교사가 학생 개개인의 특이체질적 특성을 배려하지 못하고 학습을 한다면 그 학습은 반드시 실패한다.

이 책에서는 교사가 학생을 존중하고 사랑한다는 것이 어떠한 것이고 어떻게 학생을 가르치고 지도해야 하는가에 대한 여러 가지 이야기를 하고 있다. 제1장에서는 학생의 삶을 존중하는 교사란 어떠해야 하는가에 대한 논의를 하고, 제2장에서는 학생의 자존감 형성이 얼마나 중요한가에 대해서, 그리고 자존감을 기르기 위해서 학교와 가정에서 해야 할 일이 무엇인가에 대해서 다루고 있고, 제3장에서는 학생을 존중한다는 뜻이 무엇이고 어떻게 해야 하는가에 대해서 논의하고 있으며, 제4장에서는 학생을 사랑한다는 말의 뜻, 그리고 실천을 하기 위해서 무엇이 필요한가에 대해서, 제5장에서는 학생존중의 철학과 이론에 대한 선구적 교육가와 사상가를 소개했으며, 제6장에서는 소위 좋은 교육이란 어떠한 것인가에 대해서 다루고 있으며, 제7장에서는 교사로서 갖추어야 할 자세와 윤리에 대해서 다루고 있으며, 제8장에서는 교육정책과 학교운영에서 교사가 해야 할 일을 다루고 있다.

이 책은 그동안 대학에서 교육학을 가르치면서, 그리고 시민운동을 하면서 부딪치는 교육문제를 고민하면서 교사가 어떠해야 하는가에 대한 생각을 정리한 것인데, 좋은 선생님이 갖추어야 할 자세와 마음가짐에 대해서 이야기하고 있다. 이 책이 좋은 교사가 되고자 하는 예비교사들에게 앞날의 교사상을 정립하는 데에 참고서 역할이 되기를 바란다.

이 책이 나오기까지 많은 분들의 도움이 있었다. 스웨덴 관련 자료를 챙겨 보내 준 스웨덴 중앙교육위원회의 황선준 국장님과 자료 번역을 도와 준 윤경현 님, 원고를 읽고 좋은 의견을 제시하고 교정을 도와준 이경자 박사님, 추인환 선생님, 김영실 조교, 사진을 찍어 주었던 서범종 박사님, 그리고 책을 쓰는 동안 옆에서 조언을 아끼지 않은 내자 조금남 님에게 감사의 마음을 전하며, 출판을 허락해 준 동문사의 이중수 사장님과 여러 가지 잔 주문에도 불구하고 즐겁게 편집을 매조지한 김종욱 국장님에게 사의를 표한다.

누렇게 익은 곡식을
거둬들이는 가을

2007년 강 승 규

차 례

제1장 학생의 삶을 존중하는 교사의 철학

제2장 학생의 주인은 바로 학생 자신이다

제3장 학생존중의 이론과 실천

제4장 학생사랑과 교사

제5장 학생중심교육의 선구자

제7장 교사의 윤리

제1장 학생의 삶을 존중하는 교사의 철학

Ⅰ. 왜 학생중심의 교육인가?

교사는 학생을 가르치는 사람이다. 일상적으로 '가르치는 일'을 우리는 교사의 일 또는 교육이라고 하고 있다. 이러한 탓으로 교육과 교사활동을 동일하게 사용하는 경우가 많다.

교육을 말할 경우에, 교육을 제공하는 사람의 입장으로서는 국가와 학부모, 교사를 생각할 수 있고, 교육을 받는 사람의 입장으로는 학생을 생각할 수 있을 것이다. 달리 생각해보면, 교육활동이 있어야 할 이유를 들자면, 국가의 필요에 의해서, 그리고 학부모 입장에서, 교사의 입장에서, 그리고 학생의 입장에서 교육을 행할 수 있는데, 교육의 대상은 교육제공자가 누구든 간에 모두 학생이다. 즉 학생을 대상으로 하여 국가가 필요한 것을 더 가르쳐야 한다고 주장하기도 하고, 부모의 입장에서 자신들이 원한 것을 자식에게 갖추도록 하기 위한 것이고, 교사는 자신들이 필요로 하는 것을 학생들에게 가리키고자 하는 노력을 한다. 그런데 학생의 입장에서 본다면 학생 자신에게 필요로 한 것과 의미 있는 것이 무엇일까 하는 숙제는 늘 지나쳐 버리는 일이 되기 쉽다.

전통적인 교육관에서는 학생의 입장보다는 가르치는 사람과 국가사회의 입장에서 교육이 주도되었으나 사회가 분화되고 민주화되어 가면서 점차 학생의 입장이 강조되었다. 학생중심 교육이나 어린이 중심교육이 현대에 오면서 점차 강조되어졌는데, 그것은 대중화와 과학화 또는 민주화되어 가는 사회의 흐름과 무관하지 않다. 현대 사회에 와서 '어린이중심교육', '학생중심교육'이 일반화되었다. 우리 사회에는 '학생중심교육'이라는 용어가 실제적으로 일반화되기 시작한 것은 비교적 최근의 일이다.

그런데 학생중심교육이나 어린이중심교육이라 하더라도 여전히 가르치는 사람의 입장에 따라 교사의 편에 서 있느냐 아니면 학생의 편에 서 있느냐에 따라 교육의 형태가 크게 달라진다. 이는 '사람'에 대한 가치관과 세계관, 또는 학생을 보는 가치관과 세계관에 따라 크게 달라진다. 교육을 보는 눈이나 학생을 보는 눈이 여러 가지 있을 수 있겠지만, 배우는 사람의 입장과 가르치는 사람의 입장이 대립된 형태로 나타난다. 여전히 학생중심교육이라 하더라도 가르치는 사람의 입장과 배우는 사람의 입장 중 어느 입장으로 기울이느냐에 따라 교육의 형태는 크게 다르게 나타난다.

우리가 간과하지 말아야 할 것은 교육에 대한 두 입장이 대립 갈등을 이룬다하더라도, 본질적인 특성으로는 교육의 궁극의 대상인 학생은 '사람'이며, '이 사람'의 삶을 고려하지 않는 교육은 의미 있는 활동을 한다고 볼 수 없다는 점이다. 즉 학생의 삶을 존중하는 일, 그리고 학생의 현재의 삶을 소중하게 여기는 교육활동이 아니라면 학생에게는 큰 의미를 얻게 해 줄 수 없다. 삶에 대한 의미가 무엇인지에 대한 물음은 많은 주장이 있을 수 있겠으나 학생 개개인의 삶에 의미를 제공하는 교육을 교사로서는 고민하지 않을 수 없으며, 교사교육에서는 이를 중요하게 다루어야 할 것이다. 여기서는 이러한 문제의식으로 교사와 교사교육의 문제와 해결의 실마리를 찾아보려고 한다. 그리고 교사가 중심이 되어 움직이는 학교의 문제와 방향을 이야기해 보려고 한다.

Ⅱ. 인간의 삶과 교육

1. 공동체적 교류관계

생명체는 자기보다 큰 힘과 부딪칠 때는 쉽게 부서지거나 상처를 입을 수 있으나 가장 중요한 것은 자기의 생명을 존속시키기 위한 쪽으로 그 힘을 활용하는 기제를 소유하고 있다. 생명을 지닌 고등동물로서 인간[1]은 다른 동물들과 다름없이 생명을 유지하기에 필요한 에너지와 영양분을 외부로부터 섭취하지 못하면 살아남아 있을 수가 없다. 이러한 삶의 특성으로 인하여 한 개인은 자연스럽게 나 이외의 타인을 포함한 환경과 교류하는 방법을 터득하지 않으면 살아갈 수가 없는 존재이다(『민주주의와 교육』 제1장 참조). 그러므로 사람들은 서로가 교류하면서 주고받고 협조하지 않으면 삶을 존속시킬 수가 없다. 한자에서 사람을 뜻하는 '人'자는 서로 의지하고 있는 모습을 그리고 있기도 하다. 사람의 삶은 공동체를 형성하지 않으면 안 된다. 공동체적 관계, 그것은 '다른 사람의 상황을 자신의 상황으로 만드는 행위이며, 누구도 소외되지 않을 때에 그것이 공동체다'(공양희 역, 239). 우리는 공동체적 의식과 마음이 없이는 좋은 집단을 만들어 갈 수가 없다. 존 듀이는 좋은 사회의 조건으로, ① 상호교류가 활발하게 이루어지고 있고, ② 늘 공동의 관심사와 화제 거리가 있는 사회를 제시하고 있다(John Dewey, 1916, 제7장). 듀이의 주장을 연장하여 생각해보면, '나'란 존재는 사적이면서 동시에 공적인 특성을 지니고 있다. 엄격하게 말하자면 한 개인은 사적일 수 없는 존재이다. 한 개인은 끊임없이 타인과 교류하면서 영향을 끼치고 또 받

1) 여기에 생물적인 차원과 사회적인 차원의 삶을 중심으로 다룬다고 볼 수 있으나 우선적으로 생명체로서의 존재 양식이 실질적으로 중요한 인간의 문제이며, 영혼의 세계나 정신세계에 대한 논의는 별도의 차원으로 다룰 과제이다.

고 있는 존재이다.

인간의 삶은 타인과 동심원적 관계를 짓는 특성을 지니고 있다. 서로는 상호교류를 활발하게 만들어 나가는 과정의 연속선상에서 자신의 삶을 존속시켜나가게 된다. 이러한 특성 때문에 '민주주의'란 용어를 정치적인 수준이나 제도적 차원의 것이 아니라 인간의 삶의 본질적인 특성으로서, 또 삶의 특성(John Dewey, 1916, 제7장)으로서 주장할 수 있다. 사람들의 삶의 본질적인 특성에 확실히 민주적인 형태가 자리하고 있다. 인간의 삶은 공동체적인 관계에 바탕을 두고 수평적인 관계로 서로의 삶을 존중하는 관계를 유지한다면 그것이야말로 우리가 바라는 '살기 좋은 사회'가 된다. 학교는 이러한 사람살이의 특성으로부터 그 모습을 찾을 수 있을 것이다. 각자 자신들의 내적 필요에 따라 서로가 교류관계를 형성하고 그러한 형태를 지켜나가는 삶이 바로 '공동체적 삶'의 모습일 것이다.

2. 과연 사람에게 가장 중요한 것은 무엇일까?

생명을 유지하는 일이 일단 생명체에게 가장 소중하듯이 사람에게도 그것은 불변의 것이다. 사람살이에 가장 중요한 것은 목숨을 이어가는 일이다. 이 생명을 유지하기 위하여 가장 우선적으로 '병들지 않은 몸'을 지니는 일이다. 이 몸을 건강하게 유지하기 위해서 영양분과 에너지를 섭취해야 하는데, 그게 바로 음식이다. 그 다음으로 우리에게 중요한 것이 있다면 무엇일까? 그것은 편히 '쉴 곳', 즉 집을 마련하는 일이며, 그리고 '옷을 입는 일'이다. 집과 옷은 외부로부터 자신을 보호하고 또 쉬기 위해서 필요한 것이다. 우리가 일상적으로 의 · 식 · 주가 우리에게 가장 중요하다고 말한 것은 이러한 이유를 가지고 있다. 이를 사람의 삶에 중요한 순서대로 말하자면 식 · 주 · 의가 되어야 할 것이다.

그 다음으로 중요한 것은 무엇일까? 생명을 유지하고 몸을 보호할 수 있는 일차적인 것들을 획득한 후에는 무엇이 필요할까? 그것은 사람에게 지니고 있는 욕망과 욕구를 실현하는 일인데 바로 '더 나아지려는 욕구'이다. 교육활동을 통하여 일차적인 욕구를 더 나은 방향으로 만들어 가고 싶은 욕망이 발생하고 동시에 정신적 · 문화적 요구와 욕망을 추구하려고 한다. 이를 보다 잘 실현하기 위해서 배워야 한다. 이를 위해서 창안해 낸 것이 바로 교육이라고 보아야 할 것이다. 다시 말하자면, 사람에게 중요한 것은 순서대로 나열하자면, ① 병이 없는 것, ② 먹을 것, ③ 쉴 곳, ④ 입을 것, ⑤ 배움이 되는 셈이다. 복지제도가 잘 실현된 국가에서는 이러한 기본적인 생활에 필요한 것들은 사적인 비용으로 해결하지 않아도 되게 되어 있는 것은 우연한 일이 아니다. 사람살이에 가장 중요한 문제를 해결하는 일 자체를 정부에서도 최우선으로 다루어야 하지만, 사회 전반적으로 이에 대한 인식이 높아져야 한다. 그래서 모두가 자신의 삶이 그렇게 중요하듯이 타인의 삶도 소중하고 존중되어야 한다.

학교는 학생에게 보다 더 좋은 사람살이를 할 수 있게 하기 위한 여러 가지 프로그램을 마련해야 할 곳이다.[2] 과연 학교에서 학생들에게 중요하게 다루어야 할 것을 어디에서 찾아야 할 것인가? 바로 이러한 '삶의 기본적인 특성'을 망각하지 않은 상태에서 학교교육의 프로그램과 교육활동방향을 탐색하여야 할 것이다.[3]

---

2) 루소의 교육소설인 『에밀』 제3부에서 직업선택에 대해서 언급하고 있는데, 사람이 살아가는 데에 필수적으로 필요한 것에 관련된 기술을 지닌 '장인'이 될 것을 권한다.

3) 스웨덴의 교육과정은 이러한 면에서 좋은 시사점을 주고 있는데, 7세 이전의 교육내용은 몸의 구조, 사람과 어울리면서 사람을 존중하는 것을 배우는 일, 표현할 수 있는 방법과 권리의 인식, 그리기 등의 산교육이 중심이었으며, 중학교 과정에서는 교과목별로 실제사회체험(과목당 2주간)을 의무화하고 있다.

교사 또한 이러한 사람의 기본적인 특성에 충실한 교육활동이 요청된다.

3. 교육에 대한 두 가지 입장

1) 형성주의와 자연주의

교육을 보는 입장에 형성주의와 자연주의라는 두 입장(Harry Schofield, 1972, 31-40)이 있다. 전자는 교육활동을 통하여 특정한 교육활동으로 특정한 인물을 키워나갈 수 있다고 생각하는 입장인데, 가르치는 사람의 입장에서 학생을 이렇게 저렇게 변화시키거나 만들어 나갈 수 있다는 생각으로 교육활동이 이루어진다.

이 경우, 좋은 인물이나 미래상을 성인의 입장에서 설정하여 후세대인 학생들을 자신들이 구안해 낸 특정한 교육으로 학생들을 특정한 인물로 만들어 나갈 수 있다는 신념에 의해 교육활동을 진행하는 입장이다. 여기에 전통적인 교육인 도야설에서부터 현대의 행동주의에 이르기까지 이 형성주의적 교육을 전제하고 있다. 이 입장에 있는 교사는 학생 중심의 교육활동보다는 교사 중심이나 교육을 제공하는 자(국가, 정부, 종교집단, 학부모, 경제집단, 사회단체 등 이익집단 등)의 입장에서 필요로 한 지식과 기술기능과 태도나 가치관을 학생에게 가르쳐서 활용하겠다는 의도로 교육을 시도하게 된다.

그런 반면에, 후자는 특정한 의도와 교육활동을 통하여 특정한 인물로 만들어가는 것을 교육이라고 보기보다는 학생들이 지니고 있는 잠재력과 재능을 계발하여 살려내는 일을 교육의 중심 과제로 보는 입장이다. 이 입장에 서 있는 교육활동은 학생을 도와서 학생 자신이 지니고 있는 소질을 제대로 계발할 수 있도록 안내하고 보살펴서 학생에게 숨어 있는 재능과 빛깔을 살려내는 일을 교육이라고 보는 입장이다. 이 입장은 루소에서 출발한 자연주의 교육론이라고 볼 수 있는데, 아동중심교육을 주장하는 교육론의 중심주제가 된다.

두 입장 중 교육에 대한 입장을 어떻게 취하느냐에 따라 교사의 역할이 크게 달라진다. 형성주의의 입장에 의한 교사의 중심역할은 교사가 중심이 되어 학생을 특정한 방향, 즉 교사가 개발한 교육목표와 교육방법과 교육내용으로 학생들을 특정한 인물로 만들어 나갈 수 있다는 신념과 생각으로 학생을 이끌어 나가는 형식의 교육활동이 전개된다. 반면에, 자연주의 입장에 서 있는 교사의 경우에는 학생과 어린이에게 잠재된 소질과 재능이 정상적으로 키워질 수 있도록 조건을 조성하고 보살펴 도와주는 일을 교사의 중심 역할이라고 본다.

학교교육실제에서는 이 두 가지 교육의 입장을 이분법적으로 나누어 분류할 수는 없겠으나, 두 입장 중에 어느 쪽에 더 기울이는 교육활동을 하는 교사인가를 분류할 수 있을 것이다. 실제적인 교육활동에서는 이 두 가지 입장이 병행되겠으나 크게 보면 두 부류로 그 성향을 차별화할 수 있을 것이다. 학습활동이 진행되는 상황 속에서는 미미한 차이가 드러나겠으나 이 두 입장 중 어느 쪽에 있느냐에 따라 학생들에게 미치는 영향은 큰 차이를 갖게 될 것이다.[4)]교과를 가르치는 일에서 어떻게 이러한 차이가 나타나는가 하는 문제가 제기될 수 있겠으나 문제를 풀어나가는 과정에 교사가 일방적으로 정해 놓은 정답풀이식 활동을 강조하여 학습을 진행하는 경우 학생에게 있을 수 있는 잠재된 풀이방식을 무시하는 결과를 초래할 수도 있을 것이다. 그러나 정답풀

4) 김정환은 그의 저서인 교육철학과 교육학개론에서 교육의 4대 기능, 즉 개인의 잠재력 계발, 국가사회의 발전, 현상유지기능과 혁신기능 간의 변증법적 조화를 제시하고 있다.

이식으로 정해놓은 학습목표를 달성하는 데에 더 효과적인 방법이 될 수도 있을 수 있으나 제한적일 것이다. 그런데 이 경우 어떤 경우가 장기적으로 더 큰 학습의 효과를 얻게 될 것인가 하는 문제는 학습의 내용과 성격 그리고 기타 학습에 작용하는 여러 요인에 의해 밝힐 수 있을 것이다.[5)]

그러나 인간에게 숨은 재능, 그것도 어른의 입장에서 예측하기 어려운 재능을 사람들이 지녔다고 한다면, 정형화된 틀에 의해 특정한 형태와 모습으로 학생을 만들어 가려는 교육활동을 반성적으로 점검해 보아야 할 것이다. 인류의 역사를 발전시킨 힘은 사람이 지니고 있는 창의성이라고 볼 수 있는데, 이 창의성의 내용이란 고정적인 관념과 틀로서 읽어낼 수 없는 것이다. 그것은 학생 개개인이 지니고 있는 숨은 재능, 즉 기존의 관념과 생각으로는 미처 인식하지 못하는 능력일 수 있으므로 학생 자신들이 찾아 갈 수 있도록 안내해주는 일이 더 학생의 재능을 계발하도록 도와주는 일이라고 할 수 있다. 그뿐만 아니라 학생에게 잠재된 예측할 수 없는 재능을 맘껏(fully) 펼쳐 볼 수 있는 기회를 제공하고 조성해 주는 장면들이 교육활동 전반에 걸쳐 매우 중요하다.

형성주의 입장의 교육은 단기적으로 특정 영역에 적용된다고 볼 수 있으며, 장기적으로는 자연주의적 교육으로 학생 스스로 계발하고 발전시켜야 할 부분이 더 많다고 주장할 수 있다. 가령, 최고속도 250킬로미터를 달리 수 있도록 만들어 놓은 차가 있는데, 평상시에 100킬로미터 정도만 달리고 있어 그 속도에 차가 길들여져 있다면, 경주에서 아무리 200킬로미터 이상의 빠른 속도로 달려 보려고 해도 이미 그 차로서는 차 본래의 성능을

5) 스웨덴의 초중등교육과정(7~15세: 9년간 의무교육)에서는 앞서나가는 학생에게 선행학습을 제공하는 것을 위험시하고 있으며, 진도를 앞서 나가는 것 대신에 독서를 하도록 과제를 부과하고 이 과제를 발표하도록 한다.

발휘하기란 어렵거나 불가능할 것이다. 그러하듯이 학생 개개인이 지니고 있는 '예측할 수 없는 숨은 잠재 기능'을 충분히 발휘할 수 있는 기회와 조건을 마련해 줄 수 있는 교육여건을 마련하는 것이 학생의 숨은 재능을 발휘할 수 있는 가능성이 높다. 이런 맥락에서 형성주의적 교육관보다 자연주의적 교육관이 더 학생의 능력을 계발하는 데에 더 적절하다는 주장이 가능해진다. 이러한 면에서 교육활동에 자율성이 중요한 원리로서 설득력을 갖는다.

2) 삶 속의 교육과 형식화된 교육

돌이켜보면, 우리 인류사회의 산업이 복잡해지고 문화적 자원이 다양해짐에 따라 체계적으로 이를 가르쳐 계승하기 위해서 창안해 낸 제도가 바로 학교이다. 원시사회나 미분화된 상태의 사회에서는 생활이 바로 교육이었다. 생활을 통하여 필요한 것들을 후세대에게 가르치기에 충분했으나 사회가 분화·발전되면서 다양한 산업과 문화적 자원을 효율적으로 보존하고 계승시키기 위해서 체계적으로 가르쳐야 할 필요가 발생하게 되었으며, 이러한 결과로 등장하게 된 것이 학교교육이다. 학교를 통하여 사람들은 후세대에게 물려줄 기술과 문화를 보존하게 된 셈이다. 그러나 정형화된 교육이 많아지게 되면서 실생활과 멀어지게 된 교육활동이 늘어나게 된다. 여기에 앞세대인 어른들이 생각하는 교육과 현재와 미래의 생활이 필요로 하는 삶의 내용간의 차이와 간극이 발생하게 된다. 이를 어떻게 좁혀 가느냐 하는 문제가 학교교육의 이상적 방향을 모색하는 문제와 관계된다. 이는 소위 교육학 용어로 표현하면, 비형식교육과 형식교육 간의 간극을 어떻게 메꿔나가야 할 것인가 하는 문제와 관계된다. 실질적인 삶의 문제로부터 떠난 교육활동은 이미 학생들에게 의미 있는 활동을 부여할 수가 없게 된다. 학교교육의 문제점의 많은 부분은 학생의 실질적인 문제를 해결하느냐 못하느냐의 문제와 관계된다. 최근에 우리 사회에 등장하고 있는 많은 대안학교는 학생들의 실질적인 삶의 문제를 해결하고자 하는 학교들이라고 볼 수 있다.

『프리스쿨』(1967년 창립[6])의 저자인 크리스 메르코글리아노의 술회에서 이러한 문제에 대한 실마리를 찾을 수 있는데, "인간의 삶이 밖에서 계획되고 정해지는 것이 아니라 내면의 힘에 의해 이끌리거나 방향을 갖는 것 (중략) 그 힘을 운명이라고 해도 좋고 카르마, 성령, 한 존재 속의 '고차원적 힘', 유전적인 성벽, 무의식, 뭐든 부르고 싶은 대로 부르면 된다. 우리 내부에서 우리를 이끌고 있는 그 힘은 아마 그 모든 것들이 뒤섞인 알 수 없는 무엇일 것이다. (중략) 우리가 인간이라는 유기체에 관한 정보를 모으면 모을수록 그 기막힌 복잡성을 더 잘 알게 된다. 성장과 발달로 달려가기 위해 바퀴들이 얼마나 유연하게 움직이든지, 또 그 성장과 발달이 얼마나 놀랍도록 자율적으로 이루어지는지를 깨닫게 된다. 누군가 또는 어떤 사건이 이 자연스런 과정을 방해하지 않는 한"(공양희 역, 21-23), 이 학교에서는 학생과 교사가 함께 자율적으로 자신의 내면의 힘을 믿고 학교를 운영하여 생동감 넘치는 교육을 실현하고 있다.

학생들에게 참으로 필요한 교육이 무엇인가? 정형화된 학교의 교육과 삶 속의 실질적인 문제를 어떻게 조화시킬 수 있는가? 이 질문은 학교의 문제를 해결하기 위한 끊임 없는 화두이다.

---

6) 이 학교의 창립 취지를 보면, '지난 세기동안 생동감을 빼앗는 강제를 기본으로 아이들의 마음을 꽁꽁 묶어왔던 교육모델에 진정한 대안을 만들어 보고자 했다' 고 밝히고 있다.

4. 교육의 본질적 가치를 실현하는 학교교육

1) 삶을 소중히 하는 학교교육

삶의 특성과 학교등장의 배경, 그리고 지방분권의 특성으로부터 학교가 지향해야 할 모습을 그려 볼 수 있을 것이다.

첫째, 삶의 특성에 따라 학교는 그 구성원의 자율과 내적 동기가 충분히 발휘될 수 있도록 설계되어야 할 것이며, '사람살이에 중요한 것'이 소중하게 존중될 수 있는 교육활동이 자리할 수 있도록 해야 할 것이다. 모든 동물들이 그러하듯이 사람 또한 태어나면서 스스로 배우는 능력을 가지고 태어났다. 이를 인정하고 존중하는 태도와 마음을 학교구성원 모두가 깨달아 갖추고 있어야 할 것이다. '자유롭고 스스로 책임지며 서로를 존중하는 분위기 속에서 한 지붕 아래 모여서 서로 협력하고자 했을 때 풍부하게 넘쳐나게 되는 몇몇 가능성들을 찾게 될 것이다. 그것은 한 사람 한 사람이 독특한 개인들로 이루어진 공동체일 것이다. 그 이상도 이하도 아니다. 학교는 모든 사람들이 성장하는데 한 매개물이 되어 주며, 그 성장이란 아이들뿐 아니라 어른들의 일이기도 하다. 다시 말해 그런 학교의 활동은 살아 움직이는 역동적인 상황이지 정적인 체제나 방법, 철학일 수 없다'(공양희 역, 21-22 참조). 그 곳에서는 사랑과 깊은 관심, 갈등과 분노, 그리고 증오까지 포함해서 깊은 정서를 경험하는 일이 무엇보다 중요하며, 한 사람의 지성을 이루는 바탕에는 두뇌만큼이나 가슴도 중요하다는 사실을 직관적으로 알고 실천하고 있는 학교들이다.

둘째, 학교의 출현 배경에서 보자면, 우리는 형식교육과 비형식교육 간의 간극을 어떻게 좁힐 것인가 하는 문제를 해결해야 한다. 이는 앞서 말한 사람살이의 특성에 비추어 보면, '삶에 필요한 것들'을 중요하게 다루어야 할 것이다. 삶에 직접적으로 절박하게 필요한 것들을 간과하지 않는 교육활동이 학교에서 생동감 있게 실현되어야 할 것이다. 학교가 지나치게 정형화되어 형식을 강조하게 되면 비형식교육의 특성을 소홀히 하고 만다. 강제된 훈련학습 대신에 참된 배움이 이루어지고 있고, 그래서 '공동체적 교류와 공동체적 삶'이 이루어지는 곳으로 학교를 만들어야 할 것이다. 학교 외적인 요소에 의한 학교운영 보다는 학교 내적인 요소에 의한, 다시 말하자면 학교 구성원의 내적인 요소에 의한 교육활동이 자유롭게 진행될 수 있는 학교가 되어야 할 것이다.

셋째, 이러한 두 가지의 현상을 반영하기 위해서는 학교의 자발적인 활동을 강화하고 이를 살릴 수 있는 학교운영이 필요하다. 한 특정지역에 집중되고, 특정지역 사람들에게 에너지와 자원이 편중되는 형태를 벗어나 각 지역 주민의 삶이 활성화되어 그 지역에 소재한 학교가 모두 제각각의 특성과 빛깔을 가지고 교육활동을 할 수 있도록 제도화할 수 있을 것이다. 모든 지역이 특정지역이 되고 모든 학교가 특정학교가 되는 모습을 이루게 될 수 있도록 하여, 모든 지역의 주민과 모든 지역에 산재한 학교가 각자의 자존심과 긍지를 가지고 삶을 이끌어 나갈 수 있게 되어야 할 것이다.

이러한 학교의 모습이 현실화되기 위해서는 국가권력이 독점하는 교육으로부터 탈피해야 한다. 교육 관료나 교장 또는 교사가 일방적으로 지배하는 교육과 종교가 독점하는 교육으로부터 벗어나야 한다. 학교구성원 이외의 외적인 요인에 의해서 강제되는 교육활동으로부터 벗어나, 학생 개개인에게 이미 살아 숨쉬고 있는 내면의 자율성과 성장력을 추동해낼 수 있는 교육이 이루어지는 곳이 학교가 되어야 할 것이다. 교육에서 지방자치 또는 분권이 명실상부하게 실현되기 위해서는 학생들에게 숨겨져 있는 무한한 가능성에 대한 신뢰가 기본바탕이 되어 있어야 한다. 그리고 교사 스스로도 자신에게 무한 가능성이 있다는 것을 믿으면서 함께 배우고 발전해나가는 교학상장(教學相長)의 모습, 그것이 바탕이 되어야 할 것이다.

2) 생활 속의 교육을 간과하지 않은 학교

바로 학생들의 현재적 삶과 현재의 필요를 반영한 교육과, 형식화되고 정형화된 교육과의 간극을 어떻게 조화시키고 균형을 갖출 수 있느냐 하는 문제와 관계된다. 이러한 문제를 해결하기 위해서 전통적으로 접근한 문제는 늘 어른의 편에서 정형화된 교육을 앞세우는 해결책을 찾게 되었고, 결과적으로 학생의 현재적인 필요와 삶을 도외시하는 교육이 자리하게 되었다고 보아야 할 것이다. 그런데 중요한 것은 학생의 삶에 의미를 부여하지 못한 교육은 학생들에게 필요없는 교육이 되어 간다는 사실이다. 학생들의 삶을 이끌어 나가는 데에 필요한 내용이 학교교육에서 배제된다면 이미 학교로서 기능을 제대로 수행한다고 볼 수 없다. 생활 속에서 이루어진 교육은 산업이 미분화된 상태에서 행해졌다. 이를 비형식적 교육이라고 한다. 그러나 학교가 등장한 이후의 교육은 형식적인 체제를 갖추게 되면서 학교 자체가 또 다른 조직으로 발전하면서 교육의 실생활과 거리가 먼 교육으로 발전하게 된 셈이다.

교육활동에서 간과하지 말아야 할 것은, 생활을 이끌어나가고 생활에 필요한 교육활동을 등한시해서는 안 된다는 점이다. 이를 행하지 못하고 있다면 이에 대한 철저한 반성을 통하여 새로운 교육의 틀을 만들어 내야 할 것이다. 학생들의 현재적 삶을 무조건 받아들이는 것도 문제이지만 학생들의 삶의 형태를 전혀 무시하고 있는 교육 또한 심각한 문제를 안고 있다. 이에 대한 검토가 필요하다.

중앙집권적인 전국단위의 획일적인 교육으로서는 이러한 학교의 역할을 수행하기란 어려운 일이다. 전국단위의 일사불란하게 이루어지고 있는 획일적인 교육활동으로는 학생의 독특한 삶의 모습과 지역별·학교별로 지니고 있는 독특한 문화적 특성을 살릴 수 없다. 학교구성원 특히 학생들의 특성을 고려하지 못한 교육은 결국 학생들의 삶을 무시한 결과를 초래하게 된다. 이상적인 수준에서 말하자면, 학교교육의 존재가치는 학생들 개개인의 수준과 특성에 맞는 교육활동을 하는 데에 있다. 그렇게 되었을 때에 학교는 학생들에게 의미를 부여하게 된다.

3) 배움이 자연스럽고 즐거운 학교

강제적이고 인위적인 학습훈련이 아니라 학생 스스로 참된 배움을 경험하는 학교교육이 요청된다. 학생과 교사가 참된 배움과 가르침을 만들어 나가는 교육활동이 이루어진 곳이 참된 학교의 모습이다. 우리 사회 학교의 학습활동은 외적인 강제에 의한 학습진도를 일률적으로 맞추어 가는 학습형태이다. 이는 개개 학생이 학습내용을 제대로 이해를 하고 있는지, 모르고 있는지에 별로 관심이 없는 무책임한 수업의 형태이다. 교육부나 교육청에서 정해놓은 과정과 지침을 따라 시행하고 있는 형식적인 교육행위이며, 설상가상격으로 대학입시준비로 인하여 고등학교 교육은 획일적인 수업으로 진행되며, 학교에서 시행하고 있는 시험이 개별 학생의 수준을 반영할 수 있는 시험제도를 가지고 있지 못하다. 이러한 교육에서는 교사에게 일방적으로 강요되는 '성적 올리기' 경쟁을 부추긴다.

이러한 학교교육체제에서는 학생 개개인에게 의미있는 교육경험을 얻기란 힘들다. 오직 좋은 점수를 얻고 앞자리의 석차를 차지하기 위한 치열한 경쟁 속에서 '내가 남을 이겨야 한다는 생각'을 부추긴다. 이런 심리적 환경 속에서 학생들에게 형성되는 것은 '이겨야 한다'는 중압감으로부터 얻어지는 '두려움과 불안'이다. 두려움이 앞서게 되면 그 일이 제대로 이루어질 수가 없다. 배우고 가르치는 곳에 두려움이 자리하고 있다면 학습이 제대로 진행될 수가 없다. 예를 들면, 처음으로 수영을 배우는 사람이 물을 두려워하면 수영을 배울 수가 없듯이, 학교수업에서 두려움을 갖게 한다면 그 수업은 이미 참된 배움으로부터 멀리 떨어져 있게 된다.

이러한 현상을 『프리스쿨』에서 잘 지적하고 있는데, '두려움은 두뇌가 더 높은 차원의 사고를 하지 못하게 만들며 자동적 생존 반응이라는 옆길로 가게 한다. (중략) 교사들 또한 두려움의 노예가 된 교장의 감독 밑에서 애태우며 견뎌내고 있는 처지임은 말할 것도 없다. (중략) 그 스팩트럼의 한 쪽 끝에는 수동적인 타입의 아이들이 망각과 바보놀음과 주의력 산만 속 저항의 닻을 내리고 있고, 다른 쪽 끝에는 호전적 타입의 아이들이 적극적 모반을 꾀하고 있다. 두 유형은 결국 모든 일은 처음부터 불리하게끔 사전 준비되어 있었다는 사실을 완전히 눈치채고는 그 게임에서 다 같이 손을 떼게 된다'(공양희 역, 129)고 지적하고 있다.

두려움이 사라진 학교를 만들기 위하여 일차적으로 무엇을 해야 할까? 배움을 즐겁게 해나갈 수 있는 학교로 만들어야 한다. 두려움으로 동기부여를 하는 학습방법을 탈피해야 한다. 전통적인 상벌체제의 학습활동과 학습훈련을 억지로 강제하는 교육으로부터 그리고 강요하면서 학습을 유도하려는 학습기제와 방법으로부터 탈피해야 한다.

학생 개개인의 수준에 맞는 학습과 학생 개개인의 빛깔을 살리는 학습활동, 학생의 이해 수준에 따라 편성되는 학습 진도와 과정, 다른 사람과 비교하여 만들어 내는 상대평가가 아닌 개별 학생의 기준에 맞추어 평가하는 절대평가, 개별학습이 학교에 자리할 수 있어야 한다.

4) 학생의 진로를 책임지는 학교

초등학교에서는 자신의 삶터에 대한 기초적인 이해를 제공하는 곳으로, 나와 가족과 사회, 그리고 국가가 하나의 공동체라는 인식을 할 수 있는 프로그램이 있어야 할 것이다. 삶에 필요한 기초적인 틀을 갖추도록 한다. 지적 기능으로 말하기, 읽기, 쓰기, 셈하기 등의 문화적인 삶에 필요한 기초적인 학습이 이루어지며, 생활에 필요한 기초적인 칼과 연필 등 기구를 사용할 수 있는 기능, 그리고 걷기, 식사법 등 신체적 기능, 그리고 인격과 인권 등에 대한 인간에 대한 기본적 감각, 자연의 소중함, 그리고 인간의 사회생활의 기본적인 감각 등을 갖추도록 한다.

중등학교에서는 초등의 내용을 더욱 심화하면서 선택의 폭을 넓혀서 학생들에게 선택과 자율의 기회를 확대하여, 자신의 진로 탐색[7]에 관심을 기울이도록 하며, 고등학교 수준에서는 선택의 폭을 더 많이 그리고 더 깊게 탐색할 수 있도록 하여 자신의 진로를 일단 최종적으로 결정할 기회를 마련한다. 실제로 많은 학생들이 고등학교 시절에 이미 인생 진로가 결정된 상태가 많다. 이를 체계적으로 책임감 있게 준비하여 주도록 한다.

초등학교에서는 사회생활에 필요한 기본적인 생활태도와 기초생활능력과 지식을 학습하는 것이라고 하면, 중학교에서는 초등교육을 연장한 상태로서 보다 개성화된 교육내용과 개성탐색기에 필요한 프로그램이 다소 확대된 과정이라고 할 수 있으며, 초등학교에 비해 개성을 탐색할 수 있는 프로그램과 기초학력을 더욱 발전시킨 형태의 내용이 더 많아진 상태를 그려 볼 수 있다. 즉 진로탐

7) 스웨덴의 경우, 중학교 2학년 수준부터 교과목별로 한 학기 2주간의 생활체험 또는 직업체험의 기회(work place)를 제공하고 있다. 중학교부터 자신의 진로와 자신의 관심분야를 실제 사회 속에서 탐구하는 과정을 학교교육과정에서 마련하고 있다. 고등학교의 경우에는 본인이 원할 경우 6개월 간의 직업체험을 하는 경우도 있다.

색에 필요한 기초정보와 진로탐색을 위한 다양한 정보와 프로그램(개성탐색을 위한 교과를 넓게, 많이, 얕게 편성)을 접하게 해 주는 과정이 필요하다면 고등학생에게는 개성신장과 진로결정을 위한 보다 깊고 좁게 경험해 볼 수 있는 교과내용을 제공하는 것이 요청된다고 할 수 있다(『개성화 · 개별화 교육 어떻게 할 것인가』).

이러한 교육을 위해서는 교사는 학생에 대해서 폭넓게 이해할 수 있어야 하고 인생살이 전반에 대해서 꿰뚫어 볼 수 있는 안목을 가지고 학생을 지도하고 통제할 수 있는 통정된 가치관과 인생관, 세계관을 가지고 있어야 한다. 이에 교사의 전문가적 자질과 지혜가 요구된다. 교사는 학생의 복잡한 심리적 특성과 인생의 다양한 진로를 잘 알고 지도할 수 있어야 한다. 학생의 진로를 종합적으로 판단하기 위해서는 교과과정도 그만큼 다양해야 할 것이며, 학교의 유연한 교류체제가 선행되어야 할 것이다.[8] 생에 대한 종합적인 검토와 함께 교사의 의미와 역할이 논의되어야 할 것이다. 학교의 현실적 여건만을 탓하지 말고 교사 나름대로 학생의 여러 특성을 살릴 수 있는 전망과 이론에 기초하여 제반 교육활동이 이루어져야 할 것이다.

5. 삶 자체를 소중히 여기는 교사

1) 학생의 삶을 존중하고 사랑을 실천하는 교사

전통적인 교육철학에서는 학교란 고정불변하다고 생각하는 진리를 탐구하는 곳으로서 그 성격을 지니고 있었다. 그러므로 학교는 진리탐구를 위한 수련장으로서 자리했었고, 교사는 그 절대진리를 대변하는 매개체로서 위상을 점하고 있었으며, 학생들은

8) 진로결정을 위하여 기초과정, 관찰과정, 탐색과정, 결정과정으로 나누어 학제에 반영하고 있는 프랑스의 교육제도에서 시사점을 얻을 수 있다.

그러한 높은 경지의 진리를 알지 못하는 미숙한 존재로만 여겨졌으므로 교사와 학생 간의 관계는 수직적인 관계가 되었다. 그러나 현대철학에서는 탐구의 대상이 그러한 진리의 문제보다는 인간의 실존의 문제와 삶의 문제로 전환되었고, 학교에서 다루어야 할 내용과 학생을 바라보는 시각과 안목이 변화된 셈이다. 학생의 삶의 문제를 학교 교육에서 중요하게 다루어야 한다는 생각으로 전환된 셈이다.[9] 교사와 학생 간의 관계에서도 전통적인 방식의 수직적인 관계에서 수평적인 관계로 전환된다. 이는 전체주의적 성격을 띤 전통사회로부터 민주적인 성격을 띤 현대 사회로 옮겨오는 과정에 드러난 필연적인 과정일 수도 있다. 우리 사회에서는 지방자치와 지방분권정책은 민주화 과정을 추진하는 절차나 단계로서 등장하고 있다. 이러한 추세에 따라 교사와 학생의 관계도 큰 변화를 겪게 된다.

몇 권의 교육소설과 수필에서는 교사와 학생 간의 사랑이 실천된 모습을 볼 수 있는데, 『쇠찌르레기』(1993)의 '우리 선생님' 이란 소설의 한 장면에서는 새로 부임한 교사에게 인수인계하는 일로 밤늦게 막차 시간까지 학생들에 대한 특성 하나하나를 전임 교사가 설명하고 있는 장면은 교사가 사랑과 열정으로 학생을 책임 있게 지도하는 것이 얼마나 아름답고 감동적인가를 보여 주고 있다. 우리 학교에서 전임 교사가 후임교사에게 인수인계하는 내용이 과연 무엇인가?

『나는 선생님이 좋아요』(2002)에서는 젊은 여교사가 여러 교사들과 학부모들의 오해를 무릅쓰면서까지 비정상적인 한 학생을

9) 현대철학의 대표적인 성격을 지니고 있는 존 듀이 중심의 프래그머티즘에서는 인간의 삶의 문제를 해결하는 수단이나 도구로서 철학의 성격을 부여하고 있으며, 사르트르 중심의 실존철학에서는 '실존이 본질에 선행한다'는 대전제를 내세우면서 삶의 문제를 철학의 탐구대상으로 전환시킨 셈이며, '만남이 교육에 선행한다'라고 하여 인격 대 인격의 만남, 또는 심정적인 만남을 최우선으로 삼고 있다. 이는 전통적인 학습인 진리탐구를 위한 지식위주의 교육활동이 전개되는 외적·수직적 만남과 대조를 이룬다.

정상적으로 성공한 인물로 키워낸 모습을 그리고 있는데, 주인공인 학생(데쯔조)은 쓰레기더미에 쌓인 동네에 살고 있었으므로 파리와 노는 것이 그의 삶의 모두이었고 유일한 친구가 파리이었다. 이러한 그의 행동을 알아보려고 하는 사람은 아무도 없었다. 오로지 담임선생만이 그의 이러한 행동을 이해하려고 애썼다. 많은 오해와 부작용도 많았으나 끝내 이 학생의 생활에 대해서 숨은 많은 이야기가 담임교사에 의해서 알려져, 학급 친구들이 이해하기 시작하여 교사, 그리고 학부모들까지 이해하게 되었다. 친구가 없었던 그에게 친구가 생기기 시작했다. 그는 파리와 친구가 되어 지낸 탓으로 집에서 파리를 기르기도 했고 결국 파리의 종류와 생태에 대해서는 어느 곤충전문가보다도 전문가의 식견을 가지게 되었다. 담임교사도 파리에 대해서 수업을 할 때에는 아무에게도 인정을 받지 못했던 그 학생에게 자문을 구하여 수업을 진행했다. 학생의 삶을 존중하고 사랑하여 만들어 낸 모습이 얼마나 감동적이고 아름다운가를 보여주는 작품이다.

우리가 다 알고 있는 영국의 서머힐(1921년 창립)의 교육방침은 '학생을 학교에 맞추는 것이 아니라 학교를 학생에게 맞추는 것이 학교의 기본 방침이었고 이를 실천한 학교이다(강승규 역, 1992). 또 다른 책, 자서전적인 소설인 『창가의 토토』(2003)에서는 토토란 학생의 비정상적인 행동을 교장과 교사들이 존중해주고 오히려 격려해주는 장면들이 많다.10) 이러한 내용의 책자가 많은 독자를 확보하고 있다는 것은 그만큼 학교와 교사에게 바라는 바가 무엇인가를 짐작케 해준다.

10) 한 장면을 소개하자면, 주인공인 토토란 학생이 정화조에 지갑을 빠뜨려서 이를 찾기 위해 정화조의 문을 열고 그 속에 들어 있는 모든 분뇨를 밖으로 떠내고 있었다. 지나가던 교장이 이를 보고 하는 말이 '원래대로 해 놓거라'란 말만을 하고 지나갔다. 야단을 마져야 할 것이라고 생각했던 토토에게는 정말 의외의 교장선생님의 반응에 의아했으나 자신의 행동을 인정해 준 교장을 좋아하게 되었다. 이 소설의 주인공은 현재 일본에서 유명한 번역가로서 활동하고 있다.

학교와 교사가 달라져야 한다. 학생 스스로 삶의 신비와 기쁨을 누릴 수 있도록 교사가 학생을 지원해 줄 수 있어야 한다. 학생이 주체가 되어 자신의 빛깔을 찾아 자신의 삶으로부터 행복을 찾을 수 있도록 도와주는 교사, 그것이 앞으로 지향해야 할 교사의 모습이다. 학생은 더 이상 교사의 소유물이 될 수 없다. 학생은 더 이상 교사나 학교의 이미지와 명예를 위하여 희생되어서는 안 된다. 교사가 지식을 일방적으로 전달함으로써 교사의 권위를 유지하려는 구태의연한 모습으로부터 탈피해야 한다. 학생의 삶을 소중하게 존중해주고 학생 스스로 자신의 삶을 주체적으로 이끌어 나갈 수 있도록 도와주고 보살펴주는 교사로서 역할을 확보해야 한다. 절대적인 진리나 지식을 신봉하고 그러한 틀 속에서 학생을 가두어두려는 교사상에 대한 반성이 따라야 한다. 교사 자신의 삶이 소중하고 존중받아야 하는 것처럼 학생의 삶도 소중하고 존중받아야 한다. 학생의 내면에 교사가 전혀 알 수 없는 성장가능성에 대한 신뢰가 자리하게 될 때에 교사의 삶과 학생의 삶이 함께 공생하는 교실문화를 만들어 나갈 수 있게 된다.

2) 머리와 가슴으로 학생의 삶을 보듬을 수 있는 교사

학생 개개인의 삶을 걱정하고 학생들의 심리적·정신적 고난을 함께하고 감싸주는 교사가 학생들에게 활력을 부여하고 내적 동기를 부여해 준다. 학생들은 그러한 교사로부터 자신의 삶의 가치를 찾을 수 있게 된다. 아이들은 아직 미숙하고 어리므로 아무 것도 모를 것이라고 간주해버리고 어른 마음대로 아이들을 이렇게 저렇게 할 수 있다고 생각하는 행동과 마음에 대한 철저한 반성이 따라야 한다. 어른들이 나름대로 자신의 생각과 느낌을 가지고 살아가듯이 아이들에게도 자신들의 생각과 느낌이 별도로 있다는 점을 인정하고 이를 존중해 줄 수 있는 어른들이 아이들에게는 필요하다. 어른들은 아이들을 자신들의 소유물로 생각하므로 어른들 마음대로 만들어 갈 수 있다고 생각하며 그들이 바라는 대로 행동하지 않으면 '나쁜 아이'로 취급되고 마는 관행을 탈피해야 한다. 아이들에게 프라이버시가 있다. 프라이버시를 존중하고 지켜 줄 수 있는 어른이 인격을 존중하는 사람이다.

교사에게 인격과 인권이 있듯이, 그리고 생각과 느낌이 있듯이, 학생에게도 인격과 인권이 있고 생각과 느낌이 있다는 점을 인식하고 이를 존중할 수 있는 교사교육이 필요하다. '선생님의 말씀은 반드시 받아들여야 한다'고 강요하는 교육보다는 '빈 마음으로[11]' 학생 하나하나의 생각과 느낌을 읽어주고 받아드릴 수 있는 교사가 학생에게 더 많은 감동과 힘을 깨닫게 할 수 있다. 머리에 의한 것이 아니라 가슴으로 학생의 마음을 받아드릴 수 있다면 더 이상 사랑이 필요하다는 말은 필요 없게 될 것이다. 교사 자신의 고정된 가치체계를 강요하거나 주입하려는 자세보다는 학생들의 변하는 가치관과 시대적 흐름에 민감한 교사의 예민한 감수성과 수용성이 학생들의 가치관과 세계를 이해하고 수용할 수 있게 해 줄 것이다. 그렇다고 이것이 자유방임적으로 학생을 무조건 수용해야 한다는 말은 아니다. 학생을 수용하는 자세 속에 교사의 주체적인 가치관과 태도가 함께 자리하고 있음을 잊지 말아야 할 것이다. 이러한 의미에서 교사는 늘 변화에 관심을 기울여야 할 것이며, 학생과 늘 함께 살아 있는 존재가 되어야 한다는 말은 옳다. 교사는 늘 공부하고 시대에 맞게 변화되어 갈 수 있어야 한다. 변화를 모르는 사람은 항상 뒤쳐지게 되어 있다. 변화를 시도할 수 있는 사람이 성공할 수 있다(누가 내

11) 장자의 시 '빈 배'에서, "(중략) 세상의 강을 건너는 그대 자신을 빈 배로 만들 수 있다면, 아무도 그대와 맞서지 않을 것이다/ 아무도 그대를 상처 입히려 하지 않을 것이다"란 구절은 빈 마음의 상태를 잘 표현하고 있다.

치즈를 옮겼을까?, 2001)는 메시지는 끊임없이 변하는 학생을 가르치는 교사에게 매우 중요한 시사를 남기고 있다.

3) 교과의 구조를 가르치는 교사

교사는 학교교육과정에서 자신이 담당한 교과를 잘 가르치는 사람이어야 한다. 교과의 지식 탐구과정과 방법에 익숙하여 학습활동을 통하여 학생이 지식을 탐구하는 방법과 원리, 그리고 지식의 구조를 스스로 이해하고 터득할 수 있도록 이끌어가야 할 것이다. 그 교과의 단편적인 정보를 알리는 학원식 수업이나 정답풀이식 수업의 틀을 벗어나 학생 스스로 교과가 지닌 지식의 정보와 구조를 터득해 갈 수 있는 수업이 중요하다. 교과를 가르친다는 일은 교과의 구조를 가르친다는 말이며, 이는 지식의 구조와 논리를 잘 이해하고 가르친다는 말과 통한다. 지식이 갖는 특별한 구조와 안목과 관점 등을 정확하게 알고 가르쳐야 한다는 뜻이다. 여기에 교사의 성숙된 지력과 학문하는 자세(사물을 탐구하는 태도와 자세)가 요청된다. 학생은 그러한 교사로부터 사물을 보는 눈을 얻게 되며, 제 현상에 대한 판단력과 분석력, 그리고 탐구방법을 배우게 된다. 이러한 과정을 통하여 학생은 여러 가지 지식들이 지니고 있는 심오함과 아름다움을 깨닫게 된다. 교과를 가르치는 일은 지식의 구조와 논리를 가르치는 일이며, 학생은 이로부터 인생과 사회 사물, 그리고 자연에 대한 탐구 자세를 터득한다. 이러한 맥락에서 교과를 가르치는 교수학습방법은 곧 교과가 지니고 있는 지식의 구조와 탐구방법을 동시에 가르치는 과정이 포함된다고 말할 수 있다.

교사는 교과를 성실하고 정확하게 가르침으로써 학생으로 하여금 자신의 삶을 진지하게 보는 눈을 갖게 할 수 있고, 자연현상과 사회현상을 바르게 분석할 수 있는 안목과 태도를 갖추게 한다. 이와 달리, 지식의 구조나 이론을 탐구할 때에 갖추어야 할 태도로는 타인의 이론을 존중할 줄 아는 태도, 여러 입장과 관점에 대한 개방적인 자세, 성실한 접근, 발견된 결과에 대한 정직함, 그리고 사물과 이론에 대한 감상능력, 직관력 등 다양한 능력과 태도가 요청된다. 교사가 교과를 탐구하고 가르친다고 했을 때에 당연히 갖추어야 할 특성들이다. 교과전문가로서 교사가 지녀야 할 중요한 특성들이다. 그리고 학생들은 그러한 교사로부터 교과를 배우면서 지식을 탐구하는 여러 능력과 태도를 자연스럽게 알게 될 것이다.

4) 지속력을 지닌 가치체계로서 교사

교사는 교과를 가르치는 과정에 자신의 모든 것을 드러내 보인다. 교수학습활동 과정에 교사는 자신의 생각과 가치관 등 삶의 모든 부분을 들어 내게 되며, 이는 그대로 학생의 인생관과 세계관을 형성하는 일에 직·간접적으로 영향을 끼치게 된다. 교사의 모든 것은 학생에게 지속적으로 영향을 끼치고 있는 거대한 가치체제이다. 특히, 초·중등학생은 가치관을 형성해 가는 시기이며, 또 이에 대해 민감한 시기이므로 더욱 교사의 행동과 가치관이 크게 영향을 끼친다. 교사의 가르치는 행동 하나하나가 학생의 인격을 형성하는 일에 지대하게 영향을 끼친다. 초·중등학생은 시기적으로 모든 것이 아직 채워져 있지 않은 상태이므로 더욱 교사의 지도와 활동에 큰 영향을 받는다. 이러한 면에서 교사에게 늘 시범을 보여야 한다고 강조하는 요구가 따르게 된다.

'내가 알고자 한 것을 알기 쉽게 설명해 주신 선생님!', '사회와 사물을 제대로 볼 수 있게 해 준 선생님!', '나에게 삶의 의미를 새롭게 깨닫게 해 준 선생님!', '나의 진로를 진심으로 고민하여 준 선생님!', '사랑과 인정으로 '나'란 인생을 제대로 볼 수 있게 깨우쳐 준 선생님!', '내 편에 서서 나의 가치와 빛깔을 알게 해 준 선생님!' 이러한 교사로 채워진 학교라면 학교는 더 이상 행복한 곳이 아닐 수 없다.

그러나 교사의 노력만으로 될 수는 없는 일이다. 구조적인 문제를 바꾸는 일이 병행되거나 선행되어야 할 것이다. 교사의 신분과 관련된 제도개선, 승진제도, 학교의 구조, 이와 함께 교사양성제도와 교사양성프로그램 등에서 종합적인 구조개선이 따라야 할 것이다. 그렇다 하더라도, 교사 스스로 자신의 전문성을 높이려는 활동이 학교현장을 바꾸어 나가게 될 것이다. 학생생활연구모임, 교과학습연구모임, 학교운영연구모임 등 자발적으로 학교를 개선해보고자 하는 교사공동체의 활발한 탐구과정이 활성화된 학교에서 학생들은 산교육의 장으로서 자신들의 가치관과 생활태도를 바꾸고 만들어 나가는 데에 큰 자극이 되고 지속력 있는 교육력으로 작용하게 될 것이다.

6. 교사교육의 방향

1) 학생존중을 위한 교과교육과 공동선 탐구활동으로 전환

교사와 학생과의 관계는 주로 교과를 가르치는 일을 통하여 이루어지는데, 교과를 가르치는 과정이 학생 개개인의 수준과 능력에 맞게 맞추어져야 하고 보충교육이 실현되어야 한다. 이러한 과정에서 보다 더 학생 개개인의 입장을 존중하는 교육이 이루어질 수 있다. 그간 우리 교육은 획일적으로 교과를 가르쳤지만 학생 개개인에게 의미 있는 수업을 하지 못하여 결국 대부분의 학생은 자신이 학교교육을 통하여 한 인간으로서 극진히 존중받았다는 느낌을 갖지 못한 교육이었다.[12] 학생이 존중받으면서 교과를 배운다는 느낌과 생각을 받을 수 있도록 하기 위하여 교사는 자신이 가르치는 교과에 능통하고 있어야 한다. 교사가 교과를 가르치는 일에 대하여 지성적 탐구자세로 대처하여야 한다. 교과를 가르치는 활동이 교사 중심의 주입식 교육은 위에 제시한 교육적 상황에 적합하지 않다. 학생 개개인의 성향과, 관심과, 능력과, 느낌이 존중되는 교육활동으로 전환되어야 한다. 수평적 관계로 학생에게 일방적으로 군림하는 사람으로서 교사가 아니라 학생의 입장에서 학생이 배우고 싶어 하는 것을 존중하고 이를 위하여 필요한 교육이 방향과 교과내용을 마련해 줄 수 있어야 할 것이다.

학습자에게 늘 변화하는 가치세계에 입문하도록 하고 거기에서 항상 자신의 가치를 변화시킬 수 있다는 신념과 변화될 수 있는 자신의 모습을 늘 깨우치도록 해야 한다. 그래서 보다 더 이상적인 공유 가치, 미래의 가능 공동선을 추구하면서 살아 갈 수 있도록 교사는 고무 격려할 수 있어야 한다.

2) 모범적 '교육적 상황' 체험

학교교육에서 나타나고 있는 획일적인 주입식 교과교육을 학생 존중을 위한 교과교육과 공동선의 탐구를 위한 교육활동으로 전환시키기 위해서는 예비교사를 양성하는 곳에서 이에 대한 모범적인 교육활동이 이루어져야 할 것이다. 미래에 '교육적 상황'[13]

12) 1992년 봄 한 학생의 유서, "저희를 비웃지 마세요. 모두가 선생님 생각과 같을 수는 없습니다"(모 여고의 학생 유서, 한겨레신문 1992.5.12일자 15면)의 내용은 자신이 존중을 얻지 못한 데에서 비롯된 비극이다.

13) 교육이 가치지향적인 활동이라고 볼 경우에, 모두가 '좋은 가치'를 지향하고 있지만 이에 대한 합의를 이루기란 그리 쉽지 않다. 확정적이고 고정불변한 이상적인 가치가 주어져 있다면 상황이 다르지만, 사회가 끊임없이 변하듯이 사람의 생각도 변하고 사회구성원이 지향해야 할 '좋은 가치'도 변한다. 이

을 주도할 책임을 지닌 예비교사 교육프로그램으로, 학생을 존중하는 교과교육활동을 학습하는 프로그램을 강화하는 일, 새로운 가치관에 개방적이며 새롭고 낯선 지식과 관점에 민감하게 열려 있기 위한 교육과정이 요청된다. 이들에게 '교육적 상황'14)을 모범적으로 제시될 수 있는 교육활동이 주어져야 한다. 교육적인 상황이란 어떤 위대한 사람 혼자서 만들 수 있는 것은 아니다. 동시대에 함께 살아가고 있는 모든 이가 '좋은 상황'을 만들어 간다고 볼 수 있으며, 그러한 좋은 상황을 '교육적인 상황'이라고 할 수 있을 것이다. 교육은 늘 '좋은', '바람직한' 또는 '이상적인' 가치를 추구하는 활동이라고 한다. 한 사회의 구성원이나 한 조직의 구성원이 민주적인 생활을 통하여 함께 공동 노력하여 '가치로운 상황'을 만들어 나갈 수 있다면 그보다 더 '좋은 교육적 상황'은 없을 것이다. 여기에 모두가 공동의 선을 찾아 함께 하려고 한다면 그러한 상황을 조성해 갈 수 있을 것이다. '합의된 좋은 가치'를 찾기 위한 노력에 필요한 요건으로 활력(정신적·신체적 건강), 공동체적 감정(감수성과 공감할 수 있는 마음), 자존(自尊)과 용기(자존감15)과 내면의 진실을 지킬 수 있는 용기), 지성적 탐구방법(기존의 지식과 함께 나의 입장과 다르더라도 문제해결에 적합한 주장이나 이론이라면 솔선하여 받아들일 수 있는 열린 마음), 참여와 초연의 변증법적 접근(방법적인 조건인데, 자신을 객관적으로 바라 볼 수 있고 사물을 정확하게 인식하기 위한 조건으로서 하는 일에 매몰되지 않으면서 초연하게

'바람직한 가치'에 대한 논의와 합의를 이루어 가는 과정 자체가 교육적인 상황이다. 교사는 끊임없이 변하는 학생과 사회상황 속에서 '바람직한 가치'를 찾아 학생에게 제시하거나 가르치는 일을 담당하고 있는 셈인데, 이 경우에, '바람직한 가치' 또는 '좋은 가치'를 찾아내는 과정과 방법에 대한 합리적인 절차와 방법에 익숙하고 있어야 한다.

14) 교육적 상황에 대해서는 이 책 제6장에서 자세히 다루고 있음.

15) 교육을 통하여 학생이 갖추어야 할 궁극의 목표는 결국 '나다움'을 찾아가도록 도우는 일일 것이다. 자신에 대한 존중감이 없이는 자신을 가꾸고 키워나갈 동력을 상실한 것과 같다. '나'를 지켜 살리는 것도, 국가를 지켜 살리는 것도 결국, 자신에 대한 긍지심과 자존감이 없이는 불가능하다.

나를 포함한 사회를 객관적으로 분석할 수 있는 자세) 등을 길러 내기 위한 교육과정을 개발하여 예비교사 교육프로그램으로 마련한다.

3) 교사교육의 지식편중 탈피

교사교육을 통하여 앞으로 교사가 가르칠 교과 지식에 숙달해야 하는 일은 필수적이다. 그러나 이에 묻혀 학생의 삶을 등한시 한다면 교육의 본질로부터 스스로 소외된 교육활동이 진행되고 만다. 교사교육을 통하여 '교육적인 상황'을 중심적으로 이끌어 나갈 수 있게 하기 위하여서는 교과의 지식에 대한 통달만으로 부족하다. 직접 교육적 상황을 만들고 이를 이끌어 갈 수 있기 위한 학교교육의 실습[16]이 요청된다. 몸에 밴 신념과 생활습관에 의해서 학교를 교육적 상황으로 이끌어 나갈 수 있을 것이다. 교사교육을 맡고 있는 기관에 모범적인 교사교육을 실습할 수 있는 모범적으로 '교육적인 학교'를 두고, 그곳에서 상당기간(적어도 2~3년) 교사연수를 통하여, 크고 작은 낱낱의 교수학습활동 과정을 이끌면서 '교육적인 상황'을 조성해 나갈 수 있는 기예(技藝)를 습득할 수 있도록 해야 하며,[17] 가르치는 내용을 익히는 일과 자신만의 독특한 교육방법을 터득할 수 있도록 하여야

---

16) 교사 교육프로그램에 교사가 담당하고 있는 학생에 대한 발달특성이나 행동특성을 잘 알고 있을 뿐만 아니라 실제 인간의 삶의 어려움을 체험해 봄으로써 삶 자체에 대한 깊이를 이해하고 사랑을 실천할 수 있는 마음과 자세를 갖출 수 있는 다양한 프로그램을 개발하여 적용할 필요가 있다. 예를 들면, 청소년 보호소나 교도소 생활체험, 어려움을 겪고 있는 사람과의 생활, 성자와의 생활, 고행을 체험해보는 일 등을 생각해 볼 수 있다.

17) 한 예로서, 독일의 Rudolf Steiner의 인지학 이론에 따른 학교인 발도르프 학교는 세계적으로 약 600여개의 학교가 있는데, 이 학교의 교사는 필수적으로 2~3년의 학교 수련 과정을 거쳐서 정식 교사로 임용하는 과정을 가지고 있다. 현재 독일에서 이 학교에 대한 수요가 많이 늘어나고 있는 데에도 학교를 세우지 못하는 이유 중의 하나는 그렇게 하여 양성된 교사가 부족하기 때문이다. 이 학교는 적어도 한 학교에 훈련된 교사 1~2명은 있어야 교육을 실시한다고 생각하고 있다. 또 교사 자격을 얻기 위해서 2~3년 간의 교육 경험을 통하여 자신이 개발한 교육방법을 지닐 것을 요구하는 나라도 있다.

한다. 현재의 4년 간의 대학과정의 교사양성 프로그램은 많은 부분이 형식적이고 지식위주의 교육이며 교육실습 또한 아무 학교에나 나가서 받으면 되는 형식적인 과정이 주어져 있는 사례가 허다하다. 현재의 교사교육 프로그램에 획기적인 전환이 따라야 한다.

4) 교사교육활동의 지성적 독립 강화

'교육적인 상황'을 만들어 나가는 책임이 교사의 중요한 임무라고 한다면 교사에게 마땅히 주어져야 할 조건들이 있다. 교사교육활동의 자율성이다. 국가의 일방적 간섭과 교사교육기관의 관료적 권위주의적 풍토가 사라져야 한다.

교사교육을 담당한 사람들이 스스로 권력이나 제도적인 틀에 의해 통제되고 관리되어 일방적이고 예속적인 관계가 되어서는 아니된다. 우선 자유스러운 상태를 스스로 확보해야 한다. 건강한 가치 분별력이 예비교사에게 길러 질 수 있는 조건이 형성될 수 있기 위해서 예비교사에게 합리적 가치판단의 조건을 제시하고 이를 학습하고 실습하도록 하도록 해 주어야 한다. 교사교육 담당자 역시 누구에게 예속된 존재거나 재산도 아니며, 국가에 소속된 부속품도 아니다. 예비교사 역시 가르치는 사람에게 예속되어 있는 존재도 아니며 어느 누구에게도 종속된 존재가 아니다. 교사교육 담당자에게는 물론 예비교사에게 자유롭게 의사소통을 할 수 있는 조건이 기본적으로 갖추어져야 한다. 교사교육 담당자가 독립적으로 판단하여 예비교사와 자주적으로 책임과 권한을 질 수 있기 위한 조건이 마련되어야 한다. 교사교육 담당자에게 사상의 자유, 가르침의 자유, 표현의 자유, 학문의 자유가 보장되어야 한다. 왜냐하면, 위에서 제시한 교육적 상황의 필요

조건인 합리성 추구를 위하여 평등한 수평적 관계가 선행해야 하기 때문이다.

또한, 교사교육 담당자는 자신의 자유와 자율을 위하여 외적인 강압적 압력에 맞서 싸워 이겨내야 하는 짐을 함께 지니고 있다.[18] 이에 정열이 요청된다. 그러나 지나친 정열은 독선과 통하기 때문에 정열만으로는 강압적 압력을 대처해 나가기에는 위험하다. 교사교육 담당자가 지녀야 할 정열은 격렬하고 날카로운 비판을 이겨냈을 때에만 비로소 진실한 교육적 정열이 될 수 있다. 이는 지성적 독립을 추구하고자 하는 꾸준한 노력으로 악전고투하는 준엄한 생활 가운데에서 얻어낼 수 있는 지성적 양심이다. 이는 지속적인 자기경신을 통하여 터득하여 획득되는 사랑과 관용과 지성적 양심과 기개(氣慨)에서 나온 결단에서 비롯된다. 자기 자신에게 평화조약을 체결하지 않는 혼은 외적 세계에 대해서 우호적일 수도 없으며 이성적일 수도 없다. 교사교육 담당자의 지성적 독립을 위한 싸움은 바로 이로부터 출발한다. 자신과의 내적 싸움에서 승리해야 한다. 교사의 지성적 독립은 바로 그때 비로소 확보되며 정치적 중립성도 그 때에야 보장된다. 정치적 중립성이 보장될 때에 앞에서 제시한 '교육적 상황'을 유지시킬 수 있는 자율을 확보할 수 있을 것이다.

---

18) 이규환(1995.11의 '선진국 교원교육 개혁과 그 시사점,' 한국교육연구소, 한국교육연구 제2권2호 75-104쪽)은 선진국의 교사교육을 다루면서, 한국교사교육에 대한 대안을 제시하고 있는데, '(중략) 교원양성교육은 기득권 집단이 갖고 있는 가치의 권위와 현존하는 비민주적 사회경제 구조를 존속시키는데 봉사하는 기능을 충실히 수행하고 있었다고 하여, 교사교육의 실제를 들여다보면 가치교육이 편중되어 있다는 점을 단적으로 지적하고 있다. 한편, 러셀(B. Russell(1916), Principles of Social Reconstruction, London: George Allen and Unwin Ltd., p. 101.)에 의하면, 교육이 지배계급에게 정당하다고 인정되는 가치만을 강조한 결과, 교육을 정치적 무기화(education as a political weapon)하고, 또 학교는 지배계급에게 편리한 국민(convenient citizen)을 생산하는 기관으로 전락되고 말아버렸다 지적한다. 이러한 현상이 사실로 받아들여진다면 교사교육을 담당한 기관과 교사교육 담당자가 해야 할 교육활동은 상당히 명료해진다.

을 존중하고 이를 키워주는 곳이 되어야 한다. 그런데 우리 사회의 학교는 어떤가? 학교를 다니면서 우리는 오직 교과의 점수로 서열화되고 그것으로 자신의 모든 것을 평가받는 교육을 받아왔다. 우리는 획일화된 기준과 틀에 의해 천차만별하게 다양한 학생 개개인들의 삶을 평가하는 교육을 해왔다. 초등학교는 다소 다른 점을 지니고 있으나, 큰 틀에서는 여전히 교과의 성적에 의해서 학생들의 능력이 평가되고 서열화되어 있음을 부정할 수 없다. 학교에서는 교과의 성적을 올리는 일에 혼신의 힘을 다 쏟고 있으며, 학생들은 이 점수따기 경쟁에 휘말리고 있으며 이를 벗어나면 낙오자가 되어버린다. 학생들은 석차를 올리기 위해서, 교사는 자기 반의 성적을 올리기 위해서 치열한 경쟁을 해야 한다. 동료가 경쟁의 대상이며, 옆 반이 경쟁의 대상이고 전국에 있는 학교가 모두 경쟁의 대상이다. 무한 경쟁에 의해 교육활동이 이루어진다. 이러한 곳에는 '너'와 '나'의 삶이나 인격 따위는 아랑곳없다. 점수를 어떻게 따고 성적을 어떻게 올리느냐 하는 것이 오로지 학생들의 관심사가 된다. 점수와 성적으로 내가 너를 이겨야만 한다. 이러한 교육의 결과로서 얻어진 부산물은 무얼까? 그것은 우월감과 열등감 바로 그것이다. 대부분의 사람에게는 열등감이, 그리고 극소수의 사람에게는 우월감이 주어졌다. 이는 우리가 바라는 교육목적과는 전혀 다른 것이다. 개인에게는 인격적 · 정신적 상처가 안겨졌고, 인생살이에서는 불행이 자리하고 있으며, 사회경제적으로 병리현상으로 작용하고 있다.

이는 서열화된 대학입시에서 조장하고 있지만, 우리 사회에 만연되어 있는 학벌주의와 권위주의 그리고 출세지향적 의식이란 척박한 풍토와 무관하지 않다. 개인의 내면적 삶은 뒷전이며, 유행하는 피상적이고 외향적인 기준에 따라 쉽게 남을 평가하고, 그 자신 또한 그런 방식으로 평가되어버리는 경우가 많다. 나의 내면세계와 '나' 자신에 대한 충실한 삶보다는 일상적인 기준과 가치에 매달려서 인생의 방향을 찾으려 하는 경향이 많다. 그 중에 대표적인 기준과 가치가 권력과 재화의 획득일 것이다. 재화와 권력이 나쁘다는 것이 아니라 오로지 그것에 의해서 개개인의 신비한 다양한 가치와 능력을 평가하고 이에 매달리는 사회적 분위기가 한 사람 한 사람의 인격적 가치를 자칫 놓쳐버릴 수 있다는 점을 문제 삼는 것이다. 성적이 좋은 학생은 성적이 나쁜 학생을 동료로 생각하기보다는 업신여기고 적당히 무시해 버려도 괜찮다고 생각하며, 더불어 공부를 못하는 학생은 자신의 느낌과 주장까지도 떳떳하게 표현하지 못하는 생활이 보편화되어 있다. 학교에서는 성적으로 계급이 형성되어 있고, 학교 밖에는 재화와 권력으로 계급이 조성되어 있다고 말한다면 지나친 일일까?

성적이 우수한 학생과 열등한 학생 간에는 어울릴 수 없는 잠재된 계급이 형성되어 있고, 소위 평판이 좋은 학교를 다니는 학생은 그렇지 못한 학교를 다니는 학생을 적당히 무시해도 된다고 생각하며, 심지어는 자식을 좋은 학교에 보낸 부모가 그렇지 못한 부모 앞에서 으시대고 업신여기기도 한다. 학교 밖 사회에서도 이러한 현상은 두드러지게 나타난다. 과거에 비해서는 많이 좋아졌다고 하지만, 아직 이 학벌에 의한 계급과 성적에 의한 계급이 상존하고 있음을 부인하지 못한다. 이러한 사회를 우리가 더불어 살아가는 민주사회라고 할 수 있겠는가?

모든 학생 개개인은 한 인간으로서 소중한 존재로 가치를 지니고 있으며 이 인격적 가치가 존중되어야 하며, 자신이 지니고 있는 고유한 잠재능력을 정상적으로 발휘하여 자신의 삶을 이끌어 나갈 자격과 권리가 있다. 그것은 천부인권적 권리이자 자격이다. 학교에서는 이를 모범적으로 실현하는 장이 되어 모든 학생이 자신의 색깔과 빛깔, 즉 자신의 가치를 실현할 수 있는 조건과 기회를 마련해 주어야 한다. 그래서 결국 모든 학생이 자신의 보람과 행복을 누릴 수 있기 위한 힘과 동력을 지닐 수 있도록 해 주어야 한다.

2. 새로운 틀 속에서 '나'의 삶을 찾아야 한다

우리가 잘못된 사회의 풍토와 학교교육만을 탓할 수는 없는 일이다. 문제는 이러한 풍토 속에서 내가 '나다운 나'를 찾기 위해 고민하지 않으면, 영원히 나의 삶을 잃어버리고 만다는 점이다. 남을 탓하고 정부를 탓하고 내가 받은 교육만을 탓하고 있는 것은 결국 서로를 건전하게 이끌지 못하는 소모적인 일일 뿐이다. 나부터 나의 삶을 새롭게 찾기 위한 노력을 하지 않으면 안 된다. 내가 부지하고 있는 생명이 다하기 전에 잘못된 가치관으로부터 자신을 건져내지 않으면 나의 인생은 남의 것이 되고 만다. '나다운 나'의 모습을 찾아서 지킴으로써, 나의 꿈과 잠재력을 실현할 수 있을 때에 자신의 행복을 찾을 수 있을 것이다.

우리는 새로운 시각에서 사회와 교육 그리고 개인적 삶을 검토해야 한다. 개개인이 자신들의 본질적인 가치를 찾기 위하여 새로운 안목에서 자신의 삶을 성찰해 볼 필요가 있다. 우선 학교교육과 사회적 관습이나 정책들이 개인의 내면적 삶을 존중하는 차원에서 검토되고 변화되어야 한다. 개개인들이 자신의 삶 속에 '나'를 존중하고 '나'의 참된 행복을 실현하기 위한 활동이 필요하다. 우리 모두가 개인의 내면적인 가치에 대한 자각이 일어날 때 우리 사회를 개선할 수 있고 서로가 자신의 본질적 가치에 충실할 수 있는 좋은 사회가 되어 갈 것이다. 남의 기준에 따라 살아가는 '나'가 아닌 나 자신의 기준과 나의 가치를 실현하기 위하여 살아가는 삶이 나에게 보람을 안겨 주고 즐거움을 가져다준다. 자신의 내면적 가치에 따라 삶의 방향을 찾는 노력이 자신을 존중하는 삶이다. 개인들의 본질적인 가치를 어떻게 찾을 수 있는가 하는 문제는 우리 모두에게 주어진 과제이다. 특히, 청소년기에는 더욱 중요한 문제가 아닐 수 없다.

우리 사회는 과거 어느 때보다도 민주화되어 권위주의가 청산되고 있으며 각 분야에서 수평적인 구조로 발전해가고 있다. 민주화의 중요한 가치의 하나는 함께 살아가는 모든 개개인들이 자신들의 참모습과 참된 가치를 찾아서 실현하고, 스스로가 삶의 보람과 가치를 느낄 수 있는 사회이다. 자신의 가치를 정확하게 알아내는 것이고, 이를 정당하게 실현하기 위해서는 공동체를 마련하는 일이 요청된다. 우리는 서로를 보다 자유롭게 할 수 있는 사회, 서로가 부당하게 차별받지 않는 사회, 서로가 존중하면서 서로를 아끼고 보살필 수 있는 사회를 바란다. 우리 모두가 꿈꾸고 실현되기를 바라는 핵심 가치는 바로 '사람존중'이다. 민주주의의 보편 가치인 인간존중이 실현되기 위해서는 시민 개개인들이 우선 나부터 '나를 정당하게 존중하는 일'을 중요하게 여길 수 있어야 한다. 모든 사람이 자신의 '존중감'을 제대로 느끼면서 살아갈 수 있는 사회라면 그것이 우리의 행복을 실현해 주는 이상적인 민주사회일 것이다. 모든 사람이 자신의 삶을 가치롭게 만들어가면서 그것을 정당하게 즐기고 살아갈 수 있는 사회, 그것이 이상사회가 아닐까? 물론 나름대로 자신의 삶을 가치롭게 만들어 나가는 일은 사회나 학교나 가족이 맡아서 해줄 수 있는 부분이 있으나, 분명한 것은 내가 나를 찾지 못하면 나의 삶을 주체적으로 이끌 수가 없고 결국 '나의 존재가치'를 찾지도 못한다. 개개인이 자신의 가치와 능력을 존중할 수 있을 때에, 사회 전체적으로 인간존중이라는 이념이 자연스럽게 실현된다. 다른 사람이 좋아하는 기준과 가치에 따라 나의 길을 선택한다면 그것은 나를 위한 길이 아니라 다른 사람을 위한 길이 되고 만다. 결국 나의 인생을 내가 주체적으로 선택하여 살아가기 위해 다른 사람들의 기준과 가치를 많이 참고할 수는 있겠지만 다른 사람들이 원하는 기준대로 나의 길을 택할 수는 없는 일이다.

그러나 우리 사회에는 다른 사람들이 많이 좋아하는 직업과 길을 유행처럼 따르는 경향이 있음을 부정할 수 없다. 그런 탓으로, 자신의 진로를 선택할 때에도 자신의 잠재력이나 자신이 하고 싶은 일을 충분히 검토하지 못하고 진로를 결정하는 경우, 결국 자신이 정작 할 수 있는 일이나 하고 싶은 일을 놓쳐버리게 된 사례를 많이 볼 수 있다. 다른 사람의 기대를 만족시키기 위해서 나의 진로를 택한다든지, 많은 사람들이 좋다고 하는 일이기 때문에 나도 해야겠다고 한다면, 자신에게 적합한 삶을 포기한 셈이 되고 만다. 자신의 처지와, 자신의 능력과, 자신의 가치를 자신의 입장에서 생각하고 다듬어 보는 일이 자신을 지키는 일이다. 여기에 '자존감'의 중요성이 부각된다.

3. 자존감의 중요성

자존감[1]이 낮은 사람은 특히 힘이 있다고 생각되는 사람에게 인정받고 존중받기를 원하므로, 남에게 이끌리는 삶을 살아가게 된다. 그들은 매사를 주체적으로 처리할 자세가 갖추어져 있지 않아서, 자신의 일을 활기차게 수행하지도 못한다. 그리고 그는 다른 사람에게 늘 의존하여 생활하며, 모든 일에서 자신의 책임이 분명하지 못한 삶을 이끌어 나가고, 자신의 주장도 분명하게

1) 자기존중감 또는 자아존중감이란 용어를 자존감으로 표현했다. 자아존중감이란 용어는 마치 전문가들이 사용하는 용어로 여겨져 일반인에게는 직접적 관계가 없는 말로 느껴져, 자기존중감이란 용어로 대체하였으나, 역시 어색한 말로 느껴지는 용어로 보인다. 자존감이란 용어가 일반인에게 더 친근감을 느끼게 하는 용어로 보인다.

할 수 없다. 그뿐만 아니라 자신의 길을 책임 있게 선택하고 결정할 만한 마음의 준비가 되어 있지 않은 상태이다. 따라서 자신의 잘못을 느끼지도 못하고 살아간다. 늘 잘못된 일은 나의 책임이 아니라 모두 다른 사람의 책임으로 돌려버리고 만다. 결국, 다른 사람과의 인간관계에서도 편한 관계를 유지할 수가 없다. 더 불행한 것은 사랑이라든가 행복이라는 가치를 중요하게 여기면서도, 항상 다른 사람으로부터 인정받기 위한 욕망에 이끌리므로 주체적으로 삶의 보람을 즐기거나 행복을 실현할 수 있는 상태를 만들지 못한다.

즉 건전한 자존감을 가지고 있는 사람은 자신에게 적절한 것을 탐색하여 이를 즐기면서 살아가지만, 자존감이 낮은 사람은 자신에 대한 정확한 인식에 바탕을 둔 삶이 아니라, 남의 기준에 따라 인정받기 위한 삶을 추구하고 있으므로, 본의 아니게 자신이 감당할 수 없는 일임에도 불구하고 무리하게 일을 맡게 된다. 그리고 자신이 이루어 놓은 성과에 대해서도 자신이 보람 있게 즐기기보다는 다른 사람에게 과시하고 인정받으려고 하는 겉치레의 삶을 살아간다. 또한, 나 자신을 있는 그대로 볼 수가 없으므로, 사물의 됨됨이나 주변 현상에 대해서도 있는 그대로 바라보지 못하고, 남의 삶에 대해서도 긍정적으로 바라볼 수 있는 자세를 갖추고 있지 못하다. 일을 하고 공부를 함에 있어서도 자신의 기준이 아닌 남의 기준으로 나를 봄으로써 늘 마음의 안정을 찾을 수가 없다. 일상적인 인간관계, 즉 부모 가족과의 관계, 친구와의 관계, 사랑하는 이성과의 관계 등에서 부적응과 불협화음이 많이 따르게 된다. 결과적으로 내가 하는 일이 항상 불만족스럽고 실패로 여겨지는 것이다. 그래서 자존감이 낮은 사람은 삶 속에서 어떤 보람과 즐거움을 느낀다는 것을 상상할 수가 없다. 하물며 사회정의 실현이라든가 공동체를 만들어 나가는 일과 같은 공동의 보편적 이상을 함께 고민하고 이를 주체적으로 만들어 나갈 수 있는 마음의 준비가 갖추어져 있지 않다. 결과적으로, 자존감을 갖추고 있을 때에 나를 지킬 수 있고, 다른 사람과도 좋은 관계를 이끌어 나갈 수 있는 기본조건을 갖추게 된다고 하겠다. 실제로 자존감은 개인의 삶을 행복하게, 또 불행하게 이끌 수도 있는 결정적인 요소가 된다. 그럼 자존감이란 무엇일까? 자존감의 뜻을 간략하게 정리해 보면 다음과 같다(강승규, 2005).

① 나는 한 인간으로 살아갈 수 있는 생명을 지니고 있으며,
② 나 자신이 한 인간으로서 가치로운 존재임을 확신하고,
③ 나는 한 인간으로 생각하는 능력을 가지고 있으며,
④ 나는 인생을 살아가면서 부딪치는 여러 가지 크고 작은 어려움과 낯선 역경을 이겨낼 수 있는 기본적인 능력을 가지고 있으며,
⑤ 내가 필요로 한 것과 원한 것을 표현하고 주장할 수 있는 자격이 있다고 믿으며,
⑥ 나 자신이 필요로 하는 것과 원하는 것을 적극적으로 시도할 수 있는 능력과 자격을 지니고 있다고 믿고 이를 실행할 수 있으며,
⑦ 그렇게 실행한 일로부터 어떤 성과를 내가 얻어 낼 수 있고,
⑧ 그리고, 또한 노력하여 얻어 낸 성과를 즐길 수 있는 권리를 내가 가지고 있다고 믿고 있으며,
⑨ 그러한 결과들을 스스로 즐김으로써 내가 행복을 얻을 수 있고 행복하게 살아갈 수 있다고 믿는다.

실제로, 한 고등학교 학생을 대상으로 실시한 조사(1999년)에 따르면, 학생들 스스로 가치로운 존재라고 답하는 학생이 기대보다 매우 적게 나타났는데, '나는 쓸모 있는 사람이라는 느낌이 든다'

고 답한 학생이 불과 41.8%에 불과하다. 나머지 58.2%의 학생이 스스로 쓸모없는 사람이라고 생각하고 있었다. 이는 한 학교의 예이지만 매우 불행한 삶을 살아가고 있는 학생들의 단면을 보여주는 사례이다. 심각한 학생들의 모습이 아닐 수 없다. 우리 학생들은 생각해보면, 유치원과 초등학교에 들어가기 전에는 모두 가능성이 있는 큰 인물로 여겨지지만, 학년이 올라갈수록 점점 자신에 대한 자신감을 잃어 가는 학생들이 많아진다. 그것은 여러 이유가 있겠지만, 사람들의 개성적인 삶까지도 획일적인 기준과 가치에 의해 평가하는 학교와 사회적 풍토로 인하여 자신들도 모르게 자신의 모든 것을 남들과 비교하는 습관이 몸에 익숙해졌고, 이로 인하여, 암암리에 항상 '남보다 잘하는가, 못하는가' 또는 '남보다 나은가, 못한가'란 기준으로 우열을 가리게 된다. 그 결과, 성적이 좋은 학생에게는 우월감을, 그렇지 못한 학생에게는 열등감을 심어 주고 있다. 그래서 급기야 성적이 부진한 학생은 스스로 한 인간으로서 가치로운 존재가 될 수 없을 것 같다는 생각을 하게 되는 것이다. 인생에서 이것처럼 더 불행한 일은 없을 것이다. 이는 우리 교육과 사회에 매우 심각한 병리현상으로 반드시 치유되어야 한다.

돌이켜 보면, 성공이란 기준이 무엇일까? 획일적인 기준에 따라 성공의 정도를 가려낼 수 있을까? 나의 삶의 상태에 맞는 기준이 아닌 남의 기준에 따라, 즉 일률적인 기준에 따라 평가한다면 결국 어느 누구도 언제나 성공한 수준의 위치에 있다고 말할 수가 없다. 각자의 삶의 방식에 따라 자신이 도달해야 할 기준이 따로 있다. 그것은 자신의 소질과 자신의 특성에 따라 선택하고 가야 할 방식과 성취해야 할 도달점이 각각 달리 설정되어져야 한다. 그런데 이 목표를 모두 동일한 기준과 내용에 맞추어서 성공여부를 가리는 것은 잘못된 것이다. 흔히 우리가 비유하는 말인, '학교에서 우등생이 사회에서도 우등생인가'란 질문 속에서도 그러한 우열을 가리는 기준에 따라 성공의 내용이 달라질 수 있다는 의식을 공유하고 있는 셈이다. 언제 어디서나 영원한 1등은 있을 수 없다.

여하튼 우월감과 열등감을 갖게 하고, 또 그러한 것을 가지고 살아가는 것은 불행한 삶이다. 우월감과 열등감은 동일한 심리기제인데, 그것은 남보다 나아야 한다는 심리에서 비롯된 것이다. 우월감은 남보다 낫다고 생각하기 때문에 생기는 심리이고 열등감은 남보다 못하다고 여기기 때문에 생기는 심리이다. 우월감이나 열등감은 모두 다른 사람과 나를 비교하여 우열을 가려야 한다는 심리기제라는 점에서 공통된다. 왜 우리는 항상 다른 사람과 비교하여 우열을 가리면서 살아야 하는가? 우리가 남과 비교하여 더 낫다 더 못하다고 여기면서 살아야 할 이유가 무엇인가? 나의 얼굴이 남보다 못나다고 생각하면서 살아간다면 내가 어떤 꼴이 되겠는가? 더욱이 아들딸들이 우리 아버지가 친구의 아버지보다 못하다는 생각을 가지고 살아갈 수 있을까? 우리 어머니가 친구 어머니보다 못 낫다고 생각할 수 있을까? 부모님들의 입장에서도 마찬가지이다. 내 자식이 남의 자식보다 못 낫다고 생각할 수 있을까? 그럴 수 없다. 내 자식은 항상 부모님에게는 제일 잘난 자식이다. 마찬가지로 자식의 입장에서도 나의 부모님을 남의 부모님과 비교할 수가 없는 것이다. 나에게 부모님은 절대적인 존재로서 늘 내 머릿속에 자리하고 있고, 마찬가지로 부모님에게 자식은 절대적인 존재로서 그렇게 자리하고 있다.

우리는 모든 사물을 우와 열, 흑과 백, 청과 홍, ○와 × 등으로 구분하여 보는 것이 일상화되어 있다. 이것은 크게 잘못된 사고유형이다. 만약, 내가 살고 있는 집이 오두막집이라고 해 보자. 내가 살고 있는 집과 친구가 살고 있는 집을 비교할 수는 있다. 그러나 나에게 중요한 것은 내 친구가 살고 있는 큰 집이 아니라 내가 살고 있는 오두막집인 것이다. 이 오두막집이 없이는 내가 살아갈 수 없기 때문이다. 아무리 친구의 큰 집을 부러워해 봐도 내가 살고 있는 오두막집이 그 큰 집으로 바뀌어지지 않는다. 남의 큰 집을 부러워만 하고 나의 집을 업신여긴다면, 나의 꼴이 어떻게 될까? 그것은 매우 어리석은 짓이 아닌가! 내가 해야 할 일은 이 오두막집을 아끼고 가꾸어 더욱 편한 곳으로 만들어 가는 노력이다. 이러한 노력이 나와 내 집을 의미 있게 만들어 준다. 내가 살고 있는 오두막집이 나에게 잠자리를 마련해주고 있고 부모님과 형제간에 정과 사랑을 만들어 주는 삶의 터전이다. 즉 그곳은 나에게 가장 소중하고 귀중한 곳이다. 현재의 우리 집을 근본으로 삼아 좀더 살기 편하고 나에게 적합한 집으로 만들어 가꾸는 일이 나에게 삶의 의미를 주고 보람을 주는 것이다. 아무리 편하고 좋아 보이더라도 남의 집이 내 집이 될 수는 없다.

4. 자기가치감

'나'는 내가 소중하게 여기고 존경하는 이들과 마찬가지로 귀중하고 소중한 존재임을 알아야 한다. 인간의 무조건적인 가치란 각각 다른 모든 사람들만큼 중요하고 가치로운 존재라는 것을 의미한다. 왜냐하면, 개개인 모두가 지니고 있는 본질인 핵심자아(core self)는 고유하고, 소중하고, 영원한 무한의 가치를 지니고 있기 때문이며, 개개인 모두 본질적으로 선하기 때문이다.

다음의 호워드(Schiradi Glenn R., 2001, 29-33)의 인간가치에 대한 명제는 우리에게 매우 설득력 있는 메시지를 전하고 있다.

호워드(Howard)의 인간가치에 관한 규칙

그는 인간에 대한 무조건적인 가치를 다음과 같이 다섯 가지로 묘사하고 있다.

① 모든 사람은 다른 사람들과 똑같이 영원하게 무한하고 무조건적인 가치를 지니고 있다.

② 모든 사람은 다른 사람들과 만찬가지로 동일한 가치를 지니고 있다. 그 가치는 상대적이거나 경쟁적이지 않다. 비록 귀하가 다른 사람에 비하여 운동을 잘하거나, 공부를 더 잘하거나, 사회활동을 더 잘하고, 영업활동을 더 잘한다 할지라도 우리는 한 인류로서 동일한 가치를 지니고 있다.

③ 그 가치가 외적인 요인으로 인하여 감소되거나 더 더해지는 것이 아니다. 외적인 요소란 돈, 얼굴, 생김새, 업적, 수행능력 등이 포함된다. 중요한 것은 이러한 것들은 단지 경제적인 가치나 사회적인 가치를 증가시킬 뿐이지, 한 인간으로서 가치는 무한하고 변화되지 않는다는 점이다.

④ 인간가치는 결코 위협 속에 자리하지 않고 늘 안정되어 있다(비록 어떤 사람이 귀하를 거부한다 하더라도).

⑤ 인간가치는 준비되거나 돈을 벌듯이 벌어지는 것이 아니라, 그것은 이미 부여되어 있다. 바로 그 가치를 인식하고 수용하며 즐겨라.

인간 개개인의 핵심가치는 크리스털처럼 본질적이고 영원한 자아를 지니고 있다. 그것은 태양아래 빛나는 아름다운 보석과 같은 것이다. 갓 태어난 어린이는 그 자체로 바르고 완결된 전체이다. 그러나 아직 완성된 상태가 아니다. 각자는 나름대로 소질을 가지고 있으며, 중요한 점은 모두 아름답고, 사랑스럽고, 충만한 잠재력을 지니고 있다는 점이다. 한 인간에게 부여된 가치는 외적 요인과 별개의 것이다. 한 인간은 외형요인이나 일상의 능력이나 인간관계 또는 기타의 요인과 별개로 동일하게 소중하고 귀한 존재이다.

외형적 요소를 나열하자면, 우선 생김새, 힘, 가족이미지, 부모의 지위나 성격, 지적 능력, 결혼상태, 학력, 성, 능력, 종족, 학업성적, 경제수준, 기능, 경험, 창의적 능력, 결점, 재능, 잘못을 저지름, 행동, 결정능력, 지위, 신체적 상태, 태도, 경쟁력, 목소리, 옷, 차, 신앙, 성격 등을 들 수 있다. 이러한 요인과 관계 없이 모든 개개인은 소중하고 귀한 존재이다.

그뿐 아니라, 일상의 능력, 즉 수행능력, 건강, 생산성, 신뢰성, 통제력, 감정, 타인과의 관계성 등과 관계 없이 모든 개개인은 소중하고 귀한 존재이며, 또한 타인과의 관계가 어떠한가에 관계 없이 어느 누구나 소중하고 귀하다. 즉 누가 얼마나 좋아하는가? 또는 다른 사람이 얼마나 인정하는가? 또는 타인이 어떻게 대하는가에 관계 없이 모든 개개인은 그 자체로 소중하고 귀한 존재이다.

이러하듯이 개개학생들은 성적에 관계 없이 생김새에 관계 없이, 또는 출신에 관계 없이, 능력에 관계 없이 모두 소중하고 귀한 존재이다. 이는 귀하고 소중한 존재들이 각각의 인생길과 목적을 고유하게, 그리고 독특하게 추진할 수 있는 나름대로의 색깔 있는 능력을 지니고 있다는 뜻이기도 하다. 모든 개개 학생은 각자가 자신의 방식대로 고유한 길을 선택하여 자신의 길을 걸어갈 수 있도록 동력을 길러 주는 것이 교육활동을 통해서 교사가 해주어야 할 가장 중요한 일이다.

5. 자기능력감

사람마다 자신이 살아갈 수 있는 자기 나름대로 기본적인 능력을 지니고 있다. 이 능력은 누구에게 비교된 능력이 아니라 자신만의 독자적인 고유한 능력을 지니고 있다는 뜻을 말한다.

모든 사람은 생각할 수 있는 능력을 지니고 있다. 사람이 다른 동물과 다른 점이 '생각할 수 있는 능력'을 지니고 있다는 점이다. 중요한 점은 이 사고력은 타인과 비교될 수 없는 자신만의 고유한 능력이며, 이 능력이 바로 자신을 자기 방식대로 살아가게 하는 힘이자 동력이다.

한 개인을 다른 사람과 비교하는 경우가 있는데, 그 경우는 자신의 능력과 타인의 능력이 무엇이 다른가를 정확하게 확인하고 검증하는 과정에서 있을 수 있다. 그러나 그 비교를 통하여 '나는 너보다 낫다'라든가, '너는 나보다 못하다'든가는 우열을 가리기 위해서 비교하는 행위는 잘못된 것이다. 사람의 능력을 타인과 비교하여 우열을 매기는 일은 개인의 가치를 무시한 결과를 초래한다. 즉 개인의 고유한 인격적 가치가 산산이 버림을 받는 결과를 초래하게 되며, 그것은 인격의 파멸을 초래하게 될 수도 있다. 인격이 훼손받거나 경멸받게 되면 그 이후의 행동은 자신이 자신을 가눌 수가 없는 어려운 상황에 빠지게 되고 만다. 어린 시절의 그러한 상처는 성인이 되어서까지 지속적으로 자신의 본 모습을 찾지 못하게 한다. 그런데 우리 사회에서는 이러한 일들이 흔하게 일어난다. 어른들은 아이들에게 '옆집에 아이는 1등을 하는데 너는 뭘 하느냐?' 라든가, '옆집의 아무개는 일찍 일어나 집청소도 하고 엄마 일을 도와주는데, 너는 그렇게 늦잠만 자느냐?'는 식의 말을 흔히 들을 수 있다. 그런데 이런 말은 이렇게 비교해보자. 만약 어떤 아들이 자기 엄마에게, '엄마 옆집의 내친구 엄마는 얼굴이 예쁜데 엄마는 왜 그래?' 하는 식의 말을 했다고 해보자. 이런 경우 어른들은 이 상황을 감당하기란 매우 힘든 상황일 것이다. 그러나 어른들은 아이들에게 쉽게 이러한 언행을 해버리고 마는 경우들이 많다.

학교에서는 교사가 다수의 학생들을 가르치고 지도하다보면,

본의 아니게 학생들을 비교하여 우열을 가리는 일들이 흔하게 일어날 수가 있다. 특히 우리 학교는 교과성적 위주로 학생의 모든 것을 평가하고 있어서, 쉽게 학생들을 비교하여 서열화하는 틀을 가지고 있다. 그러한 탓으로 학생 내면세계의 고유한 재능과 소질을 키워나갈 수 있는 교육환경이 조성되어 있지 못한 셈이다.

그러나 학생에게는 교사가 알 수 없는 숨겨진 소질과 재능이 잠자고 있다. 그것은 학생이 지니고 있는 소질과 재능이 다행히도 교사의 코드와 잘 맞은 것이라면 그 학생의 재능이 제대로 계발될 수 있는 조건을 갖춘 셈이겠으나, 그 코드가 맞지 않는 경우라면 학생은 상대적으로, 또는 불행하게도 자신의 재능을 계발할 기회를 박탈당한 셈이다. 어린 시절 자신의 재능을 발휘할 기회를 박탈당하게 되었다면 이를 회복하여 새롭게 자신의 재능과 소질을 계발하기란 그렇게 쉬운 일은 아니다. 많은 시간과 노력이 몇 배 이상 더 들게 될 것이다.

필자는 학생이 가진 소질을 굳이 능력으로 표현하는 것을 피하고 있는데, 그것은 능력이라고 하면 사람들 마음속에 점수와 서열이 먼저 떠오르게 되어 학생 개개인의 소질을 제대로 읽어 파악하는 일을 방해한다고 생각하기 때문이다. 그래서 능력보다는 색깔과 빛깔로 표현을 하고 있다. 색깔과 빛깔은 서열보다는 서로 다른 것을 생각하게 하기 때문이다. 학생과 교사가 또는 부모가 코드가 잘 맞아 학생의 능력을 제대로 발현시켜 준다면 더할 나위 없이 좋은 일이다. 그런데 어른들에게 형성되어 있는 색깔과 빛깔은 자신들의 성장배경과 교육의 범위에 한정되어 있을 경우들이 더 많다. 그래서 학생이 지닌 수많은 색깔과 빛깔을 제대로 이해해 줄 교사나 어른을 우연히 잘 만나면 그 색깔과 빛깔이 잘 키워질 수 있겠으나, 그렇지 못할 경우 학생의 색깔과 빛깔을 키우는 일은 그만큼 더디거나 불행한 경우에는 오히려 무시당하게 되고 자신의 소질을 키우는 일이 더 어렵게 될 수도 있다. 이러한 말이 옳다면, 교사는 학생에게 해 주어야 할 일이 분명하게 한 가지 있다. 그것은 학생 스스로 자신의 색깔과 빛깔을 정확하게 찾아 키워갈 수 있는 힘과 동력을 갖추게 해주는 일이다. '영어 단어를 얼마나 더 기억하고 있는가?', '수학 문제를 얼마나 더 잘 풀 수 있는가?', '과학문제를 얼마나 푸는가?', '반에서 몇 등인가?' 하는 것보다도 중요한 것은 학생 개개인이 자신에게 숨어 있는 색깔과 빛깔을 제대로 탐색하고 이를 잘 키워나갈 수 있는 용기와 개척정신, 그리고 자존감 등을 굳건히 갖추도록 해주는 일일 것이다.

6. 건전한 자존감 형성

중요한 것은 나를 정확하게 알고 '있는 그대로의 나의 모습'에 나의 마음을 적응시키고 그에 맞는 속도와 나의 방식대로 나의 길을 찾는 일이 나의 인생을 행복하게 만드는 일이다. '나만의 빛깔'과 '나만의 색깔', '나만의 향기'를 찾아 가꾸어야 한다. 우리는 어느 누구도 같은 얼굴을 갖지 않았다. 모두 다르듯이 모두가 각자의 삶의 형태와 능력이 따로 있다. 그것을 좀더 일찍 찾는 사람도 있지만 늦은 사람도 있다. 늦더라도 내가 '할 수 있는 일'과 내가 '하고 싶은 일'을 찾는 일, 그리고 여기에 더욱 큰 것은 내가 '해야 할 일'을 찾는 것이 나의 삶을 의미 있게 만든다. 더욱이 이 세 가지 기준, 즉 '하고 싶은 일'과 '할 수 있는 일' 그리고 '해야 할 일'이 일치된 일을 찾아 할 수 있다면 그보다 더 행복한 삶이란 있을 수 없을 것이다. 여기에서는 반드시 자신의 삶을 스스로 책임지겠다는 굳은 결단과 지혜로운 선택이 뒤따라야 한다. 이 길은 자신만이 결정할 수 있는 일이며, 자신에게만 주어진 권한이고 자신에게만 부여된 자격이다. 다른 사람들의 의견과 기대나 바람은 모두 내가 나의 일을 선택하고 결정하는 데에 참고자료에 불과할 뿐이다. 결국 나의 삶에 대한 책임은 나에게 있다. 여기에는 굳건한 자존감이 요구된다.

7. 학생의 자존감과 교사

1) 인간존중과 교육의 문제

학교에서는 미래를 살아 갈 학생들에게 인류의 이상인 민주주의 사회를 실현할 수 있는 기본적인 태도와 자질을 가르쳐 주어야 한다는 말이 가장 중요한 원리가 된다. 학교에서 인간을 존중한다는 말은 학교에서 가르치는 교사와 배우는 학생, 그리고 행정을 맡아보는 직원이 각각 나름대로 한 인격체로서 귀중한 존재로서 존중을 받아야 한다는 말이다. 학교에서 이루어진 학습활동에서는 바로 학생이 한 인격체로서 존중을 받아야 한다. 학교에서는 학생 개개인을 존중하면서 가르치는 일이 핵심이 된다. 그런데 우리 사회의 학교 교육은 어떠한가. 학업성적이 100점을 받은 학생이나 60점을 받은 학생이나 천편일률적으로 똑같은 내용을 똑같은 방법으로 가르치고 있다. 그것도 전국적으로 거의 같은 진도를 맞추어야 한다. 중간고사나 기말고사의 내용이 아마도 거의 똑같은 내용으로 시험을 보게 되어 있을 것이다. 그뿐 아니라 50~60점을 맞은 학생이나 100점을 맞은 학생이 시험점수에서만 차이가 있을 뿐이지 다른 교육활동에서는 차이가 없이 이루어진다. 더욱이 이들은 나이를 한 살 더 먹게 되면, 똑같이 무조건적으로 학년은 올라간다. '사람이 평등하다'는 말은 '같아야 한다'는 말과는 다르다. 각자의 수준에 맞게 지원하고 보충해 줄 수 있어야 한다. 감기환자에게는 감기약을 투여하여 치료하고,

복통환자에게는 감기약과 다른 약을 투여하여 복통을 치료해 주듯이 학생 개개인을 진단하고 그에 알맞은 처방에 따라 수업이 진행될 수 있어야 한다.

이들이 자신들의 능력을 각 과목의 점수가 아닌 다른 수단으로 표현되고 인정받을 길이 거의 없는 것이 또 학교의 현실이다. 그러나 우리에게 여러 가지 헤아릴 수 없는 색깔이 많이 있듯이 학생들의 능력은 보이지 않게 수많은 특색을 가지고 있다. 그러나 어른들은 너무나도 쉽게 자신들의 좁은 눈으로 어린이의 능력과 소질을 단정해 버린 경우가 많다. 학생들은 아무도 알 수 없는 각자가 특이체질적인 능력과 소질을 가지고 있다. 세계적인 석학 버트란드 러셀은 인간의 능력을 '신에 버금가는 능력'이 있다고 주장했다. 학생이 갖는 헤아리기 어려운 여러 가지 잠재능력을 참되게 보호하고 키워 줄 수 있을 때에 우리는 학생을 존중한다고 말할 수 있을 것이다.

만약 병원에서 의사가 감기만을 진단하고 다른 병은 진단할 능력이 없다고 가정해 보자. 그리고 그 병원에는 감기 이외에 다른 약은 없다면 어떻게 될까? 다른 큰 병을 가진 사람들은 어떻게 되겠는가? 만약 암이라는 큰 병을 가진 환자가 감기약만을 복용한다면 어떻게 되겠는가? 이는 곧 환자를 치료하는 일이 아니라 죽음으로 몰고 가는 일이 된다.

특이체질적인 성격과 능력을 가진 천차만별한 학생들에게 한 가지의 교육내용과 한 가지의 교육방법만으로 교육을 이끌어 가는 학교와 심각한 병을 앓고 있는 환자에게 감기약 정도로 모든 것을 치료하려는 의사와 다른 점이 무엇인가?

그래도 학교가 있기 때문에, 교육이 되어지는 것이 아니냐고 반문할 수 있겠는가? 학교에서는 학생들의 흥미와 소질과 관심을 낱낱이 귀중하게 보살펴 주고 키워 줄 수 있어서, 개인의 능력을 참으로 존중해 주는 교육을 해야 한다. 그래서 남의 의견과 능력을 공정하게 존중할 수 있는 삶을 살아갈 수 있는 민주적 인물을 만들 수 있어야 한다. 더욱이 미래의 삶은 날이 갈수록 복잡해지고 선택할 수 있는 직업도 매우 다양하게 변한다. 학교는 예측할 수 없는 다양한 길을 학생들에게 갈 수 있도록 준비하여 주어야 한다.

학교교육에서 가르치는 내용과 방법이 다양해야 한다. 단일한 획일적인 교육내용으로 각각의 학생들의 능력 수준을 맞출 수 없다. 가르치고 배우는 일이 이루어지고 있는 학교 교실의 수업이 학생들 자신들의 흥미와 관심을 살려서 재미있게 수업이 진행될 수 있어야 한다. 교육예산이 학급의 규모를 줄이고 다양한 교육내용을 개발하는 데에 우선적으로 사용해야 한다. 그리고 교사들의 의식과 교육방법이 민주적으로 변해야 한다. 그리고 교사에게 교육에 대한 권한이 확대되어야 하며 그에 상당한 책임도 확대되어야 한다. 민주주의 실현의 실험장이 되어야 할 곳이 바로 학교이다.

2) 학생의 편에서 가르친다는 말의 뜻은?

가정이나 학교에서 좋은 교육의 형태를 말할 때에 '어린이 편에서 가르쳐야 한다'는 말을 많이 사용한다. 이러한 교육은 루소로 거슬러 올라간다. 1762년에 출판(1760년 완성되나 출판 후 박해가 우려되어 원본을 한부 더 만든다)된 그의 『에밀』이란 소설에서 '어린이는 조물주 손에서 태어날 때에 선하게 태어났다'는 말에서 비롯된다. 그러나 이 책은 나오자마자 기독교에서 보는 인간관과 배치된다는 이유로 분서처분을 받는다. 이러한 어려움을 겪고 나타난 교육이론이 바로 '어린이 편에 선 교육'인데, 그 말은 대략 다음과 같은 세 가지의 말뜻을 가지고 있다.

첫째, 어린이가 가지고 있는 감정이나 기분, 충동 또는 욕망 등이 선함으로 어린이의 감정의 흐름을 잘 파악하여 그 흐름에 함께 한다는 뜻을 포함하고 있다. 감정의 흐름에 함께 한다는 뜻은 맹목적으로 어린이의 생각이나 감정에 따른다는 뜻이 아니다. 어린이를 방치하자는 뜻이 아니다. 페스탈로치는 어린이에게 자연의 아름다움을 어른의 말로 설명하려 들지 말고 그 아름답다고 생각되는 장면을 어린이가 느낄 수 있도록 그 상황을 어린이에게 감상할 수 있도록 기회를 제공하고 묵묵히 기다리라고 충고한다. 자연을 보고 어린이가 아름답다고 느끼는 것은 어린이의 몫이지 어른의 몫이 아니라는 뜻이다. 즉 어른의 생각대로 일방적으로 가르치는 것이 아니라, 어린이 속에 들어가 교육한다는 말이다. 그러나 많은 교사나 부모들은 자신의 기분이나 생각대로 어린이를 끌고 나가면서 자신의 만족을 채우는 경우가 많다. 이는 분명히 어린이의 인격을 존중한 교육이 아니다. 루소의 『에밀』에서 다루는 내용을 한마디로 표현한다면 '믿고 기다리는 것만큼 더 큰 교육(사랑)이 없다'는 말로 표현할 수 있다.

둘째, '어린이 편에 서서 교육을 한다'는 말에는 어린이에게 허용적이어야 한다는 뜻이 들어 있다. 어린이의 성품이 착하고, 스스로 교육할 수 있는 힘인 '타고 난 자연성과 자기애'를 지니고 있기 때문에, 어른들이 보기에 다소 어긋나고 기분을 상하더라도 이를 관용하고 보아주는 마음을 가지라는 뜻이다. 이러한 교육은 어린이가 천성적으로 착하다는 믿음이 없으면 어른의 맘에 들지 않을 때, 어린이의 행동이 모두 잘못된 것으로 간주해 버리기 쉽다. 그런데 이러한 상태에서 이루어진 교육은 어린이를 존중하는 교육이라고 할 수 없다.

셋째, '어린이 편에 선 교육'이라는 말에는 어린이를 어른의 권위나 힘을 사용하여 강제적으로 이끌지 않는다는 말이다. 그런데 많은 경우, 어른들은 어린이 자신의 의견과 목표를 존중하기 위해서라는 명분으로 이를 확인하여 이런 저런 이야기를 들으면서도 결국 어른의 생각대로 설득시켜 어른의 생각대로 이끌고가는 경우가 허다하다. 그러나 이는 분명히 어린이의 생각을 부정하고 어린이의 목표를 부정하는 상황이다.

어린이의 생각을 확인하여 어린이의 입장에서 생각해 보아서 옳은 것 같으면 허심탄회하게 이를 수긍해 주는 어른의 모습에서 어린이는 더 큰 인생의 경험을 하게 된다. 결국 '어린이 편에 선 교육'이란, 어른의 권위주의적인 생활방식과 사고방식을 깨고 수직적인 인간관계에서 수평적인 인간관계를 어른과 어린이 사이에 형성해야 한다는 말이다. 바로 어른이 어린이의 삶을 존중하는 생활이다. 그런데 어린이의 입장을 존중한다고 말은 하면서도, 실제로는 어린이의 생각을 무시하고 어린이에게 무엇인가 잘못된 것이 있다고 간주해버리고 이를 받아드리지 않는다면, 결과적으로 힘이 없다고 생각한 어린이는 어른의 마음대로 이끌리고 만다. 이러한 교육방식이 어린이의 본성을 존중하고 있다고 말할 수 있을까? 그것은 결국 '사람을 중요하게 여겨야 한다'는 생활태도를 모범적으로 가르쳐야 할 학교와 가정이 오히려 사람을 적당히 무시하면서 살아가도록 가르치는 꼴이 되고 만다. 바로 이러한 생활에서 어린이는 후진적인 문화인 비민주적인 생활을 배운 게 된다. 우리는 어린이 한 사람 한 사람, 학생 한 사람 한 사람의 삶이 나의 생활만큼 중요하다는 점을 깨닫고 이를 실천해야 한다.

3) 학생들에게 '나'를 중요하게 여기고 있다는 느낌과 신념을 갖게 해야 한다

그간 우리 사회는 민주의식이 상당히 성장한 셈이다. 민주주주의 사회에서 가장 중요한 가치가 개인 한 사람 한 사람을 중요한 존재로서 존중하는 것이다. 사람들은 스스로 자기가 중요한 존재이며, 또 이를 인정받고 싶은 욕구가 민주화된 사회일수록 높아진다. 그러나 우리 사회에서는 아직도 자신의 직위를 이용하여 편의대로 행동하여 다른 사람의 자존감을 상하게 하며, 소유한 힘을 행사하여 남 위에 군림하려고 하는 사람들이 있는데, 우리는 이들을 비민주적인 사람으로 평가하며 피하게 된다. 남을 존중하지 않는 사람은 이웃과 함께 할 수 없다.

내가 나를 중요한 존재라고 여기는 만큼 대우를 받지 못하게 되면 기분을 상하게 되며 무시당했다는 느낌을 갖게 된다. 이는 자신에 대한 생각과 바람에 따라 차이가 있기는 하지만, 우리에게는 기본적으로 자기 스스로를 존중하고 싶은 욕구를 가지고 있다. 선진된 문화사회란 바로 사회 구성원 개개인들의 자존감을 지켜 주며 이를 고무하고 키워 줌으로, 서로가 서로의 인격을 존중하고 각자의 일을 존중해 주어 사회 구성원이 사는 즐거움을 느끼게 하는 사회이다.

건전한 자존감을 지닌 사람은 상처받은 자존감을 건전한 방향으로 회복시키려 하지만, 왜곡된 자존감을 지닌 사람은 왜곡된 방향으로 회복시키려고 하면서 비정상적이며 비리의 방향으로 치닫게 된다. 왜곡된 자존감은 개인을 파멸시키고 결국 사회를 파괴의 길로 향하게 하는 지름길이 된다. 권한과 힘을 정상적으로 지닌 자는 자신의 인격적 중요성을 잘 알뿐만 아니라 남의 인격이 중요함을 잘 살필 수 있으나, 부당하게 힘을 획득한 사람은 항상 불안하여 자신의 내면적 삶의 중요성을 의식하지 못하고 살아가며 다른 사람의 내면적인 생활을 경시하고 심지어 남의 개인적 생활을 사유화(私有化)하려고까지 한다. 이는 다름 아닌 인격의 파멸이며 도덕적 황폐화(荒廢化), 바로 그것이다.

바로 우리가 살기 좋은 사회에서 산다는 것은 개인의 생활을 존중하고 지켜 주는 사회이다. 결국 개인의 자존감을 바르게 지켜 줄 수 있는 사회는 개인들의 능력과 감정을 바르게 인정하고 존중하며 개개인들에게 정당하게 권한이 주어지도록 할 수 있는 사회이다. 우리 사회가 건강한 사회가 되기 위해서는 '건전한 자존감'을 지닌 사람들로 구성되어 있어야 한다. 건전한 자존감을 지닌 사람은 자신이 자신의 내면적인 느낌과 소리에 성실할 수 있는 진실성과 용기와 겸허를 지니고 있으며, 보통 일반인들이 가진 능력을 긍정적으로 믿고 있으며, 일반인들이 가진 성품이 선하다고 신뢰하고 있으며, 스스로 '알맞는' 책임감과 도덕적 합리성을 지닌 사람이다.

자존감을 지니고 건전한 삶을 살아가기 위하여 우리는 사회적 공동의 노력이 필요하다. 기본적으로 개인의 삶을 존중해 주는 사회적 환경을 만드는 일이 중요하다. 개인이 소유한 직위나 힘을 남용하여 행세하는 일이 없이, 사회 구성원 개개인의 역할이 공평하고 정당하게 행사될 수 있기 위한 안정된 제도가 곳곳에 마련되어 실천되어야 한다.

학교교육에서는 이를 우선적으로 바르게 실천되어야 한다. 왜냐하면, 학교는 새로운 사회질서를 창출해 내는 기능을 지니고 있는 곳이기 때문이다. 교육이 궁극적으로 학생에게 길러 주어야 할 것이 있다면 바로 자존감일 것이다. 만약 자존감을 지니지 못하고 열등감이나 우월감으로 세상을 살아간다면 세상의 일을 모두 힘의 우열로 서열화하여 보게 되어 개개인의 내면적인 깊이를 존중하지 못하는 생활을 하게 된다. 또한 자신이 자기 내면의 만족감과 행복감을 찾지도 못한다. 심지어 자신이 한 일을 늘 남으로부터 가시적인 평가와 칭찬을 받고 싶어한다. 그래서 결국 자신의 내면적인 삶의 질을 남에게 의존하게 된다. 이는 자신의 삶을 지닌 사람이라고 할 수 없는 상태이다. 그에게 행복이란 남이 어떻게 나를 생각하느냐에 따라 달라지게 된다. 이는 불행한 삶, 바로 그것이다. 그러나 자신의 내면적인 생활에 열중하는 사람은 자신이 자신의 양심적 판단에 의하여 자신의 일의 옳고 그름을 가려서 일하는 기둥, 즉 자존감, 혹은 주체성을 지니고 살아가는 사람이어서, 자신의 내면적 행복감을 누릴 수 있는 사람이다.

교육에서는 무엇보다도 중요한 것이 있다면 학생에게 자신의 행복을 찾아 주는 일이다. 이를 위하여, 교사와 학생 관계, 교사와 학부모 관계, 교사조직에 크게 변화가 있어야 한다. 학생들이 배우는 교과목과 학습의 과정에서, 학생 자신이 내면적 즐거움과 자신의 삶의 의미를 발견할 수 있도록 개별학습이 이루어져야 한다. 교사에게 연구와 학습의 자유를 부여하고 학교운영에 교사의 의견을 활발히 반영할 수 있고 개개 학생들에게 적합한 학습을 할 수 있는 권한과 책임이 주어지고, 학생들은 자신이 배울 학습 내용을 어느 정도 자신의 판단에 의해서 선택할 수 있어서 학교가 학생의 의사를 소중하게 여기므로, 학교가 진정으로 학생 자신들을 위하여 존재한다는 생각이 마음속에서부터 우러나도록 할 수 있는 교육환경이 조성되어야 한다.

4) 자존감을 기르기 위하여 학교와 가정이 할 일

자존감을 기르기 위하여 가정과 학교에서 어떻게 해야 하는가에 대한 지침을 제시했다. 자존감이 건전할 때만이 참으로 인생을 성공했다고 할 수 있으며 참된 행복을 찾았다고 할 수 있다. 아무리 외향적인 기준에 따라, 즉 남들이 성공한 인생이라고 여긴다 하더라도 내 자신이 내면적으로 안정감이나 행복감을 얻지 못한다면 진정으로 행복하다고 할 수 없다. 다음은 자존감이 낮은 사람과 높은 사람의 특징을 간략하게 비교해 놓은 것이다.

높은 자존감을 가지고 있는 사람은 자신의 삶에 대해 자신감을 느낄 수 있으나, 낮은 사람은 항상 부족한 느낌을 지니고 있으며, 불만스러운 삶을 내면에 간직하고 살아가게 된다. 더욱이 자신이 지니고 있는 자존감은 자아개념을 형성하는 데에 결정적인 기능을 하며 그것은 자신의 운명을 결정짓는다.

낮은 자존감	높은 자존감
사랑받기를 원한다	나 자신을 사랑하고 다른 사람의 사랑을 자연스럽게 받는다
의사소통이 순탄치 못하다	성숙한 의사소통이 가능하다
나는 아무거나 다 잘한다	적절한 것을 선택해서 한다
비난 등으로 죄책감을 갖게 하겠다	서로의 차이점을 존중한다
나는 문제와 별개이다	너와 나를 다 포괄한다
나는 현실을 부정한다	나의 실 상황을 받아들인다
완고하다	가능한 대안을 탐색한다
심판적이다	열린 마음으로 융통성있는 사고를 한다
의무와 규칙에 매어 있다	선택할 것과 책임에 관해 알고 있다
외형적인 것으로 규정한다	자신과 남을 수용한다
방어적이다	타인에 대해 성실하고 진지하다
감정을 억압한다	자신을 포함한 타인의 감정에 늘 경청한다
안전하고 익숙한 것을 선택한다	새로운 것을 시도한다. 모험을 즐긴다
과거지향적이며 현상 유지적이다	현재에 대해 긍정적이며 미래지향적이다

(1) 학교에서 할 수 있는 일

자존감을 건전하게 가지고 있는 학생은 자신이 일을 잘못했거나 부족하게 했더라도 이를 잘한 것처럼 속이지 않는다. 교사에 의해서 학생의 자존감이 크게 손상받는 경우가 많은데, 이는 인간존중이라는 민주적 가치기준에서는 있을 수 없는 사건이다.

다음은 교사가 학생의 자존감을 향상시키기 위해서 해야할 과제들이다.

① 교사의 자존감이 중요하다. 자존감이 낮은 교사는 매우 불행한 교사이다. 남의 눈치에 따라 학생을 인정한다. 자존감이 높은 교사는 학생에게 신뢰감을 주고 문제중심적이며, 학생의 잠재능력에 굳은 신념을 가지고 있다. 학생의 자존감을 키우려고 노력한다.

② 학생에 대한 교사의 기대감은 학생의 미래 잠재력 실현에 크게 영향을 끼친다. 학생의 자성예언도 형성에 교사의 기대감은 결정적이다.

③ 학생의 인격적 권위를 인정한다.

④ 교실에서 공정한 관계가 확산되어 있다는 것을 학생들이 느껴야 한다.

⑤ 교사는 학생의 장점과 단점을 정확하게 말해 줄 수 있어야 한다. 모든 학생이 쓸모 있는 능력을 소유하고 있다는 것을 느끼도록 지도해야 한다.

⑥ 모든 학생은 각각 중요한 존재라는 생각을 가질 수 있도록 해주어야 한다.

⑦ 교실에서는 해야 할 일과 하지 않아야 할 일이 분명하게 있다는 점을 인식시키고 이를 실천하는 환경을 조성한다.

⑧ 학생의 감정을 정신적·신체적인 면에서 이해해야 한다. 사소한 것이라도 학생이 느낀 것을 공감해 준다.

⑨ 학생들은 서로가 특이한 인식작용을 한다. 각자가 관심 있는 영역이 따로 있고 서로 다른 공부방식이 있다. 이를 존중할 수 있어야 한다.

학생 개개인의 '특이체질적(idiosyncratic)'인 능력과 성향[2]을 존중하자는 원리가 전제되어 있다. 문제의 단순한 능력 수준에 맞

2) 곽미경 역(2007), 개성의 탄생, 동녘사이언스(Judith Rich Harris(2006), No Two Alike, W. W. Norton) 참고. 이 책은 나는 왜 남과 다르고 유일한 존재인가를 규명하고 있다.

추는 것보다는 학생의 체질과 관심에 맞추는 일이 중요하다. 왜 이 학생이 이러한 교재의 내용을 배워야만 하는가?란 질문에 가르치는 사람은 진지하게 답할 수 있어야 한다. 우리는 흔히 '어떻게 학생에게 이 내용을 잘 가르칠 것인가?' 하는 전략적인 문제에 관심을 집중하고 있다. 학생을 한 인간으로서 대우하면서 가르칠 수 있어야 한다. 상호간의 인간적인 관심이 학습과정의 핵심이 되어야 한다.

정해진 정답만을 고집하는 학습보다는 새로운 풀이방법에 대한 가능성을 항상 전제하여야 한다. 문학 등 인문분야뿐만 아니라 수학과 같은 자연과학적인 영역의 문제에서도 해답집의 문제풀이 방식 이외의 풀이방법이 있을 수 있다.

학생 한 사람에게 각각 다른 교과내용을 연구하는 일, 각각의 학생에게 각각의 학습이 가능하게 하는 일이 필요하다. 결국 이러한 일들이 학생의 개성적·주체적 삶을 존중하는 일을 하는 셈이 된다.

(2) 가정에서 할 수 있는 일

자식이 나의 소유물이 아니다. 어린이는 엄연하게 독립된 한 인격체로서 자신의 인생을 스스로 책임지고 스스로 개척해 나갈 권리가 있는 존재임을 인식해야 하며, 이런 차원에서 자녀교육의 방향을 내 욕심이 아니라 자녀의 입장에서 도와주는 학부모가 되어야 한다. 남과의 비교가 아닌 내 자식의 내면세계를 충실하게 읽고 이를 굳게 믿고, 이에 적합한 길을 갈 수 있도록 허용하고, 관용하고, 기다림으로써 자녀에게 힘을 북돋아 줄 수 있는 자신의 수양과 신념을 다듬어 갖는 것이 중요하다. 내 자식을 남과 비교하는 것은 결정적으로 나의 자식의 사람됨을 무시하는 것이며 자신의 길을 찾지 못하게 하는 것이 된다.

우선 부모의 자존감이 건전해야 한다. 자존감이 높은 부모가 자녀에게 바른 모습을 보일 수 있고, 좋은 인성을 안정되게 길러낼 수 있는 첫 조건을 갖추었다. 다음은 가정에서 해야 할 과제들이다.

① 부모 자신이 자녀를 다루고 있는 방법이나 내용에 대해서 개관적으로 인식하고 이로부터 자녀가 무엇을 느낄 것인가를 신중하게 다룬다. 따스함과 불안함에서 자녀가 무엇을 느끼고 배울 것인가를 생각하면서 지도한다.

② 부모 자신의 눈의 표정이 무슨 메시지를 전하고 있는가를 생각하면서 지도한다.

③ 자녀의 주변에 일어나는 사건의 원인을 자신에게서 비롯된 것으로 생각하기 쉬우므로, 이에 대한 원인이 누구에게 있다는 점을 명확하게 말해 준다.

④ 자녀가 자유롭게 질문하고 이야기할 수 있도록 해 주며, 자신의 주변에 무엇이 일어나고 있는지에 대해서 스스로 이야기할 수 있도록 환경을 만들어 준다.

⑤ 자신이 남과 다른 점과 같은 점에 관심을 두는데, 이를 남과 비교하는 차원이 아니라 자신의 독특한 면을 확인하고 찾는다는 차원에서 설명해 준다.

⑥ 흥미 있는 것을 스스로 찾고 즐길 수 있도록 관심을 기울이며 이에 자신을 갖도록 해 준다.

⑦ 훈계하는 것이 자녀에게 자신감과 용기를 불어넣는 행위인지 아닌지를 판단하고 행동한다.

⑧ 창피나 박탈감, 그리고 벌은 자존감에 큰 상처를 준다. 행동의 결과에 대해서 자녀 스스로 고쳐 나가도록 돕는 허용적

인 태도가 중요하다.

⑨ 온 가족이 함께 식사하며 서로의 이야기를 자유롭게 주고받으면서 서로를 이해할 수 있는 시간을 갖는다. 주 1회 정도의 가족 식사시간을 갖는다. 아이들에게 심리적 안정을 갖게 하는 좋은 방법이다.

⑩ 스킨십으로 서로를 보듬어 안아 줌으로써 사랑을 확인한다.

8. 나다움과 너다움이 살아있는 사회

자존감이 높은 사람은 자신이 남보다 우월한 위치에 놓여 있다는 점으로 만족감을 찾지 않는다. 그는 오직 자신의 빛깔과 색깔을 바르게 찾아 가꾸는 일에서 삶의 행복감을 찾는다. 가정과 학교에서는 자존감을 바르게 형성할 수 있기 위한 조건을 조성해 가야 한다. 그래서 '나의 나다움'과 '너의 너다움'이 함께 하는 '무한 협력'관계(무한 경쟁 대신에)가 자리할 수 있는 공동체적 삶이 뿌리 내리게 해야 한다.

모든 사람은 개개인이 유일한 고유의 인격과 고귀한 재능을 지니고 있다. 서로의 가치감과 능력감이 독립적으로 꽃피울 수 있는 사회가 좋은 사회, 우리가 바라는 사회이다. 내가 너에게 소중한 것처럼 너도 나에게 소중한 존재가 된 상생의 관계가 지속가능한 사회적 관계이다. 개개인들의 빛깔과 색깔 그리고 향기가 자연스럽게 발휘될 수 있는 교육조건을 만들어가야 한다. 나와 너의 다른 점이 존중되고 인정받는 인격교육을 실현하여, 수단과 경쟁의 관계를 목적적 관계와 협력의 관계로 바꾸어야 한다.

자존감 점검목록

※ 일기를 쓰는 마음으로 스스로를 돌아보면 자신의 상태를 알 수 있는 자료임

1. 잘못을 저질렀을 때에 매우 당황해 한다.
2. 비판을 받을 때에 종종 압도된 느낌을 받는다.
3. 어떠한 것이 일어날지 모르는 낯선 상황에서 극도의 불안감을 갖는다.
4. 어리석은 행동을 했을까봐 두려워한다.
5. 쉽게 포기해버린다.
6. 나의 성취를 축소하려고 하며 잘못을 크게 보는 경향이 있다.
7. 나 자신이나 타인을 심하게 비판한다.
8. 혼자서 심하게 우울해질 때가 있다.
9. 타인으로부터 기대했던 것보다 큰 피드백을 받기도 하고 매우 미미한 피드백을 받은 적이 있다.
10. 나는 부적절하다는 느낌을 자주 느낀다.
11. 종종 나 자신의 능력과 가치에 대해서 질문을 던진다.
12. 남들이 나를 정말로 좋아하고 있을까 하며 걱정한다.
13. 나 자신의 잘못을 인정하기 어렵다.
14. 내가 어떻게 하는 것이 적절한가에 대해 자주 망설인다.
15. 타인을 즐겁게 하기 위하여 열심히 일한다.
16. 잘못을 했거나 후회스러운 일을 했을 때에 자신에게 몹시 화를 낸다.
17. 쉽게 당혹스러워한다.
18. 나 자신의 희망보다도 다른 이의 희망을 더 앞세운다.
19. 어떤 쟁점에 대해서 나의 생각이나 의견을 표출하는 것을 꺼린다.
20. 산다는 것이 너무 힘들고 심각하다고 말하곤 한다.
21. 가끔 멈칫거리며 주저한다.
22. 타인이 바라는 바대로 고분고분하거나 부화뇌동하는 경향이 있다.
23. 내가 괜찮은가 그렇지 않은가를 확인하기 위해 다른 사람과 종종

비교한다.

24. 나의 생각과 느낌보다는 다른 사람의 느낌과 생각을 기준으로 의사 결정한다.
25. 어떤 사항에 대해서 주장하기보다 수동적일 때가 더 많다.
26. 다른 사람들에 의해 쉽게 영향을 받거나 설득된다.
27. 다른 사람과 일대일로 맞대면하기가 어렵다.
28. 어떠한 갈등이 있을 경우 이를 맞서 해결하려고 하는 것보다도 우선 두려움을 느낀다.
29. 거절하거나 포기한다는 것 그리고 인정받지 못한 것을 두려워한다.
30. 어리석게 보이는 어떤 일을 할까봐 염려하고 걱정한다.
31. 건설적인 비판일지라도 비판을 받는 일은 매우 힘들다.
32. 내가 칭찬하는 사람들보다도 내가 더 부적절한 사람처럼 생각할 때가 많다.
33. 내가 누구일까 하며 가끔 의기소침해진다.
34. 나는 만족스럽게 좋은 사람이 아니거나 능력이 충분하지 못하다고 느낀다.
35. 어렸을 때에 나의 부모로부터 나의 감정이 무시되었다.
36. 어렸을 때에 자주 비평을 받았다.
37. 내 삶에 대해 격분하여 자살을 생각해 본 적이 있다.
38. 다른 사람이 나를 존중하지 않는다고 종종 느낀다.
39. 밤이면 낮에 내가 했던 말과 일, 그리고 다른 사람이 했던 말과 행동을 되풀이 해보는 경우가 잦다.
40. 나의 삶 모습을 스스로에게 돌리기보다는 상황에 탓을 돌리는 경향이 있다.

점수 : 0-3 매우 좋음   4-14 괜찮은 정도   15-25 낮음   26-40 심각

참고 : Marilyn J. Soresen(1998), Breaking the Chain of Low Self-Esteem, Wolf Publishing Co. (Sherwood, OR 97140) 23-26쪽.

참고문헌

강승규(2005), 나다움, 어떻게 찾을까!, 학지사.

곽미경 역(2007), 개성의 탄생, 동녘사이언스(Judith Rich Harris(2006), No Two Alike, W. W. Norton).

Schiraldi Glenn R.(2001), The Self-Esteem Workbook, New Harbinger Pub.

Soresen Marilyn J.(1998), Breaking the Chain of Low Self-Esteem, Sherwood(OR): Wolf Publishing Co.

Branden Nataniel(1994), The Six Pillars of Self-Esteem, New York: Bantam.

제3장 학생존중의 이론과 실천

1. 사람이 왜 소중한가?

'사람을 중요하게 여겨야 한다', '개개인이 존중되어야 한다', '학생 개개인을 중요하게 여겨야 한다', '개성이 무시되어서는 안 된다' 등은 인간존중이 중요하다는 말로서 교육 활동에서나 일상생활에서 자주 거론되는 말들이다. 실제로 일상의 생활을 하면서 가끔 사람들이 '내가 받는 대우' 문제를 가지고 생각할 때에 금전적인 대우 문제이거나 물질적인 대우 문제도 중요하게 생각하지만, '인간적인 대우'를 받고 있느냐 하는 문제로 귀착시킨다. 결국 물질적인 대우나 금전적인 대우 문제는 바로 인간적인 대우를 얼마나 중요하게 여기느냐 하는 문제를 반영한 결과가 되어진다. 학교교육 활동에서도 마찬가지로 사람들이 조금이라도 사색적인 순간들이 있게 되어 '자신이 대우받는 일'을 생각할 때면, 처음에는 물질적인 조건이나 근무조건 등을 생각하기 쉬우나 나중에는 '내가 사람대접'을 받고 있는가 하는 문제에 귀결된다(사람에 따라서는 물질적인 것 보다는 '사람 대접받는 일'을 먼저 생각하기도 한다). 교사가 학생과의 관계에 있어서도 다소라도 교육적인 사색을 하는 경우라면, 중요한 문제는 내가 학생들로부터 받는 대우 못지않게 학생들의 개인적 삶이나 인격을 얼마나 중요하게 생각하고 있느냐하는 문제로 귀결된다. 그 뿐만 아니라 실제 학습활동에서도 교사가 '지식 전달자'로서 교사의 모습만이 아니라 '교육다운 교육' 즉 학생의 인격형성을 위하여 얼마나 교육적인 활동을 하고 있느냐 하는 근본적인 교사의 참모습에서는 학생의 인격적 대우문제를 고민하는 일이 나타난다. 즉 학생에게 좋은 인성과 좋은 품성을 형성해 주기 위하여 학생의 학습과 생활을 어떻게 이끌어 나가야 하는가 라는 문제를 고민하게 되는데, 그 때의 문제는 바로 학생들을 한 인간으로서 어떻게 존중해야 하는가 하는 문제로 귀착된다.

학교교육에서 왜 학생을 인격적으로 다루어야 하며, 선생님 개개인이 인격적으로 존중되어야 하는가 하는 문제는 보다 더 근본적인 윤리문제가 되어진다. 이렇게 생각을 전개하게 되면 바로 이어져 나온 질문은 '인간이 무엇인가?'이다. 인간을 여러 가지로 논의할 수가 있다. 동학에서는 '인내천'으로 인간의 존엄과 평등을 강조하고 있고, 불교에서는 '천상천하 유아독존'적 존재로서 사람 개개인의 각성을 추구하며, 기독교에서는 '원죄' 사상에서 구원의 대상으로 인간 존재를 파악하고 있고, 현대의 교육학과 심리학 발전에 크게 공헌을 한 프로이트는 '무의식적 성적 욕망'으로 인간을 해석하면서 개인적인 차원에서 인간을 이해하고 있으며, 마르크스는 '사회적 존재양식이 인간의 의식을 결정한다'고 인간의 존재를 보고 있으며, 사르트르처럼 '개인의 결단과 선택의 중요성'으로 인간을 해석하는가 하면, 듀이는 '환경과의 끊임없는 교류과정에서 성장하는 복합적 존재로서 인간' 등의 여러 가지의 많은 이론이 있다. 이러한 여러 이론들은 서로 상호 보완적이며 '사람이 무엇인가' 하는 문제를 규명하는 데에 여러 측면들을 제공하여 준다. 그러나 여기서 공통적인 점은 이러한 이론들은 모두 사람을 중심적인 존재로 인식하고 출발된 이론이라는 점이다.

'인간이 무엇인가'란 문제를 설명하기란 쉬운 일은 아니다. 그러나 이 질문에 내재되어 있는 숨은 전제는 '인간의 중요성'이다. 즉 '왜 인간이 중요한가'를 설명하기 위한 하나의 과정으로서 이 질문이 성립되고 있는 점이다. 그러므로 '인간이 무엇인가'를 규명하기 이전에 이미 '인간은 중요하다'는 뜻을 강조하고 있는 셈이 된다. 이 글에서는 우선, ① 인간의 모습을 실제적으로 묘사하고 사람들의 여러 다양한 특징과 의미를 찾아보기로 하며, 인간 존중의 개념을 밝히기 위하여 주로 애트웰(Atwell)의 이론(John Atwell, 1982, 18-30)을 중심으로 하여, ② 본래적 존중과 보상적 존중의 개념을 분석하고, ③ 인간존중에 대한 이론인 '권리인식 모형'과 '개인적 공감모형'을 비교 소개하고, ④ 챔버스(Chambers)의 인간존중이론(John H. Chambers, 1983, 116-132)을 다루고, 이들로부터 ⑤ 학교교육 실제와 교사가 학생을 존중한다는 일의 뜻과 실천에 관한 시사점들을 검토하기로 한다.

2. 사람의 실제적 모습

챔버스(Chambers)에 의하면, 인간의 특징으로 "책임과 의무를 알고 실천할 수 있는 존재, 옳고 그름을 판단할 줄 아는 존재, 마음을 가진 존재, 합리성을 가진 존재, 지적인 안목과 관점을 가지고 지적 사고를 할 수 있는 존재, 창의성이 있는 존재, 자의식을 가진 존재, 시간과 공간을 주체적으로 인식할 수 있는 존재, 자율성 또는 자유의지를 가진 존재 등 많은 특징을 가지고 있다. 이와는 달리, 동물과 대조적인 존재로서 인간의 모습은 규칙을 만들고 이를 준수하고 있으며, 언어를 배워서 사용할 수 있고, 합리적인 사고를 배워서 합리적인 활동을 할 수 있으며, 감정을 가지고 있어서 슬픔과 즐거움 등을 표현할 수 있고, 장소와 시간적인 상황을 목적적으로 이용할 수가 있는 존재이다. 인간은 또한, 자신들의 관점을 가지고 환경을 통제하고 관리할 수 있으며, 의사결정을 할 줄 알고, 계획을 세워서 실천할 수 있고, 감사할 줄 아는 마음을 가지고 있다"(John Chambers, 1983, 116–118). 그러나 사람은 이렇게 총체적 개념으로 단순하게 기술할 수 있는 존재는 아니다. 사람을 이해하는 일이 더욱 복잡한 것은 사람들 간에도 큰 차이를 가지고 있다는 점이다. 사람들은 자신의 책임을 이행하는 데나 합리성을 실천하는 정도에 있어서도 각양각색의 차이가 있으며, 능력을 발휘하는 데에서도 정박아에서부터 천재까지로 분류되는 차이들을 가지고 있다. 또한, 사람의 모습은 정신쇠약 또는 노망 등으로 일컬어지는 노쇠성 정신병 질환 또는 새로 갓 태어난 갓난아이의 상태, 혼수상태에 빠져있는 식물인간 등의 상태가 있는가 하면, 이론으로나 가능할 수 있을 정도의 놀라운 책임감과 합리성을 가지고 있는 사람, 상상하기 어려울 정도의 빠른 속도로 사물을 인식하거나 이해력이 탁월한 사람, 또는 문자 그대로 면도날처럼 분별력이 뛰어난 사람, 지식을 종합하고 전망하는 데에도 기존의 지식체계를 초월 능가한 폭넓고 심오한 신비적 능력을 가진 사람, 심미적 · 예술적으로 초월적인 탁월한 능력을 가지고 있어서 여러 사람들의 예술적 생활을 촉진시키는 사람, 보통 사람들이 넘볼 수 없는 직관적인 신통력을 지닌 사람 등등 여러 가지의 모습을 실제로 일상생활에서 보고 지낸다.

이렇게 보면, 인간의 모습이나 인간성 또는 인간이 무엇인가 하는 질문은 결국 정도의 문제로 귀착되어진다. 갓 태어난 아이는 잠재적인 인간이라고 할 수 있다. 그는 자라서 사회화하는 과정을 거치면서 훈련받고 교육받으면서 사람으로서의 행실을 하게 된다. 사람과 사람이 아닌 모습을 어떻게 분별할 수 있을까? 이를 분별하려고 하는 문제는 그 자체가 잘못된 것일 수 있다. 아니, 전혀 해결될 수 없는 과제일지 모른다. 식물인간에 대한 안

락사 문제를 놓고 도덕적이냐 아니냐 하고 따지는 일과 같은 일인지 모른다. 죽은 상태와 살아 있는 상태를 구분하는 일이나 나쁜 것과 좋은 것을 구별하는 것처럼 늘 어렵고 갈등을 야기하는 문제일 수 있다.

이러한 것들은 최근에 발전된 의학이나 전자과학으로 인하여 인간의 모습을 그리기란 더욱 복잡한 현상을 띄게 된다. 우리 신체의 중요한 부분인 심장이나 신장을 다른 사람으로부터 이식할 수도 있고, 로봇이나 인간의 능력과 기능을 부분적으로 이행할 수가 있으며, 앞으로 인공두뇌까지도 개발된다면 로봇의 역할이란 더욱 많아질 것이다. 실제로 우주여행 등 특수한 환경에서 생활할 수 있는 생체도 개발되고 있다. 만약 인간 두뇌보다도 더 탁월한 로봇을 개발해 낸다면, 만약 유전공학의 발달로 인하여 원하는 모습의 아이를 갖고 싶은 대로 가질 수 있게 된다면, 사람에 대한 생각이 어떻게 달라지겠는가 하는 문제는 또 다른 심각한 문제를 제기하게 된다.

3. 학생존중의 모호성

학생존중에 대한 개념에 대해서, 우선 두 가지의 방식으로 검토할 수 있다. 첫 번째의 방식은 사람이 본질적으로 도덕적 가치나 위엄을 가진 존재로서, 즉 본질적 가치를 지닌 존재로서 간주되어야 한다는 생각이다. 이러한 관점에 따르면, 사람은 생물학적인 존재 이상의 그 어떤 존재이다. 그들은 도덕적 가치를 소유한 개체들이다. 이 관점은 칸트의 이론에서 연유되었는데, 칸트의 범주적 정언명제인 '너는 너 자신의 스스로에게, 그리고 남에 의해서 결코 하나의 단순한 수단으로서가 아니라 항상 하나의 목적적인 존재로서 행동을 하라'라는 진술에서 찾게 된다.

칸트에 의하면, 각 개인은 도덕에 근거한 이성적 본성을 지닌 전형이다. 다시 말해서 개인은 하나의 합리적 의지를 소유하고 있으며, 그래서 그 자체로 하나의 목적으로 존재한다. 이러한 관점에서 존중이란 인간에게 주어진 고유한 어떤 것이 된다. 사람들은 하나의 복잡한 기계나 사물이 아니라 합리성을 지니기 위한 능력과 희망과 욕망, 목적, 권리를 지닌 창조물로서 간주된다. 그들은 다른 사람의 목적을 위한 도구가 아니라, 그들 자체가 가치로운 존재로 인정받아야 한다. 다시 말하면, 그들은 거짓되거나 부정직하게 대우받지 말아야 하며, 다른 사람의 몫을 위하여 원초적으로 조작되지 말아야 하며, 또 신체적이든 정신적이든 의도적으로 해를 입지 말아야 한다. 인간존중에 대한 두 번째 인식 방식으로는 존중은 사람의 특별한 소질이나 그의 행동에 대해서 합리적인 평가를 통하여 얻게 되는 가치판단의 형태로서 나타난다. 이 관점에서는 존중이란 결코 주어진 것이 아니라 얻는 것이다. 이와 같이 우리는 우리 스스로의 존중을 얻을 수도 있고 잃을 수도 있다고 말한다. 이러한 관점으로 보면 사람을 존중한다는 뜻은 사람들이 하는 행동에 근거하여 사람을 이렇게 저렇게 평가할 수 있다는 것이 전제되어 있다(Michael S. Katz, 1992, 185-186).

이러한 두 가지 개념에서는, '교사는 학생을 존중해야 한다'고 권고하는 말의 뜻을 분명하게 설명하지 못하고 있다. '보상적 존중'[1]을 적용한다면, 어떤 학생이 높은 수준의 가치를 지녔다고 보기 때문에 그를 존중하는 일은 앞의 권고에 따르면 불합리해 보인다. 또한, 존중이란 원초적으로 인간에게 주어진 것이라는 '본래적 존중'[2]을 적용하더라도 어떤 학생이 다른 학생에 비

1) '보상적 존중'은 영어의 appraisal respect인데, '평가적 존중'이라는 단어를 사용할 수도 있다.

2) owed respect란 용어를 '본래적 존중'이라고 사용했지만, 이와 달리, '의무적 존중'이라는 말을 사용할 수도 있을 것 같다.

하여 특별하게 가치를 부여할만한 특성을 지녔다고 해서 그 학생만을 특별하게 존중해야 하는가를 충분히 설명해주지 못하고 있다. 다른 표현으로 하면, 우리는 사람으로서 학생을 존중해야 할 것인지 아니면 학생으로서 인간을 존중해야 할 것인지를 망설이게 된다. 후자의 입장을 취하게 되면, 학생다운 점으로 학생은 자신의 존중을 얻게 된다는 것인가? 아니면 그들은 학생이기 때문에 학생으로서 누려야 할 특별한 권리가 있는가? 그렇다면 학생에 대한 보상적 존중과 본래적 존중은 어떻게 관계지워야 하는가?

존중에 대한 평가적 개념, 또는 보상적 개념을 적용하게 되면 학생으로서 학생을 존중하는 것과 사람으로서 학생을 존중하는 것이 합리적으로 구분이 될 것 같지만, 사정은 전혀 달라진다. 제자 중 한 학생이 D학점을 받은 것을 보고 그 학생이 좋아하는 교수가 "너 D학점 인간이구나"라고 했을 경우, 이 익살섞인 코멘트에서 이 문제와 관련하여 어떤 의미를 찾아보자. 본래적 가치를 지닌 사람인데도 불구하고 학생을 평가하는 경우는 대개 성적이나 등수로 평가를 하는데, 이 경우 인간의 본래적 가치와 학생평가가 혼동되어 있다. '나는 단지 너를 사람으로서 평가하는 것이 아니고 너의 일에 대해서 등수를 메겼다'고 변명하는 것이 보통 있는 일인데, 이는 쉽게 해명되어지는 것만은 아니다. 학생들은 '학생으로서 경험하는 보상적인 평가'와 '한 인간으로서 가지고 있는 본래적 존엄' 사이에서 늘 갈등을 하게 된다.

실제로, 이 문제는 학생이 겪는 혼란이거나 오해로서 풀어질 단순한 문제는 아니다. 한 교사가 학생이 학생으로서 일을 잘 수행하지 못하거나 할 수 없을 경우에, 한 인간으로서 그를 귀중하게 여기는 마음과 태도를 갖기란 쉬운 일이 아니다. 학생이 지적으로도 약하고 학교생활의 다른 면에서도 불량하기 때문에 사람으로서 가치가 무시당하는 학생의 문제는 크고 많다. 더욱이 한 인간으로서 자신들의 가치를 인정받고 싶고 보살핌을 받고 싶어 하는 욕구가 큰 학생들은, 이러한 경우에 자신들의 자존감을 잃게 될 수도 있는 무서운 결과가 초래되기도 한다. 학생으로서 해야 할 행동이 교사의 기대에 못미쳤을 때에 교사는 쉽게 그에게 존중을 표하지 못하겠지만, 학생은 자신이 전적으로 무시당하는 것을 느끼게 되며 예상할 수 없는 끔찍한 일들이 일어나는 것을 경험하기도 한다. "저희를 비웃지 마세요. 모두가 선생님 생각과 같을 수는 없습니다"(한겨레신문, 1992.5.12)란 말을 남기고 세상을 떠난 한 여학생의 유서는 자신의 가치감을 잃어버린 최악 상태의 한 예이다.

이 문제는 다음과 같은 도덕적인 문제를 안고 있다. ① 학생의 자격으로서 어떤 학생이 보상적 존중을 얻지 못한 경우에도 한 인간으로서 본래적 존중을 표시해야 한다는 문제와, ② 한 인간으로서 어떤 학생이 학생으로서 보상적 존중을 얻지 못했을지라도 물론 본래적 존중을 받아야 한다는 문제가 제기된다. 이에 해당하는 예로서, 즉 본래적 존중과 보상적 존중 사이에 일어나는 긴장관계를 다음의 예에서 보기로 하자. 한 고등학교의 어떤 과목 수업시간에, 김아무개 학생은 그 과목에 대해서 근본적으로 관심이 없기 때문에 거의 수업을 빠지게 되며 거의 준비도 하지 않는다. 수업을 받는 동안에도 공부에 관심이 없으며 질문을 받을 때에도 마지 못하여 거짓으로 관심을 보이는 척하며 귀찮다는 몸짓과 어색한 태도를 보인다. 그는 거의 숙제를 하지 않으며 교사가 하는 일에 대해서도 거의 주의를 기울이지 않는다. 그는 가끔 교과서의 뒷면이나 종이쪽지에 만화를 그려 보이거나 다른 학생들에게 시시덕거리며 수업을 방해하기도 한다. 교사는 여러 차례에 걸쳐서 그를 개인적으로 만나서 그에게 공부할 것을 타이르고 수업과 학교에 더욱 성실하게 임하도록 충고하고 격려하기도 했으나 그러한 노력들이 모두 허사가 되고 말았다.

이 학생은 학생으로서 보상적인 존중을 교사로부터 받지 못했을 것이다. 왜냐하면, 그러한 존중을 얻기 위해서 필요한 가장 중요한 것은 학생이 해야 할 공부를 못하고 있기 때문이다. 즉 학생이 열심히 노력하여 좋은 결과, 또는 교사가 바라는 바의 기대에 만족되었을 경우에만 그 보상적 존중을 받을 수 있을 것이기 때문이다. 교사나 학생 모두 그들의 일에 대한 기대가 있기 마련이다. 어떤 교사는 그것이 이상에 그치고 말지라도 제자들에게 '최선을 다해라'라고 격려하며 수업을 성의껏 이끌어 가기도 한다. 그러나 이러한 기대가 정당한가 하는 문제가 근본적으로 제기될 수도 있지만, 교사가 학생에게 노력하도록 요구하는 상당부분의 것은 대개 기본적 형태로 주어진 학습활동을 맞추어 가는 데에 필요한 필수요건이며 학생이 그 수업을 하는 데에 적절한 역할을 할 수 있기 위한 것이다. 그들이 학습을 해가기 위한 최소한의 노력마저도 하지 않는 학생은 학생으로서 기대되는 최소한의 역할을 하지 못하는 것이며, 이럴 경우 그 학생은 교사로부터 좋은 평가, 즉 긍정적인 보상적 존중을 받지 못하게 될 것이다.

학생이 보상적 존중을 얻지 못하는 것은 그것으로 끝나는 일이 아니다. 그는 학생으로서 사람의 구실을 하는 존재로서 '본래적 존중'을 받는 일이 더욱 심리적으로 어려워진다는 점이 심각한 문제로 된다. 그 학생은 심리적으로 도덕적 부담(실제로 어떠한 의무가 없다 하더라도)을 갖게 될 것이며, 그로부터 오는 심리적 불안 때문에 자유스러운 마음상태를 갖기란 더욱 어려워질 것이다. 어떤 사람이 자신의 의무를 다하지 않았을 경우, 그것은 심리적으로 다른 사람에게 더 큰 의무를 더 해주는 셈이 된다. 바로 앞에서 예를 든 영어시간에 있었던 김아무개 학생의 경우, 고교 수준에서 기본적으로 요구하고 있는 내용을 공부하도록 했는지 그런 것이 아닌지를 따져 볼 수도 있다. 그러나 기본적인 것을 요구했을 것이라고 생각한다. 고등학교 교사들은 그들의 노력이 헛수고가 될망정 자의적이든 타의적이든 학생들이 성공적으로 수업을 마칠 수 있도록 해야만 하는 압력을 크게 받는다. 어떤 한 학생이 문제 학생으로 지목되어 있고, 또 그는 교사와 학생들 간의 좋은 교육적 분위기를 해치는 일을 할 학생임에 틀림이 없어서 앞으로 지속적으로 보살펴야 하는 어려움이 있음에도 불구하고 쉽게 그 학생을 제적시킬 수는 없는 일이다. 만약 그런 학생을 제적하기 시작하면 아마도 많은 교실이 텅 빈 상태로 남게 될 것이다.

그러면 교사들이 학교에서 해야 할 정당한 의무는 근본적으로 어떠한 것이 되어야 하며, 또 여유를 가지고 관용해야 할 범위를 어느 정도로 어떻게 설정할 수 있을까? 분명한 답은 없을 터이지만 중요하고 심각한 문제이다. 한 인간으로서 교사는 교사로서 지켜야 할 도덕적 의무감은 각자에게 내면화된 도덕 기준에 따라 다르다. 이러한 서로 다른 도덕적인 의무감이란 법적인 계약상에는 나타나지 않고 차라리 교사 자신의 개인적인 도덕적 이상에 기초되어 있다고 보아야 할 것이다. 이 이상은 실제로 교사 자신의 도덕을 유지시켜 주는 원천이 된다. 어떤 교사는 '좋은 교사상'을 내면화하여 개인적인 도덕적 이상을 가지고 있어서 각각의 학생에게 모든 것을 다 실현시킬 수 있을 것이라고 확실하게 믿고 있는 경우도 있으나, 그렇지 못한 교사들은 그러한 이상은 어리석은 이상에 불과하며 성자들이나 할 수 있는 것이라고 하며 그런 문제에는 관심을 전혀 두지도 않거나, 또는 쉽게 지나쳐 버리기도 하고, 또는 아예 포기해 버리기도 한다.

다시 김아무개 학생으로 가보자. 그 학생이 한 학생으로서 그의 선생님으로부터 보상적 존중을 획득하지 못했다면, 그를 대하는 그 선생님의 태도는 어떠했을까? 학생의 자격으로서 선생님에게, 그것도 좋아하는 선생님으로부터 보상적인 존중을 얻지 못한다면 한 인간으로서 본래적 존중도 얻지 못할 가능성이 크다. 교사가 학생을 동시에 한 인간으로서, 그리고 한 학생으로서 보상적 존중을 할 수 있는 적절한 태도를 생각해 볼 수 있다. 즉 한 인간으로서 제자를 좋아하는 교사는 보상적 존중의 일정한 형태를 가지고 그들에게 보여 줄 수 있을 것이다. 일례로서, 만약 내가 학생이 해놓은 일들을 존중할 수 없다면, 내가 더 기대했었다는 것을 그 학생에게 보여주기 위하여 나는 그 학생이 해놓은 일을 다른 학생들이 해놓은 일과 대조해 줄 수도 있을 것이다. 만약 그 학생의 지적인 능력이나 수업 능력을 존중해 줄 수 있을 만큼이 못된다면 다른 면에서, 즉 그의 특기라든가 정직성이라든가 또는 용기라든가 또는 사교성이나 유머감각 같은 것으로 그를 존중해 주면서 그를 보상적으로 인정해 줄 수도 있을 것이다.

만약, 학생들과 좋은 관계를 발전시키려고 하는 교사라면 이런 방식으로 보상적인 존중을 표시할 수도 있을 것이다. 바꾸어 말하면, 어떤 교사가 한 학생에게 일정한 형태의 보상적 존중을 표시하게 되면 사람들에게 보이는 '본래적 존중'을 훨씬 쉽게 심리적으로 형성시킬 수 있을 것이다. 교과성적 이외에 학생의 여러가지 능력과 태도나 생활방식에 관심을 기울여 본래적 의미의 존중감을 느낄 수 있도록 보충할 수 있는 교사의 여유와 태도가 학생의 인격을 훼손하지 않게 할 수 있다. 이는 교사로서 학생에게 해 줄 수 있는 인격적 배려이다.[3]

3) 루소가 말한 어린이에게 천성적으로 지니고 있는 '자기애'와 듀이가 말한 적극적 의미의 '미성숙'이란 용어가 함축하고 있는 '성장가능성'을 믿고 배려할 수 있는 교사의 마음과 태도가 필요하다. 이 책 제5장의 존 듀이와 제7장 교직윤리 참고.

4. 사람에 대한 본래적 존중의 문제

본래적 존중과 보상적 존중에 관련되어 있는 실제적 문제는 훨씬 더 복합적인 면을 가지고 있지만, 여기서는 잠시 이것을 미루고 본래적 존중에 대한 의미를 밝히는 데에 초점을 맞추어 보기로 하자. 본래적 존중의 뜻은 입장에 따라서 달리 표현되며 도덕적 입장을 실제에 정당화하는 데에서 나타난 문제로서 애매성을 지니고 있지만, 우선, 애트웰(John Atwell, 1982, 18-30)의 의견을 빌려서 본래적 존중이 갖는 허점을 살피기로 한다. 그러나 이에 대해서 다른 접근을 하고 있는 챔버스(Chambers)의 견해[4]가 있는데, 이는 이 논문 끝부분에서 별도로 다루겠다.

그러나 이 '인간존중'의 태도를 구체화하는 것, 즉 구체적인 용어로 인간존중을 밝혀 내어 정확하게 기술한다는 문제는 극도로 어려운 일이다. 벌금과 형벌의 폐지, 낙태와 삶의 권리, 인간을 주제로 한 연구의 엄격한 제한과 식물인간의 안락사 문제 등에서 보듯이 인간존중의 가치와 태도문제는 복잡하고 어려운 일이다. 유용하게 활용되든 잘못 이용되든 간에 그 개념이나 관념 자체가 일반적인 적합성을 갖지 못하고 있다. 실제로 실천적인 상황과 관계없이 인간존중이라는 말이 논의되어 질 수 있으나, 실천적 문제에서는 많은 도덕적 논쟁을 야기시킨다.

애트웰(Atwell)은 현대 윤리학에서 다룬 인간존중이란 개념을 세 가지 측면에서 분류하고 있는데, 즉 ① 인간성 숭배 모형 : 이것은 우리가 인간성이란 관념에 대해서 존경뿐만 아니라 숭배라도 해야 한다는 것을 요구하고 있고, ② 권리인식 모형 : 이것은 모든 사람의 기본적인 권리를 존중하고 우대해야 한다는 것이고,

4) 여기에서는, '인간존중이론'의 제3유형으로 Chambers의 이론을 별도로 다룬다. 이는 본질적 가치로서 인간존중을 다루면서 주관적 상황과 객관적 상황을 분간하여 이 본질적 가치로서의 인간존중 문제를 다른 시각에서 논의하고 있다.

③ 개인적 공감모형 : 이것은 모든 각 개인의 번영을 위하여 적극적인 관심을 가지고 격려 고무해야 한다는 뜻을 담고 있다.

여기에서 보다 구체적으로 다루고자 하는 모형은 두 번째와 세 번째의 모형, 즉 '권리인식 모형'과 '개인적 공감모형'을 비교하려고 하는데, 이 두 모형이 교육과 관계지워 구체적인 시사점을 담고 있기 때문이다.

5. 권리인식 모형

권리인식 모형의 주된 특징을 요약하여 그것을 당위론적 이론과 연관지워 보겠다. 당위론적 이론들에서 사용되고 있는 핵심적인 도덕적 요소들은 인간이 본래적으로 근본적 존엄(intrinsic fundamental dignity)을 가지고 있다는 점(제2장의 자기가치감 참조)이다. 그 이유로서 자유스러운 상태에 있는 사람은 본질적으로 '선(좋다는 것)'에 대한 자신의 생각을 가지고 있고, 또 그것을 자신이 선택하고 추구할 수 있는 잠재된 합리성을 지닌 창조물이기 때문이다. 존 롤즈(Rawls)에 의해서 주창된 사회정의론이나, 프리드(Fried)와 드워킨(Dworkin)에 의해서 주장된 인간권리의 사회적 관념론은 모두 '총칭적인 인간'의 어떤 전형을 가정하고 있다. 사람을 존중해야 한다는 것은 바로 사람에게 보호되어야 할 어떤 중요한 신성한 도덕적 권리가 있다고 인정하는 것이다. 존 롤즈에 따르면, 인간은 불확실한 상황에서도 스스로 합리화시킨 정의를 선택하며 또 이 권리를 정당화한다. 인간 본성에 대한 초월적이며 본질주의자의 주장을 반대하는 사람들도 있지만, 존 롤즈는 인간 본성 그 자체에 그러한 권리가 주어져 있다는 것을 정당화하고 있다. 이러한 권리들이 존재론에 기초하고 있다고 하더라도 이의 가장 중심적인 것은 자유이다. 또 다른 하나는 개인적으로 심각한 피해를 입는 것으로부터 자유스러울 권리이다. 당위론적인 이론에서는 '옳은 것'이 우선이며 여기에 '선한 것'도 포함하고 있다. 사람을 정당하게 대우하는 일은 우리가 다른 사람에게 해야 할 의무가 무엇인가를 아는 데에서부터 시작한다. 이것은 당위론적 관념론에서는 인간에게 기본적인 권리가 있으므로, 인간이 행복을 추구하는 이성과 자유를 지닌 통합체이며, 개인적 자율을 소유할 능력을 지닌 가치로운 인간으로서 대우받아야 한다는 기본적인 권리이다(Michael S. Katz, 1992, 190).

이러한 관점에서 보면, 인간을 도덕적으로 가치롭게 만드는 것, 즉 인간의 기본적 존엄은 개념적으로 자기 자신이 의사를 결정하고, 스스로 계획을 세우고, 좋은 삶을 추구하고, 인생계획을 수립하는 데에서 나타나는 자신들의 이성과 자유를 사용할 수 있는 능력과 관계된다. 인간존중을 표한다는 것은 인간이 가지고 있는 기본적인 존엄을 인정해 주는 것으로서 대우하는 것을 말한다. 기본적인 존엄에서 사람을 대우하는 일을 도덕적 · 정치적으로 확대하게 되면, 이 존엄은 각각의 개인들은 사회적 실체로서 갖는 고유한(양도할 수 없는) 기본적인 도덕적 권리와 결합되어 있으며, 또 이것은 당연한 것으로 사회로부터 보호받아야 할 기본적인 권리이기도 하다.

인간이 양도할 수 없는 기본적인 권리를 가졌다는 것은 권리인식 모형을 설명하는 한 표현이다. 그러나 시민으로서 사람들이 양도할 수 없는 권리를 가지고 있다고 하는 신념이 학교교육, 그리고 학생들과 무슨 관계가 있는가? 학교교육의 시책이나 실제를 보면, 그것이 자치나 자유에 의해서 이끌린다기 보다는 '가부장적인 권위주의적'인 통제와 복종에 의해서 이끌리는 면이 많다. 이러한 문제점들은 학교교육이 무엇을 목적으로 해야 하는가 하는 시각에 초점을 두고 볼 때에만 찾을 수 있게 된다. 학교는 오랫동안 학생들을 통제하여 학생들의 선택 능력을 축소시켜 가며, 학생들 자신들이 추구하고 싶은 교육적 관심을 억누르게 된다. 그러나 학교에서는 학생들 자신의 흥미에 따라서 점차 지적인 판단을 잘 할 수 있는 능력을 길러 준다는 학교의 도덕적 의무를 지키고 있다고 주장하고 있다.

학생들이 합법적인 권리를 갖게 된 역사적 배경을 보면 이상적으로 생각하는 자유관에 비해 실제 학교에서 공식적으로 규정해 놓은 학생들의 역할은 큰 격차를 가지고 있다. 우리 사회에는 고등학교에서 학생자치회를 인정하기 시작한지 불과 몇 년이 안 된다. 그러나 많은 학교들이 정상적인 자치를 하지 못하고 있다. 심지어 교직원들의 자치란 아직 생각할 형편도 못된다. 대학에 교수조직도 아직 정상적인 상태의 자치기구도 갖지 못하고 있다. 이는 1990년 개정된 사립학교법에서는 학교 내에서의 교수와 교직원의 자치권이 전혀 인정되지 않고 있으며, 특히 교직원의 임면권이 재단이사장이 갖도록 하고 예산편성권도 재단이 가지고 있어서 대학의 권한이 재단에 집중되어 재단의 뜻에 따라 거의 모든 일을 결정 집행할 수 있게 되어 있으며, 2007년 7월부터 시행하기로 한 사립학교법 개정안은 이사회구성에 교직원의 추천권만이 허용된 상태에 불과하다.5) 미국의 경우를 보자. 1969년 미국 대법원의 판결에 따라서 학생도 헌법 아래서 똑같은 사람이며 그들도 자유를

5) 이런 현실이 갖는 문제점은 듀이의 말에 비추어 보면 더욱 중요하게 부각되는데, John Dewey의 The Public and It's Problems(Chicago: Swallow Press, 1927. 148쪽)에서 '민주주의는 공동생활 그 자체'라고 표현하고 있다. 또 달리 '민주주의란 공동생활을 풍부하게 하고 자유로운 삶을 위해 붙여진 이름'이라고 표현하고 있다. 그에 의하면 '민주주의는 행정구조 이상의 큰 의미를 갖는다.' 민주주의는 하나의 의미심장한 가치구조이다. 생활 그 자체이다. 학교가 민주적이어야 한다는 주장을 듀이의 교육론의 전반적인 성격이기도 하다. 학교가 민주적인 자치를 학생과 교직원에게 인정하지 않을 때에, 학생들은 '남을 존중하는 생활태도'를 어디에서 습득할 수 있겠는가? Dewey는 다른 글인, "Democracy and Education Administration," in Problems of Men(New York: Philosophy Library, 1946, 65쪽)에서 학교에서 '민주적인 방법을 적용시키지 않는 것은 가장 큰 교육적 낭비'라고 주장하고 있다. 민주주의에서 가장 기본이 되는 가치가 '인간존중'이라면 이를 실현하기 위해서는 학교에서 학생과 교사에게 문자 그대로의 '자치'가 주어져야 할 것이다.

지닌 창조물로서 대우받을 만하다고 판시했다. 이것은 아이러니컬하게도 성인에게 더 많은 자유가 주어져야 한다고 주장하는 사람(Hugo Black)에 의해서 제기되었는데, 결과는 학생에게 더욱 유리하게 된 팅커(Tinker)판례가 있다. 학생에게 성인과 같은 권리를 부여한 팅커의 판결에 격렬한 불만을 품은 블랙(Black)은 학생들의 신분이 전통적인 관념대로 되어야한다고 항변을 했지만 받아들여지지 않았다. 공식적인 선언으로 학생들이 정치적인 의사를 표현할 수 있는 권리를 인정하게 됨에 따라 모든 공립학교들이 난처한 입장에 처한 적이 있다. 그러나 학생들의 입장은 달랐고, 이 판례에 의해서 사람들이 학생들의 자유와 권리에 대해서 자유스러운 신념을 가질 수 있는 계기를 갖게 되었다고 한다.6)

만약, 우리가 권리인식 모형의 틀에 따라서 '인간존중'을 기본적인 도덕적 원리로 여긴다면, 개념적으로 이 원리와 관계되어 질만한 특별한 권리가 무엇이며, 학생들을 잠정적으로 자율적인 윤리적 존재로 인정하기 위한 특정한 권리가 무엇일까? 가능한 것은 매우 많다. 여러 해 동안 교육철학 문헌에서 다룬 것만큼이나 많은 것이 있을 수 있다. 그러나 여기서는 학생들이 받아야 할 권리들을 주로, 카츠(Katz)가 제시한 목록(Michael S. Katz, 1992, 191)을 중심으로 간단히 나열해 보기로 한다. 즉 ① 교화받지 말아야 할 권리, ② 학생들의 교육적 흥미에 영향을 끼칠 의사결정(교육과정 편성, 규칙 제정 등)에 참여할 권리, ③ 일하기 위한 건강한 환경을 가질 권리, ④ 부당하게 손해받지 않을 권리 등이다. 마지막 항과 관련해서는 손해나 악에 대해서는 더 구체화한다면 심리적인 학대, 편파적인 대우, 차별, 성적 학대(sexual harassment), 어린이 괴롭힘(child molestation) 등이 포함될 것이다. 이 이상으로 포함시킬 만한 항이

6) Tinker v. Des Moines Independent School District, 393 U.S. 506(1969)를 Philosophy of Education 1991, 191쪽에서 재인용.

있다면 더 다루지 말아야 할 권리를 아무도 갖지 못할 것이다.

6. 개인적 공감모형

법률적, 행정적, 정치적 차원에서 이루어진 개인존중 문제에 대해서는 '권리인식 모형'이 많은 문제를 제기해 주고 있다. 그러나 이에 대한 반대의견이 한 가지 있는데, 그것은 사람을 보는 관점이 지나치게 단순하고 실제에서 일어나는 개인들의 상황을 충분하게 설명하지 못하여, 한 개인의 인격적 정체성을 조감적으로 파악하지 못하고 있다는 점이다. 권리인식 모형에서는 인간을 보편적인 권리나 권한을 소유한 추상적인 총칭적 개체로서 보고 있다. 사람의 모습을 추상적으로 기술하고 있어서 실제에 개인들이 하는 일이나 관심, 관습, 책무 등을 등한시하고 있으므로 개인들이 주체적으로 행동하면서 이루어놓은 여러 관계들을 무시한다. 결국, 그래서 개인들의 구체적 삶에 특별한 의미나 중요성을 부여하고 있지 못하다. 다시 말하자면, 권리인식모형에서 제시한 인간존중은 학교 실제적 상황에서 한 학생이 구체적으로 어떠한 대우와 존중을 받아야 하는가에 대해서 체감되는 실천적 권리들에 대해서는 미흡한 셈이다.

그런데 개인적 공감모형은 이러한 문제제기를 수용하여 개인적인 '특이체질적인' 주체성을 고려하고 있고, 또 개인들이 어떻게 자신들의 경험을 실제적으로 반성해 볼 수 있겠는가 하는 점 등을 고려하고 있다. 즉 보다 구체적으로 실제적인 상황을 분석하여 접근하고 있다. 이 모형의 한 가지 중요한 형식은 도위니(R. S. Downie)와 텔퍼(Elizabeth Telfer)의 글에서 발견된다.[7] 이들은 '권

7) R. S. Downie and Elizabeth Telfer(1970), Respect for Persons(New York: Shocken Books), 이들의 active sympathy의 개념은 W. G. Maclagan, 'Respect for Persons as a Moral Principle,' Philosophy 35, 134(July 1960), pp. 193-217에서 연유되었으며, 여기서는 sympathy는 '아

리인식 모형'이 사람을 단순히 하나의 역할체제로만 간주하고 있다는 윌리엄스(Bernard Williams)의 입장을 받아들이고 있다. '사람을 존중한다'는 말을 소극적 공감과 적극적 공감으로 설명하고 있는데, 감정이입과 아주 흡사한 뜻을 지닌, 소극적 공감은 다른 사람이 보고 경험하며 느끼는 것을 자신의 세계에서 함께 보고 경험하며 느낄 수 있는 능력을 함의하고 있다고 하며, 이는 다른 사람과 '더불어 있음'[8]과 흡사한 뜻이라고 밝히고 있다. 이보다 적극적인 개념인 '적극적 공감'은 다른 사람의 목적과 목표, 그리고 일에 대해서 적극적으로 동일시하는 것 이상의 무엇을 뜻한다.[9] 사람들은 남에게 적극적인 공감을 표시하면서 그 사람의 목적을 자신의 것으로 만든다. 도위니와 텔퍼는 보통 사람들이 가지고 있지 않은 능력을 필요로 한다고 생각하는 '적극적인 공감'을 반대하는 의견에 정면으로 이의를 제기하면서 사람들이 공감할 수 있는 능력을 얻기 위해 선택할 수 있는 원리들을 제시하고 있다.

이러한 관점은 '바른 태도'를 개발하기 위한 고도의 이성적인 접근을 전제하고 있다. 원리에 따라 올바르게 행동함으로서 그러한 태도들을 실제화 하는 이성적인 접근이다. 즉 의지적 행동이나 단련으로 일정한 태도나 습관을 형성시킬 수 있다는 논리이다. 여하튼, 이 개인적 공감모형에서는 인간존중이란 자신들의 목적과, 일과, 흥미와, 책무 등을 계발하고, 또 앞으로도 그렇게

랫사람에게 은혜를 베푸는 듯한 태도나 자기를 낮추면서 나타내는 오만(condescension)'이 상대방에게 전해지는 반면에, empathy는 평등한 인간관계에서 나타난다고 한다.

8) 부버는 인간 실존의 기본적인 사실을 '더불어 함께 있는 존재'로 보며, 이는 또 'being with' another person로서 Milton Mayeroff의 이론이기도 하다.

9) '내가 듣고 또한 그와의 관련 속에서 내가 다른 사람이 되는 「거기 있는 너」가 인간이다'는 표현에서, Buber는 원초적으로 인간은 이 '적극적인 공감' 이상의 어떤 상태를 상정하고 있는 것 같다. 강선보(1992)의 『만남의 교육』(서울: 양서원, 106−107쪽) 참조.

할 수 있는 특이체질적인 개인들(idiosyncratic individuals)[10]로서 학생들을 여겨야 한다는 것을 제시하고 있다.

앞에서 예를 든, 수업에 아무 관심이 없는 김아무개 학생에게 이를 적용시켜 보면, 개인적인 공감모형에서는 이 학생이 경험하는 것, 느끼는 것 등(소극적 공감)을 교사가 이해하려고 할 뿐만 아니라, 그 학생이 관심을 두고 있는 것을 중요하게 여기고 그의 행동과 그가 이룬 결과들을 돌보아 주고 좋아해야 한다. 김아무개 학생은 수업시간에 종이나 책의 뒷면에 만화를 그리곤 했다. 그가 만약 만화가나 상업 예술가가 되기를 동경했을 런지도 모른다. 만약 그러했다면 그 교사는 그에게 '본래적 존중'을 표시하여 그것을 계발시킬 것을 독려했어야 하고, 그래서 그의 목적과 동일시해야 한다.

개인적 공감모형에서는 학생들을 실제적인 상황과 별개의 어떤 권리를 소유한 자로서 간주하면서 그들을 이해하지 못하거나 인정하지 못하면서도 단순하게 그들에게 참으로 중요한 어떤 것이 있다고 인정하는 것만은 아니다.

그러나 이와는 달리, 이러한 관점에 대해서 여러 가지의 반대 의견이 가능한데, 첫째, 역사적인 일이지만, 백인이나 남자들로부터 존중을 요구하는 흑인이나 여자들에 대해서 이야기할 때에 우리는 그들이 공감이나 동정 또는 일체감 같은 것을 요구하고 있다고 제안하는 것이 이상해 보인다. 예를 들면, 자본가가 노동자와 일체감을 갖는다는 것은 본질적으로 어려운 일이다. 두 번째로, 적극적인 공감의 형태들은 개인 생활의 사적인 영역을 침해하는 것 같다. 우리는 교사가 치료자로서 행동을 하고 학생들이

---

10) 곽미경 역(2007), 개성의 탄생, 동녘사이언스(Judith Rich Harris(2006), No Two Alike, W. W. Norton)에서는 유전인자가 동일한 일란성 쌍둥이도 왜 개성이 다른가를 규명하고 있다. George David Miller(1993), An Idiosyncratic Ethics, Netherlands: Kluwer Academic Pub. 참조.

초대하지도 않는데 개인들의 삶 속에 끼어들어 갈 수도 있는 위험을 인정해야 할 것 같다.

그런데 다른 사람들의 목적, 관심, 흥미, 책무들과 함께한다는 적극적인 '인간존중'은 개인의 사적인 영역을 평가 음미한다는 것을 뜻할 수 있다. 실제로 그렇게 될 수밖에 없기도 하다. 그러나 『딥스: 자아를 찾아서(*Dibs: In Search of Self,* 193)』라는 책에서, 액슬린(Virginia Axline)은 개인의 프라이버시를 존중하는 것이 오히려 그 사람을 전적으로 가치 있는 사람으로서 존중해 주는 셈이 된다는 점을 강조하고 있다. 다음과 같이, 그는 딥스의 어머니와 면담에 앞서서 전반적으로 자기 기만적이고, 혼란스럽고, 들뜬 한 여자에 대해서 쓰고 있는데, 주로 나의 태도나 개인적인 철학으로 그녀와 대화를 효과적으로 하는 것은 전혀 나의 책임일지 모른다. 그녀의 개인적인 비밀세계는 그녀의 것이며, 만약 그녀가 문을 잠그지 않고 나와 함께 하기를 결정한다 할지라도 그것은 그녀의 것이다. 만약 그녀가 그렇게 결정했더라도 나는 그녀에게 심리적으로 접근하지 못할 것이며, 그녀에게 남과 함께 할 수 있는 능력이 있다는 신념을 가지고 그녀가 자발적으로 행할 수 있도록 멈추어 기다렸다. 만약 그녀가 그 문을 열지 않는다 하더라도 그녀가 의지적인 판단으로 문을 열게 될 것이라고 믿으며 나는 노크하지 않았다. 독자들은 딥스와 그녀 자신에 대해서 무슨 말이 되어 질 것인가 궁금할 것이다. 그런데 매우 중요한 것은 그녀에게, 인간은 존엄성을 지닌 존재이며 내면적인 개인적인 삶을 절대적으로 소유한 사람으로서의 존재를 깨닫고 이를 존중할 수 있는 경험의 기회를 마련하는 것이다.

사람들의 사적인 세계가 자신들의 것이라는 것과 그들의 목적과 동일시한다는 것이 양립되지 않는 것은 아니다. 동일시하는 것을 다른 사람들의 일에 부당하게 침해하는 것과 관련시킬 필요는 없기 때문이다. 정 반대로, 위의 인용 글에서 '내면적 · 개인적 삶을 절대적으로 소유한 사람'이 갖는 개념은 나에게는 '개인적인 프라이버시를 가질 권리'와 같은 뜻으로 보이며, 이는 인간관계를 유지시킬 수 있는 통정감을 형성시켜 주며, 다른 사람의 인격을 존중하는 데 핵심적 요체가 된다. 교사와 학생 관계에서, 교사가 학생을 특이한 개인들로서 존중하려고 하는 활동에서는 학생들과 자연스럽게 형성된 관계에서는 그들 간에 나타난 여러 가지의 것들을 진실로 인정하는 행위들이 있기 마련이다. 다시 말하면, 교사가 '특이 체질적'인 특성을 지닌 학생들 각각의 입장에 있고, 또 좋은 관계를 형성하고 유지해 가는 사람들 사이에는 자연히 좋은 점 나쁜 점을 모두 인정할 수밖에 없을 것이다. 그래서 학생들에게 편안함을 느끼게 해주어 학생들이 교사에게 보다 쉽게 접근할 수 있게 될 것이다.

우리 사회에 만연되어 있는 '가부장적 권위주의'[11]와 인간존중을 어떻게 구별할 수 있는가? 가끔 우리는 '그는 그 스스로 결정한 것을 믿으려 하지 않는다'는 말을 듣는데, 이는 주체적인 행동을 자유스럽게 하지 못하는 곳에서 자주 나오는 말이다. 우리의 학교교육은 가부장적 권위주의로 물들여져 있다. 이는 학생에게만이 아니라 교사에게도 똑같이 적용된다. 초등학교의 경우는 더욱 심하다. 개인의 입장에서 이것을 어떻게 받아들여야 하는가? 가부장적 권위주의에서 보면, 개인적 공감모형에서 말하고 있는 학생들의 목적이나 일 등에 공감하는 일 자체를 공적인 입장에서는 반사회적이고, 개인적 입장에서는 파괴적인 것들이라고 문제를 제기할 것이다. 학생 개인이나 사회에 해로운 일처럼 보

11) 영어 표현으로 paternalism인데, 가부장적 권위주의 또는 온정주의가 나타난 교육 실제적 현상에서는 진정한 의미의 인간존중이 실현되고 있지 않다. Chambers는 그의 책, 131쪽에서 친절한 '상냥한 보모(benign child-minders)'로서 표현하면서, 이것을 인간존중의 원리를 깨뜨리는 현상의 하나로 지적하고 있다.

이는 목적에도 동일시해야 하는가? 그러나 여기에 주의가 필요하다. 인간존중을 한다는 행위에는 사람들이 그들 스스로 의사결정을 할 수 있고, 또 그들은 잘못을 저지를 수 있다는 점이 전제되어 있다. 영국의 서머힐 학교에서 교장이 학생에게 도둑질하는 방법을 일러 줌으로서 학생의 입장에 함께하여, 그 후 그 학생은 스스로 정상적인 자유스러운 학교생활을 하였다는 일화를 통해 이러한 면을 이해할 수 있다(A. S. Neill, 1937, 74). 학교 실제에 이를 적용한다고 할 적에는 여러 가지 대립된 의견이 있기 마련일 것이다. 오해를 줄이기 위해서 '개인적 공감모형'에서 말하는 인간존중을 극한적인 상황에서까지 적용시키는 일에는 그 한계를 분명히 해야 할 것이다. 예를 들면, 부당하게 남을 해친다거나 강제적으로 다른 사람에게 벌을 과한다거나 하는 경우들까지를 적극적인 공감으로 받아들인다는 것은 곤란한 문제이지 않겠는가?

7. 주관의 객관적 가치화론

권리인식 모형은 학교 실제적 상황의 문제보다는 추상적으로 보편적 인간의 권리를 다루고 있으며 개인적 공감모형은 학교 실제에 보다 접근한 개인들 간의 존중문제를 다루고 있다. 권리인식 모형에서는 '본래적 존중'이 필요한 이유로서 인간이 기본적으로 존엄하다는 선험적인 데에서 출발한다. 챔버스(John H. Chambers, 1983, 116-132)는 인간존중의 문제를 '본질적 가치'와 '비본질적 가치'[12]로 분석하고 있어서 실제적인 의미를 찾게 해준

12) 교육활동을 비본질적인 것(instrumentally valuable)과 본질적인 것(intrinsically valuable)으로 구분할 수 있는데, 비본질적인 것은 다른 목적에 수단적인 것으로 하는 활동을 말하고 있고, 본질적인 것은 그 자체가 목적적인 활동을 일컫고 있다. 한 예로서, jogging이 처음엔 건강을 위해서 하지만 나중에는 그 자체가 좋아서 하게 되는 경우가 있는데, 처음의 활동은 '비본질적인 것'인 반면에 나중의 활동은 '본질적인 것'으로 간주한다.

다. 한편으로 개인공감 모형에서 주장하고 있는 소극적 공감과 적극적 공감의 문제를 챔버스는 주관적인 가치와 객관적인 가치로서 접근하고 있다.

그에 따르면, 사람을 존중한다는 뜻은 남을 목적적인 존재로 인정을 하면서 그 사람의 관심과 흥미나 의견을 동의하거나 그 의견에 일치한 행동을 하는 것이다. 즉 남들도 나와 같이 자신들의 철학과 가치관에 따라서 그들에게 알맞는 삶을 설계할 수 있는 권리를 가지며 자신의 일정한 가치관과 관점에 따라서 스스로 의도를 가지고 선택할 수 있는 자격을 가졌다고 수긍하는 행위이다. 사람을 존중하지 않는다는 것은 이러한 것을 무시하고 타인의 인격을 억압하고 타인을 희생시켜서 자신의 목적을 추구하는 것이라고 하고 있다.

칸트에 의하면, 사람은 그 자체가 목적적이다. 사람은 본질적인 가치를 가지고 있으며, 절대적인 가치를 가지고 있다. 그러므로 사람은 다른 수단으로 사용되어서는 안 된다. 노예의 생활이란 자신의 목적이 없이 주인의 목적을 위하여 완전하게 희생되는 삶이다. 그 경우 노예는 사람으로서의 존재보다도 하나의 물건으로서의 존재로서 역할을 수행하고 있을 뿐이다. 현대에 있어서도 이러한 관계를 찾을 수 있는 상황은 많이 있다. 소위 악덕기업주가 회사나 공장의 노동자를 자신의 영리를 위하여만 부리는 경우에는 노동자의 목적이 있는 것이 아니라 오직 기업주의 목적만이 존재한다. 또는 남자가 항상 여자보다 위에 있어야한다고 생각하는 남녀관계에서는 늘 여자가 남자의 목적을 위하여 이용된다. 이러한 경우, 특히 남녀의 성적인 관계에서 두드러지게 나타나는 현상인데 남자의 쾌락만이 존재한다. 이러한 현상, 즉 서로의 목적이 아니라 한쪽의 목적만을 위하여 다른 쪽이 희생되는 경우는 학교에서도 흔하게 나타나는 현상이다. 소위 관료적 행정이 잘못

되었다고 비판받는 것은 바로 상위의 직에 있는 사람이 자신의 목적을 위하여 하위직에 있는 사람을 일방적 지시로 강압적으로 함부로 다루는 현상에 대한 것이다. 이 경우, 하위직에 있는 사람은 당연히 인격적 멸시감을 갖게 될 것이다. 이러한 현상은 문제시되고 있는 많은 사립학교의 경우에 교장이나 재단이사장과 교직원 간의 관계에서 더욱 심각하게 나타나는데, 이 종적 관계는 한 사람의 목적을 위하여 다른 모든 교직원이 희생되면서도 정작 아무 주장도 못하는 현상에는 학교구성원의 인격적 비열함과 관리자의 통쾌함만이 있을 뿐이다.

어느 한 교실 수업의 장면에서 어떤 학생의 모습을 생각하여 보자. 어떤 한 학생이 공부도 못하고, 또 늘 다른 아이들을 함부로 다루어 괴롭힌다. 게다가 옷은 항상 깨끗치 못하고 몸에서는 늘 고약한 냄새가 나며 머리는 늘 헝클어져 꼴사납게 하고 다니는 학생이 있다고 하자. 이러한 학생을 교사는 존중하기란 어려운 일이다. 왜 교사도 사람이기 때문이다. 그러나 교사는 그 학생을 존중해야만 한다. 그러나 또 달리, 교사는 한 학생을 함부로 다루는 일이 가능하기도 하다. 그렇지만 이는 '사람을 존중한다'는 말과는 거리가 멀다. 독재적 방식에서는 사람의 인격을 짓밟는 행위를 자행한다. 우리는 그러한 행위를 부도덕하다고 비판한다.

남의 목적을 무시하지 말고 남을 이용하지 말아야 한다는 말대로 하면, 우리는 남을 전혀 이용하지 말아야 한다는 논리적인 추리를 할 수 있다. 그러나 우리는 생활을 하면서 남을 전혀 이용하지 않고 살아 갈 수가 있을까? 무인도에서 혼자 사는 사람이나 깊은 산골에 혼자 사는 은둔자를 제외하고는 우리는 모두 남의 도움을 얻어서 살아간다.[13] 남의 도움을 얻는다는 일은 다른 측

13) 로빈슨 크로우스가 프라데이를 발견하기 이전에는 혼자만이 자신을 독립적으로 자신의 독자적 가치에 의해서 살아 갈 수 있었으나, 프라이데이를 발견한 후로는 상호 교류가 있게 되고 사정은 달라진다.

면으로는 남을 이용한다는 말로 해석하게 된다. 갓 난 아이는 전적으로 엄마를 이용하여 자신의 몸에 영양분을 섭취한다. 갓 태어난 아이는 엄마를 이용하지 않고서는 살아남을 수가 없다. 엄마의 배 안에 있을 때에는 전적으로 엄마에게 의존하며 엄마의 영양상태와 하등의 관계도 없이 자신의 영양섭취를 위하여 엄마의 몸에서 필요한 영양을 빼어가는 생리적 현상이 있다고 한다. 갓 난 아기의 이야기만이 아니라 우리는 실제로 사회생활을 하면서 남의 도움이 없이는 전혀 살아나갈 수가 없게 된다. 밥먹는 일에서 부터 공부하는 일, 차를 타는 일, 시장을 보는 일, 생산활동을 하는 일 등 모든 일에서 우리는 남을 이용하지 않을 수가 없다.

그렇다면, '칸트가 말하는 인간의 가치를 현실적으로 달리 생각해야 한다는 논리가 나타난다. 절대적인 가치를 지닌 인간이므로 자신의 목적만을 가지고 살아야 한다는 말뜻으로 풀이할 수만은 없을 것 같다. 중요한 점은 다른 사람을 이용하면서 살아가는데, 어떻게 하면 정당하게 다른 사람을 서로 이용하고 활용할 수 있는가 하는 문제인 것 같다. 자신의 목적을 실현하기 위하여 남의 목적을 희생시킴이 없이 일을 추진할 수 있다면 그것이 가장 바람직하게 남을 존중하는 행위가 된다. 그러나 남의 목적을 희생시키지 않는다는 일과 나의 목적을 실현한다는 일은 항상 어느 정도 갈등을 이루고 있는 문제이므로, 어느 정도까지가 남의 목적을 희생시키지 않아야 하는가 하는 문제는 간단치가 않다. 그것은 수학공식처럼 분명하게 도식화할 수 없는 성격을 띤 문제이다. 이는 근본적인 도덕의 문제와 관계되어지기도 하는데, 대개의 경우 개인이 갖는 본질적인 가치는 주관적인 성격을 띠게 된다. 바로 개인들의 주관적인 가치를 존중하는 일이 일차적으로 중요하다. 그러나 그 주관적인 가치만을 전적으로 존중하게 되면 다른 사람의 주관적인 가치를 무시하는 상황이

도래하게 되어서 본질적인 문제의 해결에 도움을 얻을 수 없게 된다. 그러므로 주관적인 가치가 객관적인 가치를 얻을 수 있는 상황이 있게 되면 그야말로 남의 목적을 이용해도 된다는 정당성을 확보하게 된다. 이러한 원리로서 중요하게 다루어지고 있는 가치들이 있는데, 바로 '공정의 원리를 지키는 일', '자유를 실현하는 일', '박애' 등이다. 그러나 이것은 논리적인 원리들이며 '선험적으로 정당화'[14]된 원리들이다. 그러나 이러한 원리들을 실제에 구체적인 지침을 갖지 못하며, 결국 공정의 원리가 무슨 의미이며, 자유나 박애의 구체적인 개념을 해석하는 일에 관계되어진다. 주관적으로 가치로운 것이 객관적으로도 가치롭게 되는 것이 실제에서 그렇게 쉽게 이루어지는 것은 아니다.' 주관적인 것과 객관적인 것이 합치되는 경우보다도 갈등을 이루는 경우들이 더 많게 된다. 결국 이는 상호간의 합의와 양해에 바탕을 두는 문제가 된다.[15]

학교는 우리 사회에서 도덕적 행위들을 가르치고 배우는 사회적 제도로서 그 역할 이 중요하다. 학교에서는 민주주의 사회에서 가장 기본이 되는 원칙 중의 하나인 '인간존중', '자유', '평등', '진실', '사랑', '정의', '선' 등을 가르치고, 이에 대한 기본적인 태도를 형성시키는 곳으로서 중요한 사회적 임무를 실현하고 있다. 교사는 특별하게 우리 사회에서 '교육'이라는 일을 담당하고 있다. 그들은 학생이 민주적인 사회에서 성공적으로 살아 갈 수 있도록 하기 위한 여러 가지의 노력을 해야

14) 참조: "(중략) 엄밀히 말해서, 'X의 가치를 선험적으로 정당화한다'는 것은 우리의 통상적인 의미의 '정당화'가 필요하지 않는다는 뜻이다"라고 이돈희(1992)는 그의 책, 『교육정의론(서울: 고려원)』, 444쪽에서 쓰고 있다.

15) 이는 실제상황에서는 문제의 성격상 남의 목적과 나의 목적이 분명하게 도식화되어 분간되지 않으므로 이를 보충하기 위한 말이 인사말일 것이다. 즉 일상생활에서 우리는 예의로서 '안녕하십니까?', '수고하셨습니다', '고맙습니다', '안녕히 가십시오', '실례합니다' 등의 말을 하게 되는데, 이는 그러한 원칙을 더 보충하고 충족시키기 위한 효과를 지닌다.

한다. 학교는 이러한 일을 진작시켜서 학생들이 남을 소중하게 여기는 사회를 만들어 갈 수 있도록 해야 한다. 교사는 자신들의 생계유지를 위한 월급을 버는 일, 그리고 자신들에게 보다 내면적으로 가치로운 일을 찾기 위한 경험을 쌓는 일 등의 자신을 위한 일을 하고 있다. 그와는 달리 교사들은 학생들을 가르치는 일을 통하여 학생들이 현재의 목적을 즐겁게 받아들여서 열심히 공부할 수 있도록 하고, 학생들이 불확실한 미래에 도전하여 그들의 목적을 실현하는 데에 도움이 되는 여러 가지의 지식과 기능을 습득시키는 일을 하고 있다.

교사들은 실제로 학생들이 지적인 안목을 넓히고 더욱 합리적으로 되어 교사가 가르치는 내용을 더욱 빠르게 받아들여서 판단능력을 더욱 키워가기를 기대하면서 가르치는 일을 끊임없이 하게 된다. 학생들의 합리적 능력과 지적인 안목이 계발될 수만 있다면, 새롭게 학생들이 더 높은 기준에 도달될 수 있도록 고무격려해야 한다. 그것은 결국 민주주의를 실현하자는 사회적 높은 이상이 전제된 활동들이다. 그러므로 교사들은 어린이를 하나의 인간으로서 존중하는 일 뿐만 아니라 인간존중에 관련된 여러 가지 지식과 가치들을 가르쳐서 어린이들이 다른 사람을 한 인간으로 존중할 수 있게끔 해야 한다.

그러나 교육실제는 그렇지 않은 측면도 많은데, 교사가 그가 좋아하는 식으로 학생들을 이끌어가는 친절한 보모가 되었을 때, 그는 인간존중이란 원리를 깨뜨리고 있는 것이다. 맨 먼저, 교육실제에서는 교사와 교육행정가는 항상 우리를 어리석게 만들 수 있는 학습의 형태들에 대해서 비판적인 시각을 가져야 한다. 분명하게 해두어야 할 것은 어떠한 형태의 교화나 주입 행위를 하지 않도록 해야 한다. 자신이 교직을 합당하게 수행하여 나간 교사라면, 항상 자신이 한 교육활동, 즉 개념, 지식, 습관, 태도 등을 가르치는 활동에서나 학생들을 어린 상태에서 어른의 상태로 이끌어 올리는 활동에서 주입적이지 않았는가를 늘 반성해야 한다(Chambers, 1983, 131-132).

챔버스(Chambers, 1983, 98-99)는 인간존중을 실현하는데 도움이 되는 교과과정으로서, 존 윌슨(John Wilson)의 주장을 인용하여, ① 학생들이 다른 사람을 그들 자신의 입장에서 볼 수 있는 정서나 감정을 갖도록 하고, ② 여러 다른 상황에서도 남을 이해할 수 있는 능력을 계발하고, ③ 여러 가지의 가능한 결과들을 합리적으로 평가할 수 있는 능력을 기르며, ④ 사회적으로 의사교환을 원활하게 할 수 있는 능력을 촉진하며, ⑤ 도덕적인 상황을 어린이 스스로 이끌 수 있는 원리를 형성해 내는 능력을 갖추고, ⑥ 인간의 내면에 숨어 있을 불합리성을 깨달을 수 있도록 해야 한다는 등의 내용을 제시하고 있다.

8. 학생존중실현은 학교에서부터

여기서 다룬 '본래적 존중'은 인간이 가져야할 근원적인 권리로서 이해할 수 있으며 '보상적 존중'은 학교의 실제에서 상대적으로 주어지는 존중이지만 결국 본래적 존중이란 가치에서 비롯되지 않았는가 하는 추론을 할 수 있다. 학생들 개개인이 '특이체질적인' 개인으로서 서로 다른 목적과, 희망과, 관심과, 일과, 소질 등을 소유한 사람으로서 학교 현장에서 존중받아야 한다는 점은 '개인적 공감모형'과 챔버스의 이론에서 그 근거를 보다 확실하게 제시하고 있어 보인다. '권리인식 모형'은 개인의 기본권을 바탕으로 두고 있어서 개인 간의 구체적인 상호작용에서 나타난 구체적인 존중문제보다도 사회정치적인 또는 법률적인 차원의 인간존중문제를 더욱 잘 설명하고 있어 보인다. 그러나 챔버스가 주객관적인 가치를 지니는 상황에 대한 구체적 기준이란 이미 우리에게 남겨있는 또 다른 철학적인 탐구과제가 된다. 또 실제적으로 이런 객관성을 얻을 수 있는 상황을 만드는 일 또한 모두에게 남은 숙제이다.

애트웰과 챔버스는 인간존중을 실천하기 위해, 교육과정에 반영할 여러 내용들을 제시하고 있는데, 실제적으로 인간존중이란 가치를 교육과정에 반영할 경우 그 방향설정에 주요한 시사점들이 있어 보인다. 그러나 챔버스의 이론이나 권리인식 모형, 개인적 공감모형 모두 현실적인 맥락에서는 손에 잡힐만한 구체적인 낱낱의 상황에 적합한 어떤 지침이나 방향을 제시하는 것은 아니다. 철학적 논의 자체가 지닌 한계가 아닌가 싶다. 그러나 학교교육에서 '보상적 존중'만이 아니라 '본래적 존중'의 중요성을 애트웰의 이론에서 읽을 수 있었다.

이러한 논의과정에서, 입시위주의 교육풍토나 관료적인 학교체제와 관련한 실제적인 논의가 부족하지만, 이러한 이론을 통하여 실제적으로 도덕적 책무감이 있는 교사들이라면 스스로 학생존중에 대한 새로운 시각을 갖는 데에 도움이 될 것으로 생각한다. 교사가 실제 학교의 교육활동을 통하여 학생이 비록 어린 아이일지라도 하나의 '특이한 인격체'를 지닌 '계발 가능한 존재로서늘 새로운 능력과 목적과 관심을 가질 수 있다'는 점을 학생의 입장에서 인정하는 일이 중요해 보인다. 이렇게 보면, 학생존중은 다분히 교사의 행동과 태도 여하에 따라서 다르게 나타날 수 있다는 생각을 가능하게 한다.

그러나 학교의 교사가 하는 일을 아무리 이상적으로 설정하고 노력한다고 하더라도, 학교를 지배하고 있는 더 큰 울타리인 행정을 맡고 있는 사람이나 정치적 시책들에서 이를 반영하지 않는다면 아무것도 이루어 질 수 없는 실정이 우리의 현실이다. 우리 사회는 언제부터인가 입시위주의 교육이 절대적으로 중요하게 여겨져서 본래적인 의미의 교육이란 꿈속에서나 있을 법한 것으로 여겨진다. 학생들은 점수따기의 족쇄에 묶여서 인간이 무엇이고 삶이 무엇인가 하는 등의 문제는 불필요한 것이 되어버린다. 단지 점수만이 최대의 관심이며 그것만이 학교의 즐거움이다. 그러나 즐거움을 맛보는 학생은 불과 몇 명에 불과한 것이 아닌가? 조금 덜 착해도 성적만 좋으면 모든 특혜를 누릴 수 있는 곳이 우리 사회의 학교가 아닌가? 이러한 풍조를 이야기하면서 학교와 교사만을 탓할 수만은 없다. 사회 전반적의 구조적인 문제로 확산되는 큰 문제가 되어지기 때문이다. 그러나 가르치는 교사로서 학교를 경영하는 운영자로서 만시지탄 한숨만 쉬면서 흘러가는 세월만을 쥐고 앉아있을 수만은 없지 않는가? 학생들의 인격을 바르게 형성하고 자신들의 인격을 중요하게 여기면서 남의 인격도 역시 중요하다는 인식과 함께 이를 실천할 수 있는 사람이 우리 사회를 바르게 이끌어나갈 수 있을 것이라는 생각이 옳다면, 차츰 다른 길을 모색하는 편이 모두를 위한, 챔버스가 말한 객관적인 가치가 된다. 바로 이것이 정당한 가치가 되는 점을 강조하고 싶다.

이러한 맥락에서 몇 가지 제안을 할 수 있을 것 같다. 학생의 진로를 가능하면 다양하게 안내하는 것이 중요하다. 앞으로 사회는 직업면에서 차별이 많이 없어지고 있으며, 우리사회의 고질적인 '체면'도 현실화되어 실질적인 사고로 전환되어 질 것이므로, 직업 선택에서 자신의 취미와 능력에 맞는 진로가 중요하다는 인식을 갖도록 지도해야 한다.

학교교육에서 성적에 의한 인간평가가 사라져야 한다. 성적과 관계 없이 학생 개개인이 한 인간으로서 존중받는 교육이 이루어져야 한다. 교사는 관용하기에도 어려울 수 있는 여러 학생의 천차만별한 능력과 태도를 인정하여, 그 각각의 학생의 입장에서 그들을 이해하려고 노력하는 습관을 갖도록 하여야 한다. 이를 위하여 학교 운영자들의 신념 있는 행동이 절실히 요청된다. 당장 실천하는 것이 어려울지라도 이 가치가 중요하다고 생각이 되면 점진적으로 이러한 방향으로 나갈 수 있도록 학교를 이끌어나가야 한다. 이를 위하여, 학교구성원 모두 교사, 학생, 직원, 학부모가 총체적으로 전환적인 상황과 계기를 만들어가도록 모든 노력을 전개하여야 할 것이다. 우선, 학교 구성원들 한 사람 한 사람이 존중을 받는 학교에서 배운 학생만이 사람을 귀중하게 여길 줄 아는 삶을 이끌어나갈 수 있다. 이것이 남들에 의해서 그냥 주어지는 것이 아니다. 이 문제는 모두 각자에게 책임과 의무가 있다. 이것이 민주주의의 이상을 실천하는 첫 걸음이다. 가르치는 사람이 큰 그릇이고, 학교를 운영하는 사람이 큰 지혜를 가지고 있어야 만이 크고 훌륭한 인물을 키울 수 있다.

학교경영자가 갖기 쉬운 관료적·권위주위적 사고는 인간존중이라는 가치와는 거리가 멀다. 강자에게는 무비판적으로 복종을 하면서 약자에게는 위세적으로 복종을 강요하는 성향과 태도는 호되게 비판받아야 하며 이는 학교의 현장에서 사라져야 한다. 이러한 태도나 성향은 미래를 개척하여 더욱 발전된 인간적인 사회를 이끌어나갈 학생들에게는 전혀 부적합한 시대착오적인 것이다. 그러므로 이 자들은 이를 깨달아서 자기변신을 하여 시대의 조류에 부응 적응하는 인간이 되어야만이 스스로가 존경받는 사람으로서 추대를 받을 수 있게 될 것이다. 남을 귀중하게 여기지 않는 자는 늘 남들로부터 무시와 경멸을 받게 된다.

민주주의를 실현하는 일은 바로 인류역사가 가르쳐 준 교훈이다. 민주주의의 이상인 인간존중, 자유, 평등, 사랑을 실천하는 일이다. 이 이상들은 모두 인간존중을 바탕으로하여 의미가 있게 된다는 점을 강조하고 싶다. 학교교육에서는 이를 더욱 체계적으로 중요하게 다루어야 할 의무가 있다. 이에 대한 논의나 연구가 학교교육과 관계지워 더욱 종합적으로 이루어지고 실천을 위한 노력들도 체계적으로 이루어져야 할 과제라고 생각한다. 학교교육에서 학생존중이 일차적으로 실천될 때에 학생들은 인간을 존중할 태도를 배우게 된다. 이를 실천하기 위해서는 접근방식이 여러 가지로 가능하리라 본다. 상투적인 주제들이지만, 교사의 자질, 교육과정, 행정구조, 상급기관과 관계, 사회적 여건, 학교행정가의 자질과 성향, 정치의 교육에 대한 관여 문제 등 복합적인 접근이 있어야 할 것이다.

* 이 글은 한국교육학회의 교육학연구 제30권3호의 게재논문을 수정 보완함.

참고문헌

강선보(1992), '만남'의 교육, 서울: 양서원.

강승규(1992), 어린이의 삶을 사랑하는 교육, 서울: 서원.

곽미경 역(2007), 개성의 탄생(Judith Rich Harris(2006), No Two Alike), 동녘사이언스.

김정환(1982), 전인교육론, 서울: 세영사.

이오덕(1990), 참교육으로 가는 길, 서울: 한길사.

이돈희(1992), 교육정의론, 서울: 고려원.

이홍우 역(1980), 윤리학과 교육(R. S. Peters, Ethics and Education), 서울: 교육과학사.

강승규(1992), '학생죽음을 유도한 학교교육의 현실', 「더불어 생각하며」. 한겨레신문 1992년 5월 20일 제5면.

______(1992), '왜, 학교교육에서 인간존중이란 가치를 실현해야 하는가?', 우석대신문 1992년 1월 1일 제4면.

'교육춧점'. 한겨레신문 1992년 5월 12일자 제12면.

Atwell, John(1982), 'Kant's Notion of Respect for Persons,' in O. H. Green ed., Respect for Persons, vol. 31, New Orleans: Tulane University.

Axline, Virginia M.(1964), In Search for Self, New York: Ballantine Books.

Dewey, John(1964), "Democracy and Education Administration," in Problems of Men, New York: Philosophy Library.

__________(1927), The Public and It's Problems, Chicago: Swallow Press.

__________(1916), Democracy and Education, New York: The Free Press.

Chambers, John H.(1983), The Achievement of Education: An Examination of Key Concepts in Educational Practice, New

York: Harper & Row Publishers.

Cranor, Carl(1982), Limitation on Respect-for-Persons Theories,' in O. H. Green ed., *Respect for Persons, vol. 31*(New Orleans: Tulane University, 1982).

__________(1977), 'Towards a Theory of Respect for Persons,' *American Philosophical Quarterly 12*(October 1977).

Darwall, Stephen L.(1977), 'Two Kinds of Respect,' Etics 88(October 1977).

Downie, R. S. and Telfer, Elizabeth(1970), Respect for Persons, New York: Shocken Books.

Hostetler, Karl D., "On the Teacher's Duty to Respect Students," in Philosophy of Education 1986, ed., Nicholas Burbules(Normal, IL: Philosophy of Education Society, 1987).

Johnson, Edward(1982), 'Ignoring Persons,' in O. H. Green ed., *Respect for Persons, vol. 31*(New Orleans: Tulane University, 1982).

Katz, Michael S.(1992), 'Respect for Persons and Students: Charting Some Ethical Territory' in *Philosophy of Education 1991*(Normal, Il: Philosopphy of Education Society, 1992).

Neill, A. S.(1937), That Dreadful School, London: Herbert Jenkins Ltd.

Maclagan, W. G., 'Respect for Persons as a Moral Principle,' in *Philosophy 35, 134*(July 1960).

Miller, George Miller(1993), An Idiosyncratic Ethics, Netherlands: Kluwer Academic Pub.

Moss, Myra ed., The Journal of Value Inquiry, vol. 26, No. 3, July 1992.

Wilbur, James ed., The Journal of Value Inquiry, vol. 24, No. 2, April 1990.

제 4 장 학생사랑과 교사

1. 교사의 사랑실천의 중요성

교사가 해야 할 일과 학생이 해야 할 일이 각각 따로 있기 마련인데, '학교가 무너진다'는 여론은 많은 것을 생각하게 한다. 교사의 전통적인 권위와 전통적인 학생상이 크게 전환되어 가는 시점에서 일어나는 현상 중의 하나이다. 변하는 학생의 삶 형식을 전반적으로 바꾸어야 한다는 식의 접근도 있고, 교사가 변해야 한다는 주장도 있다. 그런데 학생의 삶 형식의 변화에 따라 어른인 교사가 변해 온 것은 부정하기 곤란하다. 실제로 늘 그렇게 변해 온 것인데, 문제는 급격한 변화로 인한 전통적인 수직적인 학교문화가 흔들린다고 인식하는 데에서 오는 혼란 중의 한 현상이다. 수직적인 인간관계에서 수평적인 인간관계로 급변하면서 나타나는 학교문화 속에서 교사와 학생의 관계가 어떠해야 하는가?

사실 우리가 학교교육에서 크게 놓치고 있는 문제가 있는데, 학생의 입장에서 그의 삶에 필요한 것이 무엇인가를 읽고 해결해 주려는 노력은 교사가 하지 않아도 되는 것처럼 되어 있었다는 점이다. 솔직하게 이를 인정하고 새로운 학교문화를 만들어가야 할 시점이다. 사람들끼리 모여 있는 곳에 중요한 것이 무엇일까? 그것도 모범적인 성인상으로 기대를 받고 있는 교사와 어린 학생들이 함께 있는 곳에 있어야 할 것이 무엇일까? 아마도 학생에게 필요한 것은 무엇보다 사랑이 아닐까? 학교교육이 지육중심으로 자리하면서 가장 크게 놓친 것이 있다면 사람끼리의 관계와 사랑일 것이다.

여기서는 우리가 놓치고 있는 인간의 삶에 요청되는 사랑의 문제를 다루어 교육문제를 점검해보기로 한다. 가르치는 사람과 배우는 사람 간에는 교과를 통하여 수업이 이루어지지만 그것보다 더 선행되어야 할 것은 사람과 사람 간의 관계이다. 사람들 간에는 좋은 인간관계가 필요하며 여기에 사랑이 그 선행조건이 되어야 할 것이다.

세계적인 정신분석학자였던 에릭 프롬은 그 저서 『사랑의 기술(*The Art of Loving*)』에서 사랑이야기를 토대로, 인간의 삶에 사랑이 어떠한 것인가를 살펴보고 학교교육에서 이루어지는 사랑은 어떠한 것이어야 하는가를 그려보려고 한다. 현대사회의 사람들은 사랑을 매우 쉬운 개념으로 파악하고 있음을 지적하고 있으며, 그렇게 된 이유를 다음과 같이 말하고 있다. 즉 사랑은 '하는 것'이 아니라 '받는 것'이다. 그리고 사랑은 '능력의 문제'가 아니라 '대상의 문제'라는 관념을 가지고 있으며, 사랑에 '빠진다'는 상태와 '영속적인 연애관계'와를 혼동하고 있는 데에 그 오류가 있다는 것이다.

인간의 실존은 자연으로부터 분리되면서 벌거숭이인 채로 이 세상에 홀로 존재하는 실체가 된다. 여기서 인간은 고독함과 고립감을 절감하게 된다고 그의 이론을 펴면서 아담과 이브의 신화 예를 들고 있고, 어린 아이는 어머니에게서 탄생하면서 모태로부터 분리가 되어 세상에 홀로 존재하는 객체로서 그를 인식하게 되면서 고립감을 느끼게 된다고 주장한다.

에릭 프롬은 이렇게 인간은 본질적으로 고독감을 느끼며, 무엇으로부터 분리된 상태라고 파악하고, 이 고독감과 분리감을 극복하기 위해 원시사회에서는 흥청거리는 의례적 행사가 있었고, 또 신앙이나 관습, 집단에 융합하려는 의지(conformity)가 발달했으며, 그 다음으로 창조적인 활동이 이루어져 왔다고 보며, 마지막으로 사랑을 들고 있다. 그런데 창조적인 활동은 대인간적이 아니기 때문에 완전한 합일감을 느끼지 못하며, 의식적인 흥청거리는 상태는 일시적인 극복에 그치며, 융합의 상태에서는 거짓된 합일일 수밖에 없으므로 분리감을 극복할 수 있는 것은 유일하게 대인간적인 사랑뿐이라고 주장한다.

에릭 프롬의 사랑이론에 따르면, 인간은 본원적으로 고독한데, 이를 탈출하기 위한 방법으로 생각해 낸 것으로, 첫 번째로 의식적(儀式的) 활동이라고 한다. 다른 사람들과 함께 의식에 참여하면서 고독을 잊게 된다는 것이다. 잔치나 대동제 같은 놀이를 통한 활동, 종교적 행사 등이 이러한 역할을 한다고 한다. 그런데 이는 순간적인 것이어서 지속력이 없다.

두 번째로, 인간이 찾아낸 것이 일이라고 한다. 일에 빠짐으로써 고독을 극복하는 것이다. 그러나 일은 단조로움으로 내면의 고독을 극복시키는 데에 한계가 있다고 한다. 다음으로 고안해 낸 것은 창의적인 활동이라고 한다. 작품을 만들고 새로운 것을 만들어 내는 작업은 단순한 일보다 고독감을 극복하는데 훨씬 더 효과적이라고 한다.

세 번째로 고안해 낸 것이 절대자에게 의존하는 일이라고 분석한다. 그러나 이 모든 것은 쌍방의 교류가 없으므로 지속적이지 못한 한계를 가지고 있다고 분석하고 있다.

마지막으로, 찾아 낸 것이 사랑이라고 한다. 사랑은 쌍방의 교류가 지속되면서 서로의 고독을 극복하는 데에 가장 효과적이라고 분석하고 있다. 학생들은 두말할 필요 없이 정신적으로 미숙하므로 성인이 느끼는 고독감과는 다른 형태의 크고 작은 심리적 어려움을 겪게 된다. 그런 탓으로 교사의 사랑은 학생이 어려움을 극복하고 심리적인 안정감을 찾게 하는 데에 큰 힘이 된다.

사랑은 대상의 문제가 아니라 자신의 성숙도와 관계되며, 하나의 기술을 터득할 때에 많은 시련과 시간, 그리고 노력이 필요하듯이 성숙된 사랑을 실천하기 위하여서는 많은 단련과 노력이 필요하다. 우선 사랑하는 이를 정확하게 알아야 한다. 열 길 물 속은 알아도 한 길 사람 속은 모른다는 우리 속담이 있듯이 사람을 안다는 일은 매우 힘들고 어려운 일이다. 사랑하는 사람을 이해한다는 것처럼 어려운 일이 없다. 학생을 이해하고 안다는 일을 쉽게 생각하지만 이는 사람을 쉽게 대한다는 말과도 통한다. 학생을 이해하기 위해 많은 노력이 필요하다. 다음으로 요청되는 요소로는 학생이 지니고 있는 장단점을 있는 그대로 인정할 수 있어야 한다. 교사의 기준과 눈으로가 아니라 학생의 입장에서 수용할 수 있어야 한다.

사랑의 다음 요소로 학생에 대한 책임감이다. 사랑에 빼놓을 수 없는 요소가 책임감이다. 책임감이 없는 사랑관계는 신뢰를 얻을 수 없으며 지속될 수도 없다. 다음으로 요청되는 요소는 사랑하는 이를 잘 보살필 수 있어야 한다. 보살핌이 없이는 관계를 이어 갈 수가 없다. 특히 학생들은 미숙하므로 어른에게 의지하려는 마음을 가지고 있는데, 교사의 보살핌이 없이는 믿음관계가 유지되기 곤란하다.

사랑을 실천하기 위해서 필요한 요소로는 인내와 용기, 믿음, 허용, 모험이 따라야 한다. 이는 많은 자기단련을 통하여 습득해야 할 특성들이다. 그래서 결국은 필요할 때에, 그리고 힘들고 어려울 때에 찾아와 기댈 수 있는 곳을 마련해주는 마음과 여유를 갖출 수 있어야 한다. 교사가 애인을 사랑하듯이 학생을 사랑할 수 있겠는가 하는 질문이 나오겠으나, 이는 좋은 선생님으로서 갖추어야 할 이상이다. 교사의 사랑이 학생에게 인생의 새로운 전기를 마련해 줄 수 있고 살아가는 힘이 될 수 있다면 교사는 이를 실천하도록 해야 할 것이다. 사랑은 자신에 의해서 자신만이 가질 수 있는 개인적 경험이다. 개인적인 체험이며 살아가는 동력이다. 교사의 사랑은 학생에게 평생 동안 힘이 된다.

2. 사랑의 단계

사랑이 성숙하기까지 단계가 있다. 초기에는 서로가 느낌과 분위기에 빠져 있는 상태이다. 이 단계에서는 서로가 좋은 점만을 찾아 좋아하는 상태이다. 다시 말하자면, 서로가 좋은 점만을 보는 단계이다. 소위 허니문 기간이라는 말이 이 기간에 해당된다. 자신이 좋아하는 기분에 빠져있는 자기도취적 현상이 나타나는 상태이기도 하다. 상대방의 단점이 보이지 않거나 가려져 있으므로 늘 좋은 관계가 지속되는 단계이다. 이 단계를 보고 우리는 사랑에 대한 추억을 곱게 간직하기 마련이다. 그러나 일상적인 삶 속에서 이루어진 사랑이라고 볼 수는 없다.

남녀 간의 사랑이든 친구 간의 사랑이든 이러한 분홍빛 사랑의 단계가 있기 마련이다. 교사와 학생과의 관계에서도 이러한 단계가 있을 수 있다. 학생은 학생대로 선생님에 대한 분홍빛 만남으로 알고 있을 수 있고, 선생님은 선생님대로 학생에게 그러한 단계를 경험할 수 있다. 그런데 이 시기의 사랑을 정상적이라고 할 수 있겠는가 하는 의문을 제기하기도 한다. 에릭 프롬은 분명하게 사랑은 누가 누구에게 빠져 있는 것을 사랑이라고 보지 않는다.

그러나 이 단계의 말기가 되면 감정에 빠진 마음이 현실로 되돌아와 서로의 나쁜 점들이 보이기 시작하며 관계의 위기를 경험하게 된다. 이 시기는 냉정하게 이성이 작용하여 서로가 서로에게 자신과 상대방이 맞는지 맞지 않은지에 대해서 따져보는 단계가 온다. 현실적인 만남이 이제 시작되는 셈이다. 이 단계를 극복하고 발전시키기 위해서는 서로가 상대방에 관한 장점과 단점을 정확하게 인식하고 수용하며 존중할 수 있는 마음이 뒷받침되어야 하는 단계이다.

에릭 프롬에 따르면 사랑이 성숙하기 위해서는 서로가 책임감과 상대방에 대한 깊은 앎과 정보, 그리고 상대방에 대한 존중과 서로에게 배려할 수 있는 마음이 필요하다고 주장하고 있는데, 이 시기를 극복하기 위해서 필요한 조건들로 보인다. 이러한 성숙된 인격을 지니고 있을 경우 서로가 현실적 사랑으로 승화 발전시키면서 서로에게 성숙할 수 있는 계기들이 마련되며, 이성적인 관계를 맺어 서로가 서로에게 책임을 지는 성숙된 관계가 형성된다.

이러한 단계를 지나 이성과 감정이 교차하면서 서로가 현실과 이상에 대한 격차, 서로의 바람과 결과에 대한 격차로 인한 혼란과 마찰 등이 나타나기 마련이다. 이 시기가 사실은 생각보다 긴 시간이 지속된다. 서로의 성격과 일에 대한 불만, 심리적 갈등과 회의 등이 교차하면서 사랑의 관계가 처음의 그것과는 달리 힘들고 어려운 과정을 거친다. 교사와 학생의 관계에서도 서로가 적극적으로 관여하게 된다면 이러한 과정을 거치게 된다. 남녀 간의 성애관계와는 다르게 나타나며 정도의 차이가 다르겠지만 이러한 관계를 거치게 된다. 단지 교사의 입장에서는 성인으로, 학생에 비하여 성숙된 인격적 만남으로 그 관계를 성숙시킬 수 있는 마음의 준비가 갖추어진 상태인 셈일 뿐이다.

그러나 진정으로 교사에게 갖추어져 있어야 할 사랑은 다음의 단계일 것이다. 이성과 감정을 초월한 초월적 사랑을 가능하게 하는 경지의 인격체적 관계이다. 심정적 만남 또는 영혼적인 만남이 가능한 사랑이다. 그래서 학생 개개인에게 학생의 처지나 수준과 무관하게 자신이 조건 없는 사랑을 실천할 수 있는 경지의 사랑이다.

탈무드에서는 사랑은 상대에 따라 달라지는 것이 아니라 한사람을 참되게 극진히 사랑할 수 있는 사람이면 모든 사람을 사랑할 수 있는 사람이라고 말하고 있는데, 교사의 사랑은 바로 이러한 인류애에 바탕을 둔 사랑의 실천이 요청된다. 소위 '너는 나에게 안 맞아'란 식의 인간관계를 초월하여 모든 학생에게 각자의 입장과 처지에 맞추어 교사가 그들에게 각각 해 줄 수 있는 보살핌과 배려가 있다고 믿으며 학생의 삶에 다가가는 그러한 교사이다. 여기에 인격적인 수련과 자기단련을 끊임없이 요구하고 있다.

3. 사랑의 종류

프롬의 이론에 따르면, 만일 한 사람이 다른 한 사람만을 사랑하고 그 외 동료에게는 냉담하다면, 그의 사랑은 사랑이 아니고 공서적(共捿的)인 애착이며 이기주의의 확장에 불과한 것이다. 그런데 대부분의 사람은 사랑이란 대상에 따라 성립이 되는 것이지 능력에 의해 성립하지 않는 것으로 믿고 있다. 사실 그들은 자기들이 '사랑했던' 사랑 외에는 어떤 사람도 사랑하지 않을 때 그들의 사랑의 강함이 판명되는 것으로 믿고 있기까지 한다.

이것은 이미 앞에서 지적했던 것과 같은 오류이다. 왜냐하면, 사랑은 능동적이며 영혼(정신)의 힘이라는 것을 알고 있지 못하기 때문이며, 필요한 모든 것은 바른 대상을 찾는 것이라고 믿고 있으며, 그리고 모든 것은 스스로 그 후에 시작되는 것이라고 믿고 있기 때문이다. 이런 태도는 그림을 그리고 싶을 때에 기술을 배우는 대신에 바른 대상을 얻어야 하고 그것을 찾기만 하면 아름답게 그릴 수 있을 것이라고 믿고 있는 사람의 태도와 비유될 수 있다. 진실로 나는 한 사람을 사랑한다면 나는 모든 사람을 사랑하고 세계를 사랑하며 생명을 사랑할 수 있는 사람이다.

에릭 프롬은 사랑의 종류로 동포애·모성애·이성애·자기애·신의 사랑을 말하고 있다. 이 중에서 동포애는 모든 사람에게 배려·존중·책임·정보를 가지는 것으로, 사랑 중에서 가장 기본이 되는 것이라고 지적하고 있다. 다음은 프롬의 분석을 중심으로 각각의 특징을 살펴보기로 한다.

1) 동포애

모든 형태의 사랑에 강조되는 가장 기본적인 사랑의 종류는 '동포애'이다. 필자가 의미하는 동포애란 다른 사람에 대한 책임감, 배려, 존중, 상대에 대한 앎, 그리고 다른 사람의 생명을 연장시키려는 소망을 뜻한다. 이것은 성경에 나오는 '너 자신과 같이 이웃을 사랑하라'는 말과 같은 사랑이다. 동포애는 모든 인간을 위한 사랑이다. 그것은 배타심이 없는 것에 의해 특징지워진다. 동포애에서만이 모든 사람을 결합시키는 경험을 하고 인간의 단결과 일체감을 경험하게 된다. 동포애는 우리 모두가 하나라는 체험에 기초된 것이다.

재능, 지능, 지식에 있어서 차이들은 모든 사람에게 공통적으로 핵심이 되고 있는 인간의 동일성과 비교한다면, 사소한 것이 되어버린다. 이 동일성을 체험하기 위해서 표면적인 것으로부터 핵심적인 것으로 파고들어 갈 필요가 있다. 만일 다른 한 사람을 피상적으로 파악한다면, 우리와 분리되어 있는 차이들만을 주로 인식하게 될 것이고, 우리가 형제(동포)라는 사실을 깨닫게 될 것이다. 내면에서 내면으로의 관계이다.

동포애는 동등한 사이에서의 사랑이다. 우리는 모두 인간인 만큼 우리 모두는 도움을 필요로 하고 있다. 오늘은 내가 내일은 네가 도움을 필요로 한다. 그러나 이 도움이 필요하다는 것은 도움을 필요로 하는 사람은 무력하고 도움을 주는 사람은 힘이 있다는 것을 뜻하지는 않는다. 무력함은 일시적인 상태이며, 자신의 발로 걷고 설 수 있는 능력은 영구적이며 모두에게 공통적인 것이다.

2) 모성애

모성애는 아동의 생명과 그 요구에 대한 무조건적인 긍정이다. 그러나 또 다른 하나의 중요한 점은, 아동의 생명유지와 그 생명을 위하여 절대적으로 필요한 배려와 책임이며, 다른 한 측면은 단순한 생명의 유지를 훨씬 초월하여 있는 것이다. 그것은 삶을 위한 사랑을 어린이에게 불어넣는 태도이다. 이를테면, 사는 일은 좋은 일이며, 소년・소녀임은 좋은 것이고, 이 '있음' 또한 좋은 일이라는 느낌을 어린이에게 주는 태도이다. 모성애의 이 두 측면은 성서적 창조의 역사에 간결하게 표현되어 있다.

신은 세계와 인간을 창조한다. 이것은 존재에 대한 긍정과 단순한 배려와 부합된다. 그러나 신은 이 최소한도의 요구를 초월한다. 신은 자연과 인간이 창조된 후에 항상 '그것은 선하다'라고 말하고 있다. 제 2단계에 있어서 어머니 사랑은 아동이 태어난 것은 선이라는 감정을 느끼게 하고, '삶을 위한 사랑'을 어린이에게 불어넣어 주며, 살아남아 있으려는 희망을 어린이에게 불어넣어 준다.

동등한 사이의 사랑인 동포애와 성애(性愛)와 반대로 어머니와 어린이의 관계는 한편은 모든 도움을 필요로 하고, 한쪽은 그것을 받는다는 불평등한 관계를 그 자체에 지니고 있다. 모성애가 최고의 사랑이고 모든 감정의 관계 중에서 가장 신성한 것으로 생각되어 온 것은 바로 이 이타적이고 비이기적인 성격 때문이다. 그러나 모성애가 진실로 성취되는 것은 어린아이에게 대한 어머니의 사랑에 있어서가 아니라 성장하는 아이에게 대한 어머니의 사랑에 있는 것처럼 보인다.

대개의 어머니는 아이가 작고, 어머니에게 의존하고 있을 동안에만 아이를 사랑하고 있다. 아이를 원하는 대부분의 부인들은 갓난아이를 갖는 것으로, 그리고 그것을 돌보는 것을 바라는 것에서 행복스러워한다. 이것은 아이들의 웃는 낯과 만족감 이외에는 아이로부터 아무런 보답도 얻지 못한다는 사실에도 불구하고 그러하다. 이런 사랑의 태도는 여자는 물론 동물에 있어서도 발견되는 본능적인 것처럼 보인다. 그러나 이 본능적인 요인의 비중이 어떻든 간에, 이런 형태의 모성애가 원인이 되는 데는 특정한 인간의 심리적인 요인이 역시 있다. 그 한 원인은 모성애 속에 자기도취적인 요소가 발견될 지도 모른다. 갓난아이가 아직 자기의 일부로 느껴지므로 그녀의 사랑과 심취는 그녀의 자기도취주의에 대한 만족과 함께 또 다른 원인은 힘과 소유에 대한 어머니의 소망에서 발견될지도 모른다.

무력하고 완전히 자기의 의사에 종속되어 있는 아이가 지배욕이나 소유욕을 가진 여성에게는 당연하게 만족의 대상이 된다. 그러나 어린이는 성장하여야만 한다. 어머니의 품안으로부터 벗어나야 하고 그의 모태로 벗어나야 한다. 그리고 결국에는 완전히 분리된 인간으로 되어야 한다. 모성애의 본질은 바로 어린이의 성장을 돌보는 것이며, 그 자신으로부터 어린이가 분리되어 독립되기를 소망하고 있음을 의미한다.

3) 성 애

동포애는 동등한 사람들 사이의 사랑이며, 모성애는 무력한 자에 대한 사랑이다. 이 사랑에 대조되는 것이 성애이다. 그것은 완전한 결합에 대한 갈망, 즉 다른 한 사람과의 결합에 대한 갈망이다. 이것은 바로 그 성질 자체에 배타성을 지니고 있고 보편적이 아닌 성질을 지니고 있다. 그것은 또한 아마 가장 배타적인 사랑의 형태일지 모른다.

그들은 다른 사람과의 분리감을 주로 신체적인 분리감으로 경험하므로 신체적 결합이 분리감을 극복하는 것을 의미하게 된다. 많은 사람에게 분리감의 극복으로 나타나는 또 다른 요인이 있다. 자기 자신의 개인적인 생활 또는 자신의 희망이나 불안을 말하는 것, 어린이다운 면을 보이는 것, 세상에 관하여 공통된 관심을 설정하는 것, 이 모든 것이 분리감을 극복하는 일로 취하여진다. 노여움, 미움 또는 억제가 전혀 없는 행동을 보이는 것까지도 친밀성을 위해 취해지며, 그리고 이것으로 결혼한 부부가 서로 미움과 노여움을 발산할 때나 잠자리에 함께 있을 때에만 친밀한 것처럼 보여진다.

성적인 욕망은 융합을 목표로 한다. 그러나 단지 신체적인 욕구와 고통스러운 긴장의 해소만은 아니다. 그러나 성적인 욕망은 사랑에 의하여 자극될 수 있는 바와 같이 고독에 대한 불안, 또는 정복하고 싶거나 정복되고 싶은 소망에 의해서 자극될 수 있고, 허영이나 또는 헤치고 파멸시키고 싶은 욕구에 의해서조차 자극될 수 있다. 성적인 욕망과 사랑은 하나라는 어떤 강한 감정에 의해서 자극되고 쉽게 융합되어 질 수 있다.

성적인 욕구는 대부분 사람의 마음속에 사랑의 관념으로 연상되어 있으므로 그들은 그들이 신체적으로 서로 원할 때 그들이 서로 사랑하고 있다고 결론을 잘못 내리기가 쉽다. 사랑은 성적 결합의 욕구를 일으킬 수 있다. 그러나 이 경우의 신체적인 관계에서는 탐욕이 없는 상태이며, 정복하거나 정복되고 싶다는 욕구

다음에서는 사랑을 실천하기 위한 주요 조건들을 살펴보자. 우선 관심이다. 상대방에 대한 관심이 우선이다. 사랑은 바로 상대방에 대한 관심으로부터 시작된다.

① 관심과 집중

관심은 관계의 출발이다. 학생 한 사람 한 사람에게 관심을 가져야 한다. 관심이 없다면 아예 사랑의 실천은 시작될 수 없다. 학생 개개인의 신체조건, 마음상태, 취미와 흥미, 관심거리, 희망 등 여러 가지 특성에 대해서 관심을 가질 때에 공동의 대화거리를 찾게 되며 관계가 형성된다. 사랑의 첫 조건으로 관심이 중요하다.

좋은 훈련과 기술습득을 위하여 집중된 통일이 필요하듯이 사랑관계를 형성하기 위해서는 집중할 수 있어야 한다. 정신집중이 필요하다. 사람의 마음을 이해하는 일은 매우 어렵고 힘들다. 한 사람에게 집중하지 않으면 그 사람의 마음을 이해하기 곤란하다. 책을 읽지도, 라디오를 듣지도, 끽연도, 음주도 하지 않고 혼자 있는 것을 습득하는 것이 정신통일을 배우는 가장 중요한 단계이다. 사실 정신통일을 할 수 있다는 것은 혼자 있을 수 있다는 것을 의미하고, 이 능력은 사랑할 수 있는 능력을 가지는 데 대한 조건이다. 만약 타인이 나에게 매력을 가지지 않는다면 나는 내 스스로 존재가치를 느낄 수 없을 수 있으므로, 타인의 관심과 집중은 내 생명의 은인이 될지도 모른다. 한 사람을 사로잡아 사랑의 관계를 맺기 위해서는 정신집중이 반드시 필요하다.

심지어 음악을 들을 때, 책을 읽을 때, 사람들과 대화를 할 때, 경치를 구경할 때 등 자기가 하고 있는 모든 일에서도 정신을 집중시키는 것이 없이는 그 깊은 의미를 찾기란 어렵다. 어떠한 일에 정신이 집중되어 있다면 돌발사고가 일어난다 해도 크게 당황하지 않아도 될 수 있다. 정신을 집중하게 되면 충분한 주의력을 가질 수 있으므로 향후의 일처리에 큰 부담이 없을 수 있듯이, 교사의 학생에 대한 집중은 학생을 이해하고 파악하는 일을 쉽게 해 낼 수 있게 된다. 남들과의 관계에서 정신을 집중시키고 있다는 것은 우선 귀를 기울일 수 있다는 것을 의미한다. 대부분의 사람들이 잘 듣지 않고 있으면서 들은 척하고 충고를 하기도 한다. 그런 사람들은 남의 이야기를 신중하게 받아들이지도 않고, 자기 자신들의 대답도 성실하게 받아들이지 않는다. 그 결과 그들의 관계는 소원해지고 만다. 어떠한 행동이라도 정신을 집중한 방법으로 진행될 때에는 사랑을 한층 더 촉진시킨다.

실제로 정신집중을 한다는 것은 마치 어려운 목표를 달성하는 것처럼 어려운 것이다. 여기에 인내가 필요하다. 정신을 집중하지 않고서 어떤 일을 결코 달성할 수 없다. 사랑의 기술에 있어서도 그러하다. 어느 정도의 인내가 필요한가를 알고 싶으면 어린이가 걸음마를 배우는 것을 지켜보아라. 쓰러지고, 또 쓰러지면서 쓰러지지 않고 걸을 수 있는 날까지 노력해서 잘못된 점을 고쳐 나간다. 성인도 그 어린이와 같은 인내력을 가지고 자기에게 중요한 목적을 추구하는 데 정신을 집중시키면 무엇을 못하겠는가!

② 훈 련

어떤 기술을 실천하는 데는 훈련이 요구되고 있다. 만일 그 훈련을 숙달된 방법으로 하지 않는다면 우리는 어떤 일에도 결코 숙달할 수 없다. '마음이 내킨다'는 이유만으로 일을 하는 것은 오락이다. 그것만으로는 숙달된 기술을 익히기란 곤란하다. 사람과의 사랑하는 예술을 달성하기 위해서 기술을 습득하는 것 이상으로 훈련이 필요하다.

자동차 운전을 하기 위하여 많은 것을 배우고 필답고사와 도로운전에 합격해야 운전면허증을 교부받을 수 있다. 운전자가 교통법규에도 익숙하고 자신의 차의 앞과 뒤 그리고 옆에 오는 차들의 움직임을 함께 보면서 자연스럽게 운전하기까지는 많은 훈련을 필요로 하듯이, 사람을 사랑하기 위해서 사랑하는 방법에 훈련이 필요하다. 학생을 사랑한다는 것이 쉬운 일이 아니다. 그러나 교사가 학생을 지도하기 위해서 학생을 사랑할 수 있어야 한다. 한 사람을 사랑하는 일이 결코 쉬운 일이 아니듯이 학생 한 사람 한 사람을 사랑한다는 일은 매우 힘들고 어려운 일이다. 학생에게 관심을 가지는 것만으로도 학생에게는 큰 힘이 될 수 있겠으나, 학생을 사랑하는 방법과 대화법, 그리고 상담의 요령 등을 배우고 익혀야 한다.

③ 인 내

어떠한 일이든지 간에 한 가지 기술을 익히려면 인내가 필요하다. 만일 우리가 빠른 결과를 보려고 하면 기술을 결코 배울 수 없다. 현대인에 있어서 인내라는 것은 훈련이나 정신집중과 마찬가지로 실행하기가 어렵다. 현대인이 접하는 전자기계는 속도를 추구하고 있고, 자동화를 거치면서 손쉽고 빠른 속도를 추구한다. 그래서 현대인에게 인내란 극히 어려운 일이라는 인식이 자리하고 있다. 그러나 사람을 이해하고 알아가는 일에는 속도가 적용되지 않는다. 여기에 인내가 요청된다.

사람을 이해하고 존중하는 일이 어려운 일인 것처럼, 이해하고 여러 가지 다른 점들을 받아들이는 일이 어렵다. 내가 도대체 이해할 수 없는 면들을 존중하면서 관계를 유지해야 한다. 여기에 지속적인 인내와 관용이 요청된다. 교사로서 학생을 받아들이기 어려운 점들이 많겠으나, 학생을 한 인격체로 존중하기 위해서는 나의 마음을 비우고 학생의 편에서 학생의 마음을 읽을 수 있어야 한다. 내가 이해할 수 없는 점들을 수용하기 위해서 인내가 필요하다.

'열 길 물 속은 알아도 한 길 사람 속은 알 수 없다'는 우리 속담은 사람의 마음을 이해하고 헤아리는 일이 그렇게 어렵고 힘들다는 것을 잘 지적해 주고 있다. 사랑을 실천하기 위해서 인내가 필수적이며 '사랑이란 예술'을 익히기 위해서 인내가 절대적이다.

④ 감수성

어머니는 아기의 육체적인 변화를 알고 요구나 불안 등이 표출되기 전에 미리 안다. 피곤한 어머니는 다른 소리나 큰 소리에는 깨지 않더라도 어린애의 울음소리에는 금방 잠을 깬다. 어머니는 어린애의 모든 생활의 표현에 민감한 반응을 보인다. 어머니는 무심코 있는 것 같지만 아이의 작은 암시적인 행동이나 표정일지라도 놓치지 않고 그로부터 아이의 마음을 읽는다. 만약 감수성이 예민하지 못할 경우에는 이러한 아이의 마음을 알아낼 수가 없다. 엄마의 민감한 감수성으로 아이의 마음상태를 포착할 수 있고, 이로 인하여 아이에게는 자신이 필요로 하는 그 어떤 것을 해결할 수 있는 계기를 마련하게 된다. 이럴 때 아이는 심리적인 안정감을 얻게 된다.

사람을 이해하고 존중하기 위해서 민감한 감수성이 요청된다. 사람을 알아가는 일이 매우 어렵다. 원만한 관계를 위해서 센스가 있어야 한다. 표출되지 않은 학생의 마음을 이해하는 데에 세련된 감수성이 요청된다. 루소는 이상적인 엄마상을 그리면서 아이와 늘 함께 있는 엄마는 문학을 한 여자이면 좋겠다는 생각을 했는데, 그 이유는 민감한 감수성을 지닌 사람을 엄마로 그리고 있다. 그것은 아이의 여러 가지 행동들에 대해 예민한 감수성으로 아이를 이해할 수 있는 엄마를 생각했다. 그러하듯이, 학생을 사랑한다는 일이 결코 쉬운 일은 아니다. 그러나 학생에게 교사의 사랑은 큰 힘이며 살아 갈 수 있는 동력이다.

⑤ 나르시즘 극복

꿈을 꾸는 사람은 외부에 대한 객관적 사실을 모른다. 나르시시즘적인 경향이란 자기 자신 속에 존재하는 것을 현실적으로 경험하는 것을 말하는 반면, 외부세계에서 일어나는 여러 현상은 자신에게 보여지지 않는다.

모든 형태의 정신병은 객관적인 입장과는 극도로 멀다. 객관적인 상태를 유지할 수 없을 만큼 무능한 상태이다. 우리는 꿈속에서는 사건을 만들고 있고, 또 우리의 소원과 공포의 표현인 드라마를 무대에 올려놓는다. 그리고 꿈에서 나오는 것이 깨어있을 때 인식하고 있는 현실과 똑같은 현실이라고 확신하고 있다. 미친 사람 또는 꿈을 꾸는 사람은 완전히 외부세계에 대한 객관적 관점을 갖고 있지 못한다. 그러나 우리들도 다소 미쳐 있거나 잠자고 있다. 즉 우리들도 모두 어느 정도의 나르시시즘적 경향 때문에 세계에 대한 객관적 관점을 갖고 있지 못하고 사실을 왜곡하는 경우도 있다. 나르시시즘적인 경향으로 현실을 왜곡시키는 정도는 각양각색이다. 객관적으로 생각할 수 있는 능력은 이성이다. 이성의 배후에 있는 정서적 태도가 겸손이다. 객관적인 태도로 각자의 이성을 이용하게 되려면 단지 우리가 겸손의 태도를 몸에 지닐 수 있을 경우와 우리가 어린이 때 가졌던 전지전능의 꿈에서 벗어날 경우에만 가능하다. 사랑을 성공하기 위해서는 나르시시즘을 어느 정도 극복했는가에 따라 판명된다.

만일 우리가 타인에 대해서 객관적으로 될 수 없다면 가족에게도 객관적으로 될 수 없다. 만약 우리가 사랑의 기술을 습득하기를 바라고 있다면 모든 상황에서도 객관적이 될 수 있도록 노력하여야 한다. 그렇게 되면 객관적이 아닌 상황에도 민감해질 수 있다.

한 인물에 관해서 또 그의 행동에 관해서 내가 나르시시즘으로 품고 있는 왜곡된 심상과 그와 동일한 나의 관심과 욕망, 공포와는 관계없이 실재하고 있는 그 사람의 현실 모습 간의 차이를 이해하려고 힘써 보아야 한다. 객관성과 이성에 대한 능력을 달성했다는 것은 사랑의 기술을 반쯤 달성했다고 볼 수 있다.

사랑의 첫 단계에서 나타나듯이, 자기도취적인 상태에서는 자신에 대해서도 제대로 파악을 할 수 없겠지만, 상대방에 대해서도 알지 못한다. 나르시시즘을 극복할 때에 나와 학생 개개인에 대해서 객관적으로 바라 볼 수 있는 눈을 드디어 갖게 된다. 객관성이란 있는 그대로의 사물과 사람을 보는 관점이다.

⑥ 합리적 신념의 실천

과학자의 새로운 발견에는 수집과 관찰, 그리고 실험을 연속하면서 새로운 이론이나 현상을 발견하게 되는데, 이에 신념이 없으면 불가능하듯이 사랑에도 합리적인 사고와 신념이 필수적이다. 나 자신과 다른 사람을 정확하게 알기 위해서 합리적인 사고와 신념이 필요하다.

합리적 신념이란 생산적이고 지적이며 정서적인 행위에 그 근원을 두고 있다. 신념은 설 장소가 없다는 합리적인 사고에 있어서도 합리적 신념은 하나의 중요한 구성요소이다.

인간 노력의 어떤 분야에서 창조적인 사고의 과정은 소위 합리적인 환상이라고 불리어지는 것과 더불어 시작되었다. 그리고 자료를 성공적으로 충분히 수집하였을 때나 고도로 확실성을 가진 것으로 삼는 수학적 공식화를 성공적으로 이룩할 때 그를 잠정적인 가설에 도달했다고 말할 수 있다. 그것들 속에 포함되어 있는 것을 식별하기 위하여 가설을 조심스럽게 분석함으로써, 그것을 지지하고 있는 자료를 수집함으로서 보다 적절한 가설에 도달할 수 있고, 또 궁극에 가서는 더욱 폭이 넓은 이론 속으로 그 가설이 편입될 것이다.

과학의 역사에는 진리의 환상과 이성 속에서 볼 수 있는 신념의 실례들이 있다. 코페르니쿠스, 갈릴레오, 뉴턴 등은 모두 이성에 대한 신념에 사로잡혀 있었다. 이 때문에 브루노는 화형을 받았고, 스피노자는 파문을 당했다. 합리적 환상의 개념에서부터 이론을 정식화하는데 이르기까지의 각 단계에 신념은 필요불가결하다. 즉 추구해야할 합리적인 뚜렷한 목표로서의 환상에의 신념·주장, 당연한 주장으로서의 가설에의 신념, 그리고 적어도 그것이 일반에게 타당하다고 인정될 때까지는 궁극의 이론에 대한 신념이 필요하다. 이러한 신념은 각자의 자신의 경험에 그 근원을 두고 있고, 각자 사상과 관찰과 판단에 대한 각자의 힘의 확신에도 그 근원을 두고 있다. 권위 있는 사람이나 대다수의 사람들이 그렇게 말하고 있다는 오직 그 이유 때문에 어떤 것을 진실이라고 받아들이는 것을 비합리적인 신념이라고 한다. 그 반면 대다수의 사람들의 의견이야 어떠하든 간에 자신의 생산적인 관찰과 사고에 기초를 둔 독립적인 확신에 그 근원을 두고 있는 것을 합리적 신념이라 한다.

서머힐을 설립하여 운영했던 니일이 만약, 어린이의 본성에 대해서 합리적인 신념이 없었더라면, 결코 그 어려운 학교를 오늘날과 같은 자유스런 학교로 키우지 못했을 것이다. 신념이란 어떤 중요한 우의관계나 애정관계의 필요 불가결한 요소이다. 타인을 신뢰한다는 것은 자신의 기본적인 태도와 자신의 인격의 핵심과 자신의 사랑의 핵심에 대해 성실성과 불변성을 확인하고 있음을 의미한다.

⑦ 신 뢰

자신을 신뢰할 수 있는 사람만이 남을 믿을 수 있다. 신뢰는 타인의 인격의 됨됨이를 믿는 일이며, 동시에 잠재력을 믿는 것이다. 어머니가 자식의 성숙을 믿듯이, 교사는 학생의 잠재력에 대해서 믿고 있어야 한다. 능력에 차등이 있을 수 없다. 학생 개개인은 모두가 자신만의 능력을 지니고 있다. 이에 대한 인간적인 믿음이 교사에게 필요하다. 믿음이 없이는 좋은 인간관계를 유지할 수 없는 노릇이다. 더욱이 어린 학생들에게는 선생님의 학생에 대한 신뢰가 절대적인 용기와 힘이 된다.

우리들은 우리들 자신을 믿어왔다. 우리는 하나의 자신인 스스로의 존재를 알고 있고, 또 불변적이고 아울러 환경은 변하더라도 의견과 감정에 있어서는 변화를 무시하면서 우리들의 생활을 통해 지속적인 인격의 핵심을 알고 있다. '나'라는 단어의 배후에 있는 실체가 이 핵심이고, 우리는 자신의 일체성에 대한 확신에 기초를 둔 것이 이 핵심이다. 만약 우리가 우리들 자신인 스스로의 지속성을 믿어왔지 않았다면 우리들의 일체감의 감정은 위협을 받게 되고, 또 우리들은 타인에 의존하게 되고, 그 때 타인의 증언은 우리의 일체감의 감정의 기초가 된다. 자기 자신을 신뢰하는 사람만이 타인을 신뢰할 수 있다.

왜냐하면, 오직 그런 사람이라야만 미래의 자신은 현재의 자신과 마찬가지일 것으로 믿을 수 있을 것이며, 그리고 그런 사람이라야만 자신이 현재 바라고 있는 대로 느끼고 행동할 것이기 때문이다. 자기 자신을 신뢰한다는 것은 약속할 수 있는 각자의 능력에 의해 정의될 수 있다고 말했던 바와 같이 신념이란 인간의 존재에 필요한 하나의 조건이다. 사랑에 있어서도 문제가 되는 것은 각자의 사랑에 대한 신념이다. 즉 타인을 사랑할 수 있다는 신념이요 그 신념에 대한 믿음이다.

⑧ 용 기

용기는 위험을 감당할 수 있는 능력이자 고통과 실망을 감수할 수 있는 준비태세이다. 안전과 안일을 생활의 첫째 조건이라고 생각하는 사람은 누구를 막론하고 용기 있는 삶을 이어가기 어렵다. 모험과 용기가 없이는 한 사람을 신뢰하고 사랑하기란 어려운 일이다. 한 사람을 신뢰하는 데에 일종의 모험과 용기가 필요하다. 그것은 불확실에 대한 모험이자 용기이다. 용기 없이는 신뢰로운 사랑관계를 만들어 낼 수 없다.

우리가 사랑을 받지 못하는 것을 두려워하고 있지만, 실제적으로 그 두려움이 바로 사랑이라는 것을 알 수 있을 것이다. 사랑한다는 것은 아무런 보증도 없이 자기 자신을 떠맡긴다는 것을 의미한다. 사랑을 받고 있는 사람 속에서 모든 사랑을 만들어 낼 것이라는 희망을 가지고 자기 자신을 완전히 맡겨버리는 것이 사랑을 뜻하기도 한다. 사랑이란 신념과 용기의 행동이다. 신념과 용기가 없는 사람은 역시 사랑을 할 수 없다.

학생을 믿고 존중하기 위해서 용기를 가져야 한다. 사랑하는 학생의 여러 가지 고민거리와 문제를 감당하겠다는 용기가 있을 때에 학생에게 사랑을 실천한다는 말을 할 수 있다.

⑨ 자기수양

사랑을 실천하기 위해서 가장 중요하게, 그리고 결론적으로 말할 수 있는 요소가 바로 자기단련과 자기수양이다. 사랑의 조건을 달성하기 위해서 끊임없이 자신을 단련해야 한다. 사랑이 달콤한 것이라고 했을 때에는 모두가 분홍빛 사랑인 관계가 시작될 경우에 해당된다. 사람을 사랑한다는 성숙된 인격적 관계로 승화시키기 위해서는 위에서 말한 모든 것이 순조롭게 이루어질 경우이다. 이를 실천하기 위해서 먼저 자신이 인격적 수양을 해야 한다. 끊임없는 자기반성과 자기통찰을 하여, 사람을 이해하는 폭과 관용하는 마음을 가질 수 있어야 한다. 그래서 자신이 스스로 독립적인 인격체로서 설 수 있을 때에 낯선 학생들의 마음과 태도와 생활을 이해하고 수용하게 된다.

5. 사랑의 실천에 교사의 성숙된 인격이 요청된다

에릭 프롬의 주장에 의하면, 자본주의의 원리인 교환조건에 의한 대인관계는 사랑의 실천 원리와 배반된다. 상품을 교환하고 시장의 원리에 따라 판매되는 시장조건에 맞추어서 자본가에게 팔아야 하는 시장의 원리는 사랑의 실천과 다르다. 사람들은 잘 팔리기 위해서 포장된 인격을 형성하여 서로 교환한다고 지적하고 있다. 학교 안에서 이루어지는 많은 것이 이러한 자본주의식 거래에 의해 행해진다.

우리 사회에 근본적으로 사랑을 실천한다는 일에 분명히 한계가 있고 어려운 일이다. 그리고 교직생활이 인격적 교류가 바탕이 된 관계가 이루어질 수 있는가에 대해서 근본적인 회의가 많기도 하다. 그러나 사랑은 인간실존의 문제에 관한 건전하고 만족스러운 하나의 해결책이다. 학생의 삶과 인격을 배려한 교사로서 사랑은 학생들에게 생명을 연장해주는 영양분과 같은 큰 힘이다. 교사의 성숙된 인격이 바로 학생의 삶에 큰 에너지원이 된다는 사실을 다시 한번 명심해야 할 일이다.

전통적 사랑의 관계(다음의 그림 참조)는 수직적인 관계로서 한 사람의 목적만이 있으며, 다른 한 사람은 그에 부속되거나 종속적인 존재이다. 학교현장에서는 많은 면에서 교사중심이거나 교장중심의 학교생활이 진행되고 있다. 교사가 학생에게 사랑을 실천한다는 것은 일방적인 전통적 사랑으로는 안 된다.

현대적 사랑의 관계는 수평적인 관계, 두 사람의 삶이 공존하며, 서로가 자신의 색깔을 존중하며 대립과 갈등 속에서 서로의 성장을 돕는 관계이다. 전통적 사랑관계는 한 사람의 목적이 있고 다른 한 사람은 그 목적 실현을 위한 보조역할을 하는 의존적 관계이지만, 현대의 사랑관계에서는 쌍방이 합의해 설정한 목적을 쌍방이 공동으로 달성해가는 구조를 지닌다.

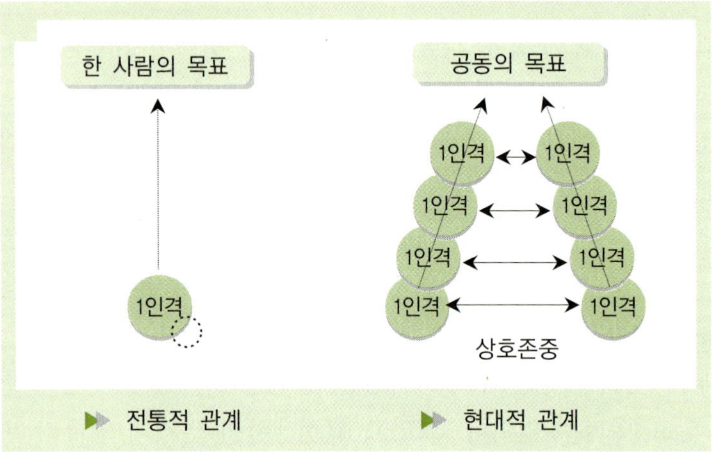

특히 현대의 민주적인 사회에서는 사랑관계가 종속적이거나 부품적 성격을 띤 사랑관계는 유지되기 어려울 것이다. 지금 자라나는 학생세대는 어른에 비해서 더 민주적인 사회에서 살고 있으며, 인권에 대한 인식이 과거에 비해서 크게 향상되어 있기 때문에 일방적·수직적 사랑관계에 대해서 큰 거부반응을 일으키게 된다고 보아야 한다. 교육활동에서도 교사와 학생이 함께 공조하는 구조를 만들어 인격체와 인격체의 만남이 이루어지는 관계가 형성되는 분위기가 학교를 건전하게 만들어 갈 것이다.

이를 위하여 ① 교사의 성숙된 인격이 우선되며, ② 교사를 인격적으로 성숙할 수 있도록 돕는 학교의 풍토조성을 위해 인격적인 교류가 가능한 학교운영이 요청되며, ③ 학생과 교사와의 관계에 있어서 성적에 의한 관계를 떠나 '인생의 삶', '인생살이'에 바탕을 둔 인간관계가 요청된다.

참고문헌

강승규 역(1974), 사랑이라는 예술, 왕문사.
Erich Fromm(1956), The Art of Loving, New York: Harper & Row.

제5장 학생중심교육의 선구자

Ⅰ. 학생중심교육이 출현되기까지

교육은 어린이를 어떻게 보느냐에 따라 달라진다. 학생중심의 교육이 나타나기까지 어린이를 어떻게 보아 왔는가를 검토해보자. 고대와 중세에서는 종족보존의 수단으로, 또는 군사적 목적으로, 또는 종교적 수단이나 경제적 수단으로서 인식했으며, 근현대에 와서 비로소 어린이에 대한 내면적 또는 인격적 가치를 인정해야 한다는 사상과 인류애에 근거한 박애의 대상으로 보아야한다는 사상이 등장하면서 독립적 인격체로서 여겨야 한다는 아동관이 나타난다.

원시사회에서는 종족의 생존을 위해서 아이를 죽이는 풍습도 있었으며, 죽음의 공포나 병마의 공포에서 벗어나기 위해 어린이를 희생물로 바치거나 전쟁에서 승리를 기원하기 위해서 희생물로 바치는 풍속도 있었다(현대에도 파푸아뉴기니에서는 쌍둥이나 기형아 또는 두 번째 출생한 아이는 기르지 않고 버린다든가, 캄차카 반도에서는 폭풍의 계절에 태어난 아이는 죽인다든가, 마다스카르에서는 흉일에 태어난 아이는 내다버리는 예가 있다). 또 다르게는 경제적인 이유로 가족의 식구 수를 줄이기 위해 생매장하는 예도 있었다(현대사회의 가족계획이나 인구조절 정책도 일종의 이러한 생각이 발전된 것이라고 한다면 지나친 말일까?).

스파르타 시대에는 전쟁에 대비하기 위해서 허약한 어린이를 기르지 못하게 했다. 국가가 임명한 10명의 장로들에 의하여 허약한 아이로 판정받게 되면 나라에서 정한 일정한 장소에 버려야 했고, 반면에 건강한 아이는 국가가 운영하는 훈련소에서 강한 단련을 받아야 했다. 이는 오로지 전쟁에서 승리하기 위한 국가적 대비책이었다.

한편, 로마에서는 가정의 성립조건의 하나로서 어린이의 존재를 인정하였으며, 어린이가 가정에 수치스러운 일을 저질렀거나 아버지의 명예를 손상시켰을 때에는 어린이를 살해할 권한을 아버지에게 부여하기도 했다. 이와 달리, 아테네에서는 인간형성에 목적을 두고 어린이의 개성을 계발시키려고 했다.

중세에서는, '만인은 하나님의 아들이고 어린이의 생명의 근원은 하나님에게 속해 있다'고 믿었으므로 집에서 버림받는 아이는 수도원에서 보호를 받도록 해야 한다고 하여 처음으로 어린이가 보호되고 존중되기 시작했다고 할 수 있으나, 이 시기는 원죄설에 입각하여 죄를 속죄하는 길이 유일한 삶의 길이라 생각하여 매를 가지고서라도 어린이를 길러야 한다[1]고 생각했다. 즉 어린이를 목적적 가치로 인정하기보다는 수단적 가치, 즉 종교적 가치로 간주하고 성악설에 기초한 교육이었다.

한편, 12세기까지의 서양 중세미술에서는 어린이에 관한 그림을

---

1) 솔로몬의 잠언 19장 18절에서는 '아들에게 매를 들어야 희망이 있다. 그러나 들볶아 죽여서는 안 된다.' 그리고 지혜자의 잠언 23장 12절에서는 '아이에게 매 대기를 꺼리지 말아라. 매질한다고 죽지는 않는다. 아이에게 매를 대는 것이 그를 죽을 자리에서 건지는 일이다'라고 하여 육체적 고통을 통해서 속죄할 수 있다고 믿어서 체벌을 정당화한 예이다. 그런데 이는 기독교의 성악설에서 비롯된 예라고 할 수 있는데, 어린이 교육에 많은 문제점을 노출했다. 현재도 우리 주변에는 어린이를 기독교식 성악설에 의한 것이라고 단정할 수는 없지만, 상당히 많은 어른들은 성악설에 기초하여 어린이를 이끌거나, 어른의 축소판으로 간주하거나 또는 어린이의 내면세계에 대한 믿음이 부족하여 일방적으로 감독하고 자신의 기준에 맞추어 이끌어 가야한다고 여기고 어린이 교육을 시행하는 경우들이 있는데, 이는 어린이의 인권과 인격을 무시하는 결과를 초래하여 결국 아이들을 파멸로 이끌어 자식교육을 실패하거나 교육자로서 씻을 수 없는 오류를 범하는 경우들을 접하게 된다. http://ingwon.com/ 등 인권에 관한 사이트 참조

그려보려고도 하지 않았으며, 그린다 하더라도 고작 어른을 줄여서 그려 놓은 그림이었다고 한다. 당시 유아 사망률이 높은 시절이라 어린이에 대한 개념이 형성되지 못했기 때문일 수도 있다.

중세가 붕괴되면서 나타난 새로운 계급인 부르주아는 개인적 야심을 실현하기 위해서 차세대 승계자로서 어린이를 길러야한다고 생각하고 어린이의 교육에 강한 관심을 가졌다. 폐쇄적이고 중앙집권적인 국가형태를 지닌 유럽사회에서는 어른의 세계와는 별도의 환경에서 의도적이고 계획적인 교육을 어린이에게 부과했다. 한편, 17세기 로크의 '백지설'은 최초로 성악설의 낡은 시각을 벗고 어린이에 대한 경험론적인 시각을 갖게 해 준 이론이며, 코메니우스는 『대교수학』에서 학생을 종이에 비유하고, 지식을 글자에 비유하고, 인쇄하는 잉크의 역할을 교사에게 비유했다.

계몽사상은 기독교의 성악설을 부정하고 어린이의 자연적 본성을 존중해야 한다고 주장했다. 『백과전서』에서는 어린이를 의학적 시각에서 보며 육체적인 특징을 강조하여 자유로운 신체 활동과 단련을 강조했다. 이들은 어린이를 종교적·도덕적 차원에서 실증적이고 과학적인 대상으로 보았으며 이성을 강조한 셈이다(안인희, 1990, 48).

이어서, 루소는 역사상 처음으로 어린이의 내면세계를 발견하였는데, 어린이의 이성을 발견하고 이를 중시했던 계몽시대에 비하여 어린이의 감성의 중요성을 강조했다. 그는 어린이는 어른의 축소판이 아니며, 나름대로 별도의 누적적인 발달단계를 지니고 있음을 간파하고 『에밀』에서는 이 발달단계별로 교육론을 피력하고 있다. 어린이에 대한 이러한 생각의 발전은 근현대의 교육가들에게 발전 계승되었다.

여기에서는 어린이의 세계를 처음으로 발견한 루소의 교육론 (철학자 칸트는 『에밀』을 독서하면서 시계처럼 지키던 산책시간을 놓치기도 했다는 이야기는 유명하다. 그는 루소를 자연과학분야의 뉴턴에 비견되는 인물이라고 평가했다)과 루소의 아동중심교육론을 비판적으로 수용한 듀이의 교육론, 그리고 아동중심교육을 실천한 니일과 어린이 해방운동을 전개했던 우리나라 방정환의 교육론을 소개한다.

Ⅱ. 루소(Jean Jacques Rousseau)

1. 생애와 사상형성의 배경

루소(1712~1778)

루소는 1712년 즈네브(Geneve)에서 태어났다. 그 아버지의 직업은 시계공으로서 당시 5개의 계급 중에 제 4계급에 속했다고 한다. 태어난 지 7일이 되어 어머니를 사별한다. 그는 10세까지 고모가 가끔씩 와서 돌봐주었으며, 아버지에 의해 부양되었다. 그러나 10세 때에 설상가상으로 아버지와도 생이별을 하게 된다. 아버지가 예비역 대위의 친구와 말다툼을 했다는 이유로 제네바에서 추방당했기 때문이다.

10세 이후 루소는 불안정한 생활을 하게 되는데, 조판소의 견습공으로 일하거나 방랑생활을 했다. 16세에는 바랑 부인을 만났는데, 바랑 부인은 루소를 음악가로 키워보기 위한 노력을 하지만 실패했고, 다시 방랑생활을 하였으며, 19세에 다시 바랑 부인을 만나 바랑 부인 집에서 바랑부인의 일을 도우면서 시간을 보내게 된다. 20대 중후반에는 가정교사의 경험을 하게 되는데, 아버지에게 보낸 편지에 따르면 '자신은 성격이 급한 탓으로 교사로서는 부적격한 것 같다'는 생각을 술회하기도 했다.

루소가 『에밀』을 20년간 구상하여 3년간 집필한 역작이라고 이야기하고 있는데 대략 이 시기를 말하는 것 같다.

27세부터 파리생활이 시작될 때인 30세까지 루소는 문학, 철학, 과학, 음악 등에 관한 공부를 한다. 이 시기에 그는 프랑스의 파스칼(Pascal), 볼테르(Voltaire), 몽테뉴(Montaigne), 데카르트(Descartes), 영국의 홉스(Hobbs), 에디슨(Addison), 포우(Pope), 로크(Locke) 등을 공부했다. 특히 당시 프랑스의 계몽주의 사상은 그에게 큰 영향을 끼쳤다.

루소는 인생초기에 불우하고 많은 좌절감을 경험한다. 루소는 자신이 부족하다는 생각까지 하면서도 자신이 살고 있는 사회에 대해서 강한 반감을 갖게 되었다.

30세에 프랑스 파리생활을 시작하는데, 그는 프랑스 파리에 가면서 본인이 창안해 낸 악보신제법(오선지가 아닌 루소가 창안해 낸 새로 만들어 낸 기호된 악보, 과학아카데미에서 발표)을 발표하게 되면 명예와 돈을 한꺼번에 거머쥘 수 있을 것이라는 꿈을 가지고 파리로 갔지만 꿈의 실현은 좌절되었으며, 생계를 위해 유한마담들이 드나드는 사교장인 살롱에서 음악연주로 아르바이트를 했다. 이 시기에 루소는 하숙집의 하녀인 떼레즈를 만나 사랑에 빠지게 되어 동거를 시작한다. 정식 결혼신고는 망명생활 후 파리에 복귀되었을 때 58세의 일이다.

1750년 38세에 디종(Dijon) 아카데미에서 주최하는 '과학 및 예술의 진보는 도덕성을 순화시키는가? 타락시키는가?'란 논문 현상모집 응모하여 최고의 상을 수상한다. 이 논문은 나중에 『학문예술론(1750)』이란 책으로 출판된다.

그 후 그는 『인간불평등기원론』(1755), 『에밀』(1760년 완성, 1762년 출판), 『신엘로이즈』(1761), 『사회계약론』(1762), 『고백록』(1778) 등을 썼으며, 타계한 후에 그의 유고집인 『고독한 산보자의 꿈』

(1778)이 출판된다.

『에밀』은 1760년에 완성되지만, 출판된 후에 혹시 잘못되면 탄압을 받아 세상에 빛도 보지 못할 수도 있다는 염려 때문에 2부를 마련하여, 부인 떼레즈가 1부를 보관하고 1부는 루소가 간직하여 암스테르담(즈네브에서 출판되었다는 설도 있음)과 파리 두 곳에서 출판한다.

『에밀』 제4부의 '사봐야르 사제의 신안고백' 부분에서 교회를 비판하였는데, 가톨릭이나 개신교 양측으로부터 폐기처분을 받았으며 공공연하게 불태워졌다. 루소에게는 체포령이 내려졌으며, 처음엔 고향인 제네바의 교외 농촌에 피신하여 살지만 농민들이 몰려와 집에 돌을 던지기까지 하는 수모를 당했다. 루소는 이를 일생에서 가장 괴로운 시기라고 말하고 있다. 자신은 힘이 없는 시민과 농민들을 위한 글을 썼고 권리행사를 제대로 할 수 있는 건전한 시민사회를 건설하기 위한 것이 목표이었으나, 정작 그들까지도 자신에게 돌팔매질을 했을 때 가장 슬펐다고 술회하고 있다. 그 후 그는 스코틀랜드의 제임스당 당원으로서 망명객인 주지사에 의해 안내를 받아 그곳에서 망명생활을 보냈으나, 그 후 그는 피해망상증에 시달려 잠시도 한 사람과 함께 있지를 못했다. 뉴샤뗄에서 베른(Berne)으로, 다시 영국의 더비셔(Derbyshire)로 피신, 그곳에서 고백록을 집필하기 시작했다.

1772년 루소는 폴란드가 분할되기 직전에 폴란드 귀족 한 사람의 요청으로 폴란드 정부의 개혁에 대한 안을 「폴란드 정부에 대한 고찰」이라는 논문으로 교육에 대한 국가적 차원으로서 교육을 논한 적이 있다. 이때에 폴란드 헌법 초안을 마련하기도 했다. "천재를 만들고 사람의 인격, 취향, 그리고 도덕성을 형성하여 다른 사람과 서로 다르게 하는 것은 바로 국가제도이다"란 입장을 내놓았다. 여기에 플라톤식 교육론의 일단을 볼 수 있다. 그는 폴란드 헌법 초안의 내용에 시민교육을 국가가 체계적으로 교육해야 한다는 것을 주장하기도 했다.

루소는 1762년 이후 9년이 지난 1770년 파리 정부로부터 복권이 되어 프랑스 파리로 돌아 올 수 있었고, 그곳에서 자서전을 정리하면서 1778년 외롭고 가난하게 살다가 타계하였다. 그런데 루소의 생이 그것으로 마감되지 않았다. 사후 11년 후인 1789년 프랑스혁명이 성공했고, 이를 주도한 인물 중의 하나인 로베스피에르에 의해 1794년 국가 유공자로 추대하는 안을 프랑스 국민공회에서 가결시켜 빵떼옹으로 그의 유해가 옮겨진다. 이 장례에 영정 대신에 루소의 저서인 『사회계약론』(로베스피에르가 혁명정부를 이끌면서 정치의 기본이념을 이 책에서 찾았으며, 가장 애지중지했던 책으로 알려짐)을 삼색기에 쌓아 장례행렬이 진행되었다. 국민공회에서는 루소의 유언대로 볼떼르의 무덤 옆에 안치하였다(이 행렬을 부인 떼레즈는 지켜 볼 수 있었음). 그러나 혁명 정부가 마감되고 나폴레옹 정부가 들어설 즈음에는 보수세력에 의해 루소의 무덤을 파헤쳐야 한다는 여론이 형성되어 잠시 빵떼옹 지하로 유해가 피신되기도 했다. 죽은 후에도 루소가 이렇게 고난을 당하게 된 이유를 여러 각도에서 생각해 볼 일이다.

2. 루소의 철학과 교육사상

『사회계약론』에서 루소는, "인간은 자유롭게 태어났다. 그런데 그는 도처에서 족쇄에 채여 있다. 사람들은 자신을 만물의 영장이라고 하는데, 그들은 아직도 다른 피조물보다 더한 노예 상태에 있다"로 시작하고 있다.

'인간은 자유로운 존재인가'란 질문에 대한 답을 그의 저서인 『인간불평등기원론』에서 논하고 있다. 그의 교육에 관한 대표적

저서인 『에밀』에서는, “만물은 조물주의 손에서 나올 때에는 선하지만, 인간의 손 안에서 타락하고 만다”고 선언하면서 어린이의 교육에 대한 소극교육론을 주창하고 있다. 『에밀』은 어린이의 내면세계에 대한 새로운 발견으로 교육의 발전에 크게 기여한 고전 중의 고전이다.

루소에서 사회는 자연적인 산물이 아니라 사회계약에 의한 결과물이었다. ‘자연에 따라 산다’는 것은 합리적인 원리나 이성에 따라 산다는 것이다. 그래서 양심에 따르는 사람은 대자연의 섭리를 따르고 있다. ‘자연의 첫 추진력은 항상 옳다는 것에 대해서는 논쟁의 여지가 없는 사실로 정해 두자’라고 하여, 자연의 원리는 선하다는 믿음을 가지고 있다. 그런데 인간이 정말 선한가? 악한 존재인가? 아니면 선하지도 악하지도 않는가? 루소는 대자연 자체의 본질적 선에 대한 믿음이 확고했다. 러스크는 “루소의 목표는 당시의 유물론적 철학을 배격하고 신, 자유, 영혼 등의 개념의 타당성을 재정비하기 위하여 정당한 행위의 원리를 재천명한 것이었다”고 주장하고 있다. 그러나 그의 사상은 ‘자연은 선하고 사회는 악한가?’란 대립구도가 아니라, 당시 사회의 타락상과 부패상에 대한 반작용이 아니었을까?

교육에 관한 수많은 저술 가운데 장 자크 루소의 『에밀』은 현대 교육이론과 실제의 흐름에 혁혁한 영향을 준 저서이다. 『에밀』이 출판된 후 분서처분이 내려졌고, 루소에게는 체포령이 내려졌다. 프랑스 혁명 후 고인이 된 루소가 혁명의회에 의해 국가유공자 대우를 받아 빵떼옹에 안치되지만, 혁명정부가 막을 내리고 보수정권이 들어서면서 보수세력에 의해 루소의 무덤이 파헤쳐질 뻔한 상황이 이어져 사후에서도 고난을 받은 셈이다. 이렇게 고난을 받은 루소의 여러 사상 중 교육사상은 어떠했을까?

루소가 추구한 이상적 인간상인 ‘고상한 야인(Noble Savage)’은 태어날 때 본래 지니고 있는 선한 성품인 자연성과 자기애를 간직하고 도덕적 자유를 실천할 수 있는 사람을 일컫고 있는데, 북아메리카 원주민의 삶을 보고 얻은 아이디어라고 전해졌다. 자기애는 이기심과 다른 특성으로, 자기를 아끼고 사랑하려는 본능이라고 주장하고 있다. 자연성은 본래 태어날 때 지니고 있던 선한 성품으로 사회적 교류에 의해 때묻지 않은 성품인데, 원시인의 자연합일적 삶과 공동체적인 초문명적 삶의 방식이 실현된 형태를 그 특징으로 보고 있으며, 인간적 굴레를 벗어나고자 하는 충동이 작용하는 자연적 자유의 상태와, 인간의 약속과 계약 등 규범 속에서 자유를 지키는 상태의 사회적 자유를 초월하여 진정으로 자신이 양심의 주인이 되어 참된 자유를 실현하는 경지인 도덕적 자유를 실천할 수 있는 인간을 이상으로 삼고 있다. 이는 진정으로 내가 주인이 되어 자유자재하는 삶이면서도 타인의 자유를 해치거나 침해하지 않는 삶이 실현되는 경지이다. 루소는 결국 교육을 통해서 길러내야 할 인간상으로 고상한 야인을 목적으로 삼았다고 볼 수 있는데, 이는 순리를 터득하여 순리에 어긋나지 않게 행동하는 자연인인 셈이다. 그가 말한 '자연으로 돌아가라'란 말은 자연성을 회복하자 또는 '자연성에 따라 살라'라는 말로 대치시킬 수 있다.

다음은 『에밀』을 중심으로 그의 교육론을 종합해 본다.

3. 어린이는 본래 선하다

루소는 조물주 손에서 태어 날 때에 모든 사람은 선하게 태어나지만, 사회에 접하면서 변질된다고 하여, 성선설(性善說)을 주장했다. 어린이에게 선한 성품이 잠재되어 있고 그 선한 성품 중에는 자기애를 본성적으로 가지고 태어났다고 한다. 어린이가 지니고 있는 바로 이 선한 성품과 자기애를 믿었기 때문에 어린이에게 스스로 교육할 잠재력이 있다고 믿은 것이다. 특히 인생 초기에는 어른의 감독이나 간섭에 의해 교육되는 것을 가능하면 멀리하고 자연에 의해서 교육되어야 한다고 주장한다.

루소는 어린이에게 본래 선한 성품인 자연성과 자기애가 잠재되어 있다는 신념으로 어린이 중심교육을 주장했는데, 이를 실현하기 위해서 전통적인 적극교육과 상반되는 소극교육론을 내세웠다. 이 소극교육론을 논리적으로 제시하고 있는데, 루소는 교육의 주체는 세 가지가 있다고 한다. 첫째는 자연에 의한 교육으로 자연은 사람에게 내면적 각성을 하여 주며, 다음으로 사물에 의한 교육인데, 사물은 사람에게 경험을 형성시켜준다고 보았으며, 다음으로는 사람에 의한 교육인데, 사람에 의한 교육은 자연과 사물에 의해 되어진 교육을 어떻게 사용할 것인가에 관한 교육을 담당한다고 보고 있다. 그런데 이 세 종류의 교육주체 중 사람이 통제할 수 있는 교육은 오로지 사람에 의한 교육 한 가지 밖에 없으며, 나머지 두 가지의 교육은 사람의 통제 밖에 있으므로 결국 어린이의 교육은 자연에 맡겨야 한다는 이론을 펴고 있다. 이 성선설이 기독교의 교리와 어긋난다는 비판을 받았으며, 이 성선설이 종교재판을 받게 된 직접적인 계기가 되었다.

4. 어린이의 느낌과 생각은 어른의 것과 다르다

루소의 큰 발견은 어린이의 내면세계가 어른과 달리 별도로 존재한다는 사실이다. 선하게 태어난 어린이의 내면세계에 자연성과 자기애가 잠재되어 있으며, 이로 인하여 스스로 학습할 수 있는 내적 힘을 지니고 있다고 주장한다.

루소는 교육의 원리로서 소극교육론과 어린이중심교육을 주장하고 있는데, 바로 어린이의 이러한 특성을 믿고 있기 때문이다.

그의 교육 원리는 어린이에게 자신의 잠재된 재능과 소질을 계발할 수 있는 기회와 조건을 충분히 제공하는 일이 오로지 어른의 몫이라고 주장한다. 루소가 말한 일화 하나를 소개하자. 어른이 아이를 데리고 아침 일찍 숲속을 거닐다가 풀잎 위에 맺힌 이슬방울이 영롱하게 빛나고 있어 이에 감탄스러운 느낌을 받았다. 이럴 경우 어른이 아이에게 어떻게 해야 할까? 대부분 어른들은 이를 아이에게 설명하거나 느낌을 말해보라고 이야기할 것이다. 심한 경우에는 그 느낌을 글로 써보라고 다그칠 수도 있다. 그러나 루소는 이럴 경우 아무 말도 하지 말고 아이가 그 장면을 감상할 수 있도록 충분한 시간과 기회를 제공하는 것이 어른이 해야 할 일이라고 말하고 있다(강승규 외, 2003, 288-291). 더욱이, 루소는 '어린이에게는 시간을 낭비하라'고 충고하고 있다.

이로부터 그의 교육론의 원리를 음미해보자. 이 경우 감동을 느낀 사람은 아이를 데리고 간 어른이다. 아직 아이가 무엇을 느꼈는지 모른다. 아니, 아이는 아예 그것에 관심이 전혀 없을 수도 있다. 다시 말하자면, 어른의 느낌이나 생각과 달리 아이의 내면에서 느낀 것은 무한대의 것일 수도 있고 또는 전혀 아무것도 느끼지 못할 수도 있다. 단지 어른이 해야 할 몫은 아이에게 그 장면을 감상할 수 있는 조건과 기회를 충분히 제공하는 것이고, 아이가 어떻게 느끼느냐 하는 문제는 전적으로 아이의 몫이다.

루소는 이 원칙을 존중한 교육을 주장한 셈이다. 만약 어른의 느끼는 정도와 동일하게 아이도 느껴야 한다는 생각을 어른이 하고 있다면 이는 매우 무서운 결과를 초래할 수 있는 교육관이다. 왜냐하면, 아이의 생각과 느낌을 어른의 생각과 느낌과 동일하게 만들 수 있다는 생각이 개입되어 있을 수 있기 때문이다. 어른의 느낌과 동일하게 아이의 느낌을 만들 수 있다는 생각을 누가 감히 할 수 있겠는가? 그것은 다름 아닌 독재자나 감히 생각할 수 있을 법한 일이다. 자동차가 다니는 도로 중앙에 황색실선을 넘으면 예상치 못할 교통사고를 당할 수 있다. 아이의 생각이나 느낌과 어른의 생각이나 느낌 사이에 어른의 느낌과 생각, 그리고 아이의 느낌과 생각 사이에는 침범할 수 없는 경계선, 황색실선이 존재한다. 루소는 어른이 아이의 느낌을 마음대로 드나들 수 있다고 생각하는 어른들의 교육관에 대해 질타하고 있는 셈이다. 어른인 교사가 학생의 생각이나 느낌을 있는 그대로 투명하게 인정하고 존중해 줄 수 있어야 한다.

5. 어린이 교육은 자연성에 따른 과정이다

루소는 당시 사회는 자연의 순리에 따르지 않고, 자연의 질서에 어긋나는 교육을 한다고 비판했다. 자연은 아동이 성인이기 이전에 아동이기를 원하지만, 전통적 교육방법은 아동은 마치 작은 성인인 것처럼 취급하여 아동이 아직 준비가 되어 있지 않은 수준의 지적 발달을 강요하고 있다고 지적한다. 이는 마치 꽃을 보고 싶어 아직 피지 않은 꽃망울을 억지로 벌려 보는 행동과 같은 것이다. 루소에 있어서 교육은 자연적 성장과정이다. 교육은 아동의 본성인 천부적 성품에 기초하여야 하며, 어린이의 본성과 욕망을 무시한 교육을 반대했다. 자연스러운 과정으로서 어린이는 성장하고 성숙해 가야 한다는 주장이다. 자연성에 기초한 성장, 자연의 질서에 따른 성장이 좋은 교육이라고 본 셈이다.

이 점은 듀이의 성장으로서 교육(『민주주의와 교육』 제4장)과 흡사하다. 듀이는 "사실상 성장 이외에 성장과 관계된 것은 아무 것도 없으므로 교육 이외에 교육이 종속되어야 할 것은 아무 것도 없다"고 주장한다. 루소에 따르면, 아동은 자기들에게 독특한 생각과 보고 느끼는 방식이 따로 있다고 믿는다. 성인들의 방식대로 대치시키려는 것을 경계한다.

6. 어린이중심의 교육이어야 한다

루소에 의하면, 교육은 아동의 욕망과 흥미로부터 출발해야 한다. 어른의 세계와 달리 어린이의 내면세계가 별도로 존재한다고 믿고 있다. 어린이는 어른의 축소판이 아니라 어른과 전혀 다른 특징을 지니고 있다고 주장하였으며, 이 주장은 바로 교육이란 어른들이 어린이를 소유하거나 지배하지 말아야 한다는 주장을 내세운 것이다. 어른과 다른 세계를 지니고 있는 어린이의 내면을 이해하고 그로부터 교육이 시작되어야 한다고 말하고 있다.

루소는 모든 어린이에게 각각 배워야 할 단계와 시기가 있고, 우리는 그것을 인식해야 한다고 주장하고 있다. "우리는 모든 단계, 모든 수준에 걸쳐 아동의 정신에 대해 철저한 이해를 해야 한다. 교육의 중요한 대상은 바로 아동이지, 과목도 아니고 교육과정도 아니며, 시험도 더구나 아니다. 따라서 제자들은 더욱 주의 깊게 연구하여야 한다. 왜냐하면, 분명히 그들에 대해 아무 것도 모를 것이기 때문"이다. 우리에게도 여전히 아동은 교육의 과정에서 자료원이란 점을 부정할 수 없다.

7. 교육은 아동의 자유와 행복을 위한 것이다

루소에게 개인의 자유는 가장 고귀한 것이다. 그러나 자유에 항상 무거운 멍에가 있다. 사물의 본질에는 하나의 계율, 즉 자연적인 결과로서 계율이 있다고 믿는다. 만일 아동에게 자신의 자유로운 활동의 결과를 경험하도록 허락한다면, 아동은 그 경험으로부터 무엇이 그 자신의 행복을 위한 것인지는 물론, 동료의 행복을 위해서도 어떠한 것이 좋은가에 대해서 배우게 된다. 스스로 그는 자신의 자유를 제한하면서 동료의 자유를 생각하게 될 것이다.

행복의 씨앗은 아동의 내부에 있고, 자유의 요청에 따라 적당한 환경이 주어진다면 행복을 발견할 것이다. 천국은 사실 우리 내부에 있고, 또 우리는 우리를 그곳으로 안내할 이상한 '내면의 빛'을 소유하고 있다. 자아의 암시를 직면할 능력이 이 어린이 내면에 잠재되어 있다.

8. 교육은 감각적 교류로부터 시작된다

"사회의 소용돌이 속에 갇혀있다 하더라도 사람들의 정념이나 편견에 의해서 밀려다니지 않는 것으로 충분하다. 자기 눈으로 사물을 보고, 자기 마음으로 사물을 느끼며, 자기 자신의 이성의 권위 이외에는 어떠한 권위에 의해서도 다스림을 받지 않으면 그것으로 충분하다. 인식의 최초의 도구는 정신이 아니라 감관이다. 이런 면에서 로크의 이성에 의한 인식은 오류이다. '나는 누구인가?'라는 질문에서 출발하여, 데카르트적 회의을 벗어나 '나는 존재한다. 그리고 느낀다'는 새로운 해답을 찾았다. 나는 회의에 빠진 존재가 아니라 '존재에 대한 느낌'을 지닌 존재라는 것이 사보야드 신부에 의해서 찾았다"고 『에밀』에서 밝히고 있듯이, 루소는 이성 이전에 감관을 소중히 여겼다.

아동은 경험으로부터 배울 수 있는 것을 책으로부터 배울 수 없다. 아동은 행함으로써 배우고, 직접적인 활동을 통해 배워 나간다. 루소에게는 미리 정해진 교육과정이 없었다. 에밀에게는 일과 놀이는 모두 하나이기 때문이다. 그가 하는 게임은 그의 일이었으므로 그 차이를 말할 수가 없었다. 루소는 에밀이 청년 초기에 자신의 문제를 취급하여 스스로 애써 대자연을 면밀히 관찰함으로써 배워야한다고 믿었다. 그는 발견과 실험에 의해 스스로 교육해야 한다. 왜냐하면, 그에게 진리를 직접 가르치는 것뿐만 아니라 스스로 진리를 발견하기 위해서 어떻게 접근해야 하는가를 가르쳐 주는 것도 개인교수의 기능이 아니기 때문이다. 그의 경험은 안내되고 그의 흥미가 유발되어야 한다. 과학은 가르치지 말고 발견하게 하라.

9. 교육은 어린이의 발달을 위한 것이어야 한다

루소는 어린이에게 정말 가치 있는 유일한 습관은 어려움 없이 필요에 순응하는 것이라고 주장한다. 우리의 생활은 필요와 이성에 의해 안내되어야 한다. 그렇게 되면 궁극적으로 선(善)인 개인의 인격을 가능하게 한다. 인간의 자연교육의 목적은 자존감을 가진 개성 있는 인간으로서 충분히 발달하는 것이다.

개성의 발달에는 항상 '내면의 자연성'이 중요한 안내자이다. 루소에게 주입은 항상 나쁜 것이다. 어린이가 개성을 지닌 한 개인으로서 모습을 갖추기 위해서는 스스로 행동할 권리를 허용해야 한다. 자신이 할 수 있는 것을 바라고, 스스로 바라는 것을 하는 사람이 진정으로 자유로운 사람이다. 이것을 어린이 교육에 적용해야 한다.

10. 시민사회의 이상에 대한 인식

『에밀』에서 교육의 사회적인 면이 강조되는 시기는 청년기이다. 최종적으로 명석한 시민의식을 갖춘 사람이 되도록 하는 일이 중요하다. "사막으로 내 쫓아야 할 야인이 아니라, 도시 속에서 살아야 할 야인이다." 자연현상의 관찰을 통하여 그는 자신의 물리적 환경에 대해 무엇인가를 배우게 될 것이다.

사회에 주의를 기울임으로써 에밀은 사회적 책임과 의무에 대해 알게 되고 공민적 · 사회적 · 정치적 환경을 알도록 했다. 직업의 선택에서는 손을 사용하는 장인이 될 것을 권하고 있다. 루소는 인간의 삶에 필수적인 기술을 익히라고 권하고 있는데, 직업 선택 시 정당한 대우를 받기 위해서, 그리고 한 시민으로서 자신의 권리를 정상적으로 실현하기 위한 조건이라고 파악한 셈이다. 그는 성 문제와 성 관계, 결혼 관계에서 지켜야 할 의무와 책임에 대한 교육을 배운다. 이 교육의 목적은 한 사람의 남자와 여자가 건전한 시민이 되는 것이다. 청년기의 성적 욕구가 신체적 쾌락으로 진전되지 않기 위한 조치를 강하게 내리고 있다. 이 점은 일반적으로 알려져 있는 루소의 소극교육원리와 다른 면을 보이고 있다. 그의 저서인 『인간불평등 기원론』에서는 사람들 사이는 원래 평등했지만, 자연성이 훼손된 사회와 접촉하면서 불평등이 시작되었다고 본다. 평등한 삶과 인간 본래적 모습[2]에 대한 동경이 그의 내면에 늘 자리하고 있었다.

11. 어린이의 내면세계 발견: 새교육

루소는 자유분방한 성격을 지니고 있었으며, 전통적 교육방법에 염증을 느낀 결과 극단적으로 자신의 견해를 표명한 경향을 무시할 수 없다. 그러나 그에게는 극단적인 비판과 함께 늘 지지자들이 폭넓게 함께하고 있었으며, 현대에도 그러한 여파는 상존하고 있다.

무엇보다도 루소의 큰 업적은 어린이의 내면세계에 대한 광명을

2) 원시의 인간은 (중략) 얼마 안 되는 정념의 지배를 받을 뿐 스스로 자족하면서 자신의 상태에 맞는 감정과 지적 능력만을 갖고 있었다. 원시의 인간은 자신의 진정한 필요만을 느꼈고, 눈으로 보아 흥미롭다고 여겨지는 것만 쳐다보았다. 그의 지능은 그의 허영심과 마찬가지로 발달하지 못했다. 주경복·고복만 역(2003), 인간불평등기원론, 책세상, 89쪽.

찾은 최초의 인물이라는 점이다. 세계 모든 사람에게 어린이 내면세계에 대한 새로운 눈을 갖게 한 인물이며, 현대적 교육에 지속적으로 영향을 끼친 큰 산맥과 같은 인물이다. 이는 민주시민 의식이 발전함에 따라 더욱 크게 부각되어 왔으며, 앞으로도 지속될 것이다.

그의 교육론은 실천적인 면이 서머힐 학교에 승계되었으며, 듀이철학에 영향을 끼쳤으며, 민주적인 교육활동과 학생중심교육과 어린이존중교육에 크게 영향을 주고 있다.

Ⅲ. 듀이(John Dewey)

1. 생애와 사상형성의 배경

듀이(1859~1952)

듀이는 1859년 10월 20일 버몬트 주 벌링톤에서 출생하였다. 뉴잉글랜드 양키의 집안 분위기이며, 청교도 집안이었다. 어린 시절 그는 농업에서 잡화상으로 전환한 아버지 밑에서 빈곤함 때문에 주 1불짜리 신문배달도 하기도 하고, 14세 때는 주 6불짜리 사무원 노릇도 하였다.

1875년 15세 때에 버몬트 대학에 입학하여 1878년 20세로 학사학위를 받았다. 대학시절엔 평범한 학생이었다. 대학 2학년 때 철학시간에 교수로부터 '사람에게 정신만이 아니라 육체도 똑같이 중요하다'는 충고가 큰 충격으로 다가와 사람이 무엇인가에 대한 개인적인 숙제를 풀기 위하여 독서와 탐구를 많이 했다. 이 문제를 풀기 위하여 학과공부보다는 개인적으로 독서를 많이 한 것으로 알려졌다. 대학졸업 후에 버몬트 근처 Oil City에 작은 고등학교에서 1880~1881년까지 2년간 40불의 봉급을 받고 교사로 근무했으며, 자신의 숙제를 풀기 위한 독서를 하면서 대학의 교수들과 서신으로 의견교류를 했다. 1882년 대학 교수의 권유로 존스 홉킨스 대학 대학원에 입학하여 철학, 심리학, 그리고 당시 유행했던 진화론에 접하게 된다. 후에 진화론은 듀이의 철학이론에 크게 영향을 끼친다. 그리고 대학원에서 칸트, 헤겔 등 관념론에 대한 연구를 하였다. 1882년 23세로 대학원을 진학하여 1884년 25세에 박사학위를 취득하였다. 1884년 9월 미시간 대학에 철학과 전임강사로 부임하여 1930년 컬럼비아 대학에서 교수직을 은퇴하기까지 46년간 대학에 재직한 셈이다. 1888~1889년까지 미네소타 대학에서 잠시 근무하기도 했으나, 모리스 교수가 사망함에 따라 그 자리를 계승하기 위해 다시 미시간으로 돌아갔다. 1894년 시카고대학으로 옮기면서 여기에서 실험학교를 운영하면서 교육에 관한 많은 실험을 한 셈이며, 교육철학이론을 정립할 수 있는 발판을 마련한 셈이다. 여기에서 대학 부설 초등학교 교장으로 그의 부인이 임명되었으며, 1899년과 1900년에 미국심리학회 회장을 역임하였고, 1904년에는 미국교육철학회 회장으로 피선되었다. 1886년 알라이스 칩부만과 결혼했고, 그녀는 1927년 68세로 세상을 떠났다. 처의 집안은 급진적 자유주의 사상가 집안으로 듀이의 자유정신과 진보적 사회관 및 여성관에 영향을 끼쳤다.

1902년 파커가 사망하자 사범대학 학장으로서 2,500불과 월급 5,000불을 받았다. 그러나 듀이는 실험학교 운영에 대하여 운영진 중 한 사람인 잭크만과 갈등을 갖게 되었고, 이로 인하여 1904년 5월 사표를 내게 되었으며, 1905년 2월 컬럼비아 대학 철학과 교수로 임명받았다. 그러나 시카고 대학에서 사임했던 날인 1904년 5월 2일자로 소급하여 임명날짜를 컬럼비아 대학의 총장 버틀러와 시카고 대학 총장 하퍼와의 합의로 발표하였다.

1904년 위스콘신 대학에서 명예법학박사, 1910년에는 버몬트 대학에서, 그리고 1913년에는 미시건 대학에서 각각 명예박사학위를 받았다. 1915년 미국대학교수협의회 제1대 회장직을 맡았다. 1916년 『민주주의와 교육』을 출판하였고, 1919년 동경대학에서 공개강연 8회를 실시하였으며, 이를 철학의 개조로 출판되었다. 당시 일본정부가 명예훈장을 수여하려고 했지만, 비민주적인 의미가 담겨 있다는 이유를 들어 이를 거부하였다. 1919년 중국 북경대학 초대 총장인 채원배가 초빙하여 약 2년 3개월간 체류하면서 중국의 민주주의 형성과 교육에 영향을 끼쳤다. 북경대학 강연 내용이 호적에 의해 듀이오대강연으로 출판되었고, 이 강연집은 1973년 하와이대학에서 『*John Dewey: Lectures in China, 1919～1920*』으로 출판되었다. 북경대학에서 명예철학박사학위를 받았으며, 후일 중국 정부로부터 중국의 최고 훈장인 옥조훈장을 수령했다.

1930년 컬럼비아 대학을 은퇴하고 이 대학 명예교수의 신분을 유지하였다. 1930년 파리 소르본느 대학에서 명예박사학위를 받았다. 1932년 하버드 대학으로부터 명예법학박사학위를 얻었고, 미국교육연합회 명예회장이 되었다. 1935년 러시아 트롯스키 재판사건 조사위원회의 위원장을 맡아 600쪽의 보고서를 제출하기도 하였다. 1938년 12월 듀이의 80회 생일을 축하하는 의미로 미국교육철학회 평생 명예회장직을 수락하였다. 1944년 10월 20일 85회 탄생일에 타임지에 '성인 합중국 철학의 노위인'이란 제하로 기리고 있으며, 뉴욕 타임지에서는 '2세대에 걸친 철학자로서 또 사랑받는 교사-혼란한 세계에 있어서 부동의 자세'라 평했다. 1946년 87세에 42세의 흑발의 미인 로베루타 그란트와 재혼했다. 1951년 예일대학에서 명예철학박사학위를 받았고, 1952년 6월 1일 타계하였고, 뉴욕 타임지에 지면의 반에 걸쳐 거인 듀이의 사망에 대해 보도하였다.

1994년에 그의 저작이 모두 37권으로 집대성되어 초기, 중기, 말기 작품들이 출판되었다. 한국에서도 쉽게 이를 구해 볼 수 있다. 그에 관한 대표적인 웹사이트로는 The Center for Dewey Studies (http://www.siu.edu/~deweyctr/)를 들 수 있다. 세계적으로 개인의 인물연구로서는 듀이에 관한 연구물이 가장 많은 셈이다. 한국도 예외가 아니다.

2. 듀이의 철학: 인간 삶의 문제해결 수단

듀이는 전통 형이상학의 존재론에서 실재한다고 하는 '궁극의 실체'를 부정하고 철학의 성격을 새롭게 정립한 철학자이다. 그에 의하면, 철학은 인간의 삶의 문제를 해결하는 이론적 방법이자 수단이지 철학 그 자체가 목적일 수 없다. 전통철학인 이상주의나 실재주의에서 중심 주제인 형이상학적 진리탐구에 대해서 듀이는 반대 입장을 보였으며, 인간에 대한 탐구로부터 철학을 시작한 셈이다.

듀이의 입장에서 인간의 삶을 분석하면, 생명을 보존하고 유지하기 위해서 일차적으로 필요한 영양분과 에너지를 얻기 위해 유기체적 성질을 가지고 활동하며, 이를 위해 공동의 유형무형의 의미와 심층적 표준이 형성된 사회라는 형태를 이루었다. 한 개인은 자신의 생존을 위한 문제를 해결해 가기 위해서 자신 이외의 환경과 끊임없는 상호교류(상호작용)를 하게 되는데, 이 과정의 연속이 문제의 상황이다. 한 개인은 자신의 생물적 욕구와 사회적 필요를 충족하기 위해서 나 이외의 다른 사람이나 사물 자연, 즉 환경과 교류하게 된다. 이 과정에서 적응하기도 하고 통제를 받기도 하며, 협동을 하기도 하고 또 여러 가지 갈등상황이 발생하게 되는데, 이를 해결해 가는 과정이 곧 인간의 삶이며 사회이다. 개인들은 바로 이 과정에서 나타난 문제를 해결하며(reflective thinking) 문제해결의 결과로 경험을 얻고, 이 경험을 다시 재구성하는 과정을 거치면서 결국 성장해 간다. 성장이 듀이에게는 교육의 목표이다. 듀이는 인간의 삶과 교육 그리고 성장을 동일시 한 셈이다.

이러한 이론에 잠재되어 간과하지 말아야 할 것은, 바로 인간의 삶의 형태가 바로 민주적 특성을 지니고 있다고 파악한 점이다. 인간의 삶 자체가 협동과 존중 그리고 갈등의 해결과정이다. 그리고 이러한 과정 전반이 바로 삶이라고 파악하고 있으며, 바로 이 전 과정을 교육이라고 본다.

듀이에게는 전통철학에서 관심을 둔 궁극적인 실체(우주의 실체: 정신적인 실체 또는 물질적인 실체)를 부정하였으며, 오히려 우주에 실체가 있다면, 유위전변(vicissitudes) 그 자체가 실체라고 주장한다.

듀이는 서구의 전통적인 철학의 사유방식인 이원론적인 접근을 일원론적인 접근으로 전환시켰는데, 관념의 세계와 현실세계, 영혼과 육체, 목적과 수단, 마음과 물질, 정신과 육체, 이성과 감성, 개인과 사회 등으로 이분법적인 철학적 접근을 일원론적 조화 속에 철학을 정립했다.

전통적인 철학은 플라톤이나 아리스토텔레스로부터 연유되었다고 볼 수 있는데, 이들은 영원성에 집착되어 있으며, 원초적인 것, 영원한 것, 자기만족적인 것에 의해서 지배받고 있다. 불멸하는 신이나 궁극적 존재를 인정하는 주의에 따르면, 사색적인 철학자는 불멸한 형이상학적 질서를 기술하는 데에 관여했고 인간의 경험을 초월한 원리나 진리를 탐구하는 일에 관여했다.

궁극적인 실체의 개념을 반대하는 듀이에 따르면, 인간의 문제는 초경험적인 것이라기보다는 오히려 인간의 목적에 따라서 제기되는 사건과 문제를 다루고 통제하는 경험세계가 있는 변화 진보하는 우주를 강조한다. 경험을 피하려하지 않는다. 오히려 철학이란 인간의 환경조건을 개선하고 재구성하는 데에 경험을 유용하게 활용해야 한다는 점을 강조하고 있다. 경험을 재구성하는 데에 있어서 이론과 실제는 혼합되어 활용된다. 경험에서 유추된 이론은 행동을 통하여 검증된다. 불변한 것과 변하는 것을 구별하는 이원론을 반대하고 그는 그 대신에 개인과 집단이 문제의 상황에서 성공적으로 결말을 얻어 내기 위해 지속된 노력들이 경험이 된다고 하여 경험을 내세우고 있다. 이러한 결과로, 이론은 실제에서 나오며 또 실제에서 검증된다. 마음은 선험적인 범주라기보다는 지적으로 문제를 해결하는 사회적 과정이고, 교육은 사회적・직업적 문제를 포함한 모든 문제를 다루기 위한 방법을 제공함으로서 인간을 보다 자유스럽게 하는 것이다. 순수예술과 실용적인 예술을 구별짓는 일은 예술과 기능을 통합하므로서 해소하려고 한다.

듀이는 존재하는 모든 것은 변화하는 세계에 있으며, 인간이 하고 있는 탐구활동은 확실성에 대한 탐구라기 보다는 불완전한 세계에서 이루어지는 변화과정 그 자체를 관리하고 지시하는 방법과 수단에 대한 탐구라고 주장한다.

3. 듀이의 인식론

그는 진리에 대해서도 전통철학과 다른 생각을 하고 있는데, 진리란 그 시대와 상황에서 최대 다수가 옳다거나 적합하다고 생각하는 것이라고 본다. 진리판단의 기준은 더 포괄적인 것(The more inclusive)이다. 따라서 프래그머티즘의 진리기준을 영어의 usefulness를 직역하여 '유용성' 또는 '실용성'으로 표현하는 것보다는 적절성이나 포괄성, 또는 적합성으로 해석하는 것이 더 그 뜻에 근접하는 내용이다.

듀이는 관념론적인 접근을 비판하고, 성장의 개념으로 교육을 접근 상대적 상황적 진리를 주장하고 있는데, 유기체의 발전과 진화에서 그 주된 시사점을 찾고 있다. 전통적인 철학 체계를 부정하고 새로운 시각에서 출발한다. 그는 궁극적인 실체를 인정하지 않는다. 하나의 목적은 달성된 후에 또 다른 목적을 찾아서 추구하는 과정을 거친다. 결국 진리란 상황적인 적합성에 의하여 증명된다고 주장한다.

듀이는 형이상학적인 문제보다도 인식의 문제에 더욱 관심을 기울였다. 프래그머티즘을 따르는 다른 삶들과 다름이 없이 듀이는 '앎'이란 실험적인 것이며, 상식적인 방식에서 과학적 방법에 의한 탐구의 대상이었다.

듀이는 사변적인 철학은 마음속에 있는 정적(static)인 이론을 만들어내는데, 그것은 현재 살고 있는 개인의 삶을 이탈하고 있으며 사회적 현실 모습과 괴리된 것이라고 주장한다. 듀이는 사회적 제도에 의해서 조건화되어 역동적으로 사회적 변화를 초래할 수 있는 활성있는 사회적 지식의 관념을 가지고 있다. 그에 의하면 지식이란 사람들의 상식적인 관심을 다루어 공동으로 서로의 경험을 함께하면서 만들어지는 것이다. 문제를 해결할 수 있고 분석할 수 있는 능력인 지성은 문제의 상황에 부딪쳐서 문제를 해결하는 과정을 통하여 끊임없이 얻어지는 경험에서 비롯된다. 지성이란 문제해결이라는 맥락에서 가설에 따라 방법을 만들고, 또 그를 적용하여 실행하는 과정 속에서 얻어지는 것이다. 사람들은 자신들의 지성을 활용하여 도구와 방법들을 창안해내고 또 제작한다. 더욱 복잡하고 세련된 사회일수록 문제를 해결하는 데에 적합한 더 유용하고 더 많은 방법들과 도구들을 만들어 낸다. 루소가 자연적인 상태를 찬미하는 것과는 달리 듀이는 원시적인 인간에게는 문제를 해결하기 위해서 사용해야 할 방법과 도구가 불충분한 상태에 있다는 것을 발견했다. 문명화된 사회는 집단적 문제해결을 위해 사용할 수 있는 도구들을 가지고 있고 그것으로 인하여 사회적 지성을 세련되게 하고 풍족하게 한다. 듀이에 따르면, 문명화된 인간적인 사회는 성원들의 개인적 성숙과 사회적 성숙을 위한 물질적 도구들을 활용한다.

듀이에 따르면, 사고(思考)란 상황이 만족스럽지 못하고 불확실한 때에 일어난다. 욕구를 충족시키기 위해서 탐색되어 나타난 것이 사고이며, 그를 통하여 인간은 충족할 수 있는 도구들과 방법들을 만들어 낸다. 문제의 상황에서 늘 실험적인 탐구가 있기 마련이며, 이 때에 사람들이 갖게 되는 생각이나 아이디어는 시험적인 것이다. 그것은 문제해결을 위해 설정한 목적에 도달하기 위하여 고안된 수단적인 계획이다. 그러하므로 '생각한다'는 행위에는 행동과 그 행동의 결과와의 상관관계를 예측하는 내용이 포함된다.

4. 유기체적 특성을 지닌 학습자

다윈의 '종의 기원'에 따르면, 종이란 점진적으로 진화하면서 종의 종류와 구조가 변하며 살아가기 위하여 자신의 환경에 적응하고 또 조절한다. 환경의 변화에 성공적으로 적응하기 위해서 알맞은 특성을 가지게 된다. 종의 연속성을 강조하며 개체는 도전적인 환경 속에서 살아남기 위해서 경쟁을 하게 된다.

듀이는 이러한 다윈의 이론에 영향을 받으면서 실험주의적 철학을 발전시킨다. 그는 고정된 종국적 실체를 부정하고 다윈의 개념인 진화과정을 수용한다. 듀이에 의하면, 인간 유기체는 살아있는 자연적 창조물이며 생명을 유지시키기 위한 충동과 동기를 소유하고 있는 조직체이다. 모든 조직체는 그의 삶을 고양시키기도 하고, 또 위협하기도 하는 서식지나 환경 속에서 살아간다.

개별체로서 그리고 인간 유기체로서 사람들은 불확정적인 특성을 지닌 문제의 상황에서 살고 있다. 그가 직면하게 되는 불확실한 상황은 확정적이 될 때까지는 늘 장애요소가 된다. 성공적인 사람은 문제를 잘 해결할 수 있고 그들의 경험에 이를 새로운 요소로서 간직한다. 그 결과, 유기체와 환경과의 상호작용이라는 망을 형성하고 그는 경험을 얻게 된다.

이러한 듀이의 철학으로부터 학습자관을 유추해보면 다음과 같다. ① 학습자는 생명을 유지하기 위한 본능과 충동을 지닌 생물적 · 사회적인 유기체이며, ② 학습자는 자연적이며 사회적인 주거지나 환경 속에서 살고 있고, ③ 학습자는 개인적인 본능적 충동에 의해서 움직이며 환경과 끊임없는 상호작용을 하는 적극적인 존재이며, ④ 환경과의 상호작용을 통하여 개인은 그의 욕구를 충족시키려고 하며 그로 인하여 문제의 상황에 부딪치게 되고, ⑤ 그 환경으로부터 발생되는 문제를 해결하는 과정 전반이 곧 학습이라고 본다.

5. 축소사회로서 학교

듀이의 사상에서 자연주의적 요소는 루소의 낭만적인 것과는 달리, 인간을 사회적인 면과 자연적인 면으로 분리하여 파악하려는 이원론적 접근을 거부한다. 또한, 인간을 자연과 대립된 개념으로 파악하여 투쟁적인 존재로 보는 것도 반대한다. 한편, 듀이의 환경적 상호작용의 개념은 환경 공해문제, 자연자원의 보존 문제, 위기에 처해 있는 생물의 보존, 그리고 무기의 통제문제 등의 '생태학적인 안목과 감수성'으로 확대하여진다.

축적된 문화 속에는 가치로운 것과 함께 쓸데없는 것도 포함하게 된다. 공식적인 교육은 가치로운 것을 지속시키기 위해서 문화유산을 엄선하여 정화하는 기능을 맡게 된다. 학교는 젊은 이들을 유형무형의 사회적 표준에 참여시키기 위한 특수한 환경이다. 사회적 제도로서 학교는 현대적 요구에 맞게 문화를 재구성하는 선택된 기관이다. 듀이에 의하면 학교는 세 가지의 기능을 수행하는데, 즉 문화유산을 ① 단순화하고, ② 정화하고, ③ 균형을 유지하는 일을 한다. 단순화하는 복잡한 문화를 학습자의 성숙성이나 준비성에 맞게 적합한 학습단위를 선정하는 일이고, 문화유산을 정화하는 일이란 학교가 인간의 성숙을 해치는 요소를 문화유산으로부터 제거하여 인간의 성장을 고무 격려하는 문화적 요소를 선택하여 전달하는 일이며, 문화유산의 균형을 유지하는 일이란 선택한 문화 유산을 통합하여 인간의 경험의 핵심에 놓이도록 조화롭게 구성하는 일이다. 사회는 매우 다양한 집단으로 구성되어 있기 때문에 서로 다른 집단으로부터 온 개인들을 이해하기 위해서는 학습자에게 도움을 주어야 한다. 통합적이고 균형을 이룬 참다운 민주사회란 각 구성원에 대해서 고유하게 이해를 하는 풍토이어야 한다. 듀이에 따르면, 학교는 단순화되고 정화된 균형을 이룬 통합된 사회이다. 그곳에서 학습자는 사회적으로 서로 다른 환경에서 온 서로 다른 사람들을 만나고 서로가 개방적이고 민주적인 생활태도로 서로를 대하는 곳이 된다. 문제해결은 개인화되고 인격화된 하나의 사회적 과정이다. 집단적 경험은 참여자가 그들의 경험을 함께 공유하는 협동적인 활동이다. 함께 나누는 일이 많으면 많을수록 성장의 가능성은 그만큼 더욱 커지는 것이다. 듀이는 산업화되고 도시화된 기술사회는 더욱더 많은 사회교육적 문제를 갖게 될 것이라고 생각했다. 사회가 더욱 복잡해질수록 학습자들의 행동과 성인들의 책임있는 생활 간에는 더욱더 큰 거리가 생기게 될 것이라고 보았다. 그래서 그는 학교사회를 서로가 공유한 활동을 권장하는 활동을 장려했고, 협동적인 민주적 사회를 준비하는 과정으로서 학교를 생각했다. 그렇게 하여 학교에서 하는 문제해결의 기술들이 복잡하고 넓은 실사회로 확산되어지기를 바랬던 것이다.

듀이에게 학교는 실사회와 별개의 것이 아닌 축소사회 또는 온 실사회로서 기능과 구조를 갖추어야 한다고 강조했다.

6. 협동적 문제해결학습

듀이는 교육내용으로 전통적인 진리탐구를 위한 체계적인 지식 대신에 학생들이 삶 속에서 부딪치는 문제를 해결해가는 과정으로서 학습을 생각했는데, 학생들이 협동적 역할을 통하여 문제를 해결해가도록 했다. 결국 학생들은 이런 과정 속에서 서로 다른 역할, 협동, 존중, 문제해결력, 창의적 사고 등 민주적인 생활태도와 생각을 습득하며, 과학적 사고를 습득한다고 보았다.

그는 문제해결방식으로 반향적 사고[3]를 제시하고 있는데, 문제의 상황에 직면한 개인은 다음의 5단계의 사고과정을 거치게 된다. 듀이는 이를 문제해결방법으로 제시하고 있다.

---

3) 듀이의 표현인 reflective thinking인데, 우리에게 소개되기를 '반성적 사고'로 알려졌으며, 이를 '과학적 사고' 또는 '반사적 사고'로도 사용하는 단어인데, 문제의 상황에서 문제를 해결한 후의 결과에 대해서 이미 '예견된 목적(ends-in-view)'를 가지고 문제를 해결하며 해결하는 과정에 늘 머리 속에 그려진 예견된 결과에 비추어서 다시 수정하게 되며, 그와 아울러 현실과 해결되어 가는 내용을 되비추어 보면서 문제를 해결하는 과정을 거친다. 듀이가 내놓고 있는 사고의 과정은 5단계로 나누어 진행되는데, 그러한 과정에서 늘 되비추어 생각하는 과정이 반복된다. 이러한 내용을 반영하면 반성적인 사고보다는 '반향적 사고'라고 표현하는 것이 더 적합하다는 생각을 갖게 된다.

1) 문제의 상황

불확실한 특성을 지닌 불완전한 상황에 처해 있어서 사람들은 혼란스러워서 당황해한다. 이 문제의 상황에서는 사람들이 과거의 경험과는 다른 특이한 상황적 요소를 접하게 되어 개인의 행동이 장애를 받는다.

2) 문제의 인식

개인은 문제의 상황을 검토하여 행동을 방해하고 있는 낯설은 특정한 문제의 성분을 개념화한다.

3) 문제의 명료화

문제의 상황에 작용하고 있는 요소를 분석하여 찾아내서 검색한다. 개인은 이 단계에서 곤란한 것을 해소하기 위해서 체계적으로, 그리고 반향적으로 탐색을 하는데, 여러 생각과 아이디어를 짜내고 여러 도구와 자원을 활용한다.

4) 잠정적인 가설의 설정

개인은 여러 가지의 일반화 과정을 하면서 문제를 해결하기 위한 가설들('만약 ~한다면 ~일 것이다'라는 형식의 진술)을 탐구한다. 이 과정에서 미래를 예측해보고 가능한 결말들을 상정해 본다. 그래서 가능한 최적합한 수준의 해결안을 구상한다.

5) 가설의 검증

앞 단계의 가설이 문제를 해결하여 바람직한 결말을 얻을 수 있을 것이라면 이에 따라서 행동을 착수한다. 그러나 설정한 가설이 문제를 해결해주지 못할 경우에는 또 다른 가설을 세워서 문제를 해결하는 과정을 거치게 된다.

이 제5단계의 과정은 과거의 전통적인 학교교육에서는 찾아볼 수 없는 방법이다. 전통적인 학교교육에서는 교사와 학생이 문제를 추상적인 이론수준에서 잠정적으로 해결하고 넘어가지만 듀이 중심의 프래그머티즘에서는 직접적으로 학생과 교사가 실제의 문제를 해결하는 과정을 거친다. 학생들은 일상적으로 부딪치는 사회·경제·정치적인 문제를 해결하기 위한 접근을 시도한다. 듀이에 의하면, 하나의 아이디어는 실제 경험 속에서 검증되어질 때에만 그 타당성을 갖게 된다.

7. 지략적 안내자로서 교사

학습자의 자유는 자유방임적인 것이나 결과와 관계없이 마음 내키는 대로 행하는 것을 뜻하지 않는다. 자유는 오히려 신념과 가치에 대한 실험적 검증과 탐구를 위해 개방적인 학급 환경과 개방적인 학습태도를 확보하는 일에 관계된다.

듀이의 협동적 문제해결 방법은 실제적으로 교사의 권위에 절대적으로 의존한 전통적 학급운영과는 많이 다르다. 과제중심이나 문제중심의 학습은 문제를 풀기 위해서 직접적인 활동으로부터 시작한다. 외적인 권위나 외적인 학문적 접근이 아니다. '함께 나누는 공유활동'을 위한 협동에 의한 작업이다.

학습상황은 학생이 필요로 하는 활동으로부터 시작한다. 학습자의 경험이나 흥미와 내적 관계를 맺고 있는 것으로, 본질적인 목적은 학생자신이 부딪치고 있는 과제나 문제 자체에서 나오지만, 비본질적인 목적은 개인적인 문제나 흥미와 관계가 없이 외부에서 주어진 것이다.

교사는 학습상황을 통제한다기 보다는 학습상황을 안내하는 지략적(智略的)인 사람으로서 역할을 한다. 교사는 주로 충고나 도움을 필요로 하는 학습자의 안내역을 맡는다. 지시는 특별한 문제를 풀기 위해 꼭 필요할 때에만 있게 된다. 교육목적은 교사보다도 학습자의 것이다. 교사의 학습상황 통제는 비지시적이다. 지략적인 안내자로서 교사는 학생의 실수도 허용하며 그들의 결과를 체험해보도록 할 수 있는 사람이다. 그렇다고 교사는 어린아이같은 변덕을 부리든가 교과내용을 그대로 받아쓰기를 시키는 사람을 뜻하는 것이 아니다. 그는 성숙된 인물로서 학습자의 상황에 대하여 전문적인 판단을 하며 그는 능수능란해서 그러한 행동의 실수 결과가 전체 학생들이나 급우에게 해를 끼치지 않도록 할 수 있어야 한다. 이러한 과정을 통하여 학습자는 성장을 하게 된다.

8. 교육의 목적으로서 성장

듀이에 따르면, 교육의 유일한 목적은 성장이다. 교육은 성장 이상의 더 다른 어떠한 목적을 갖지 않는다. 얻어진 경험은 성장에 얼마나 도움을 주느냐, 그렇지 않느냐에 따라 평가되며, 또 그것은 더 많은 경험을 갖게 하느냐, 그렇지 않느냐에 따라 평가를 받게 된다. 바람직하지 못한 경험은 후속되는 경험으로 이어지지를 못하거나 후속 경험을 축소시키는 반면에, 바람직한 경험은 후속되는 경험을 촉진시키고 풍부하게 한다. 듀이가 말하는 성장의 뜻에는, 개인이 상호관계를 맺고 있는 여러 경험들 간에 의미있는 맥락, 또는 여러 학습장면들 간의 상호관계성을 이해하는 능력을 획득하는 것을 포괄시키고 있다. 교육은 인생생활과 같이 많은 문제를 풀어가며 학습하고 그를 통하여 계속적으로 경험을 재구성하는 과정이다.

듀이는 전통적인 학교교육에서 주입적으로 '준비시키는 일'을 거부한다. 전통적인 학교에서는 학생들은 학교를 마친 후에 일어나게 될 상황과 사건에 대비한 준비를 하기 위해서 일정한 교과목을 학습하여 익히지만, 학생들은 멀리있는 미래에 대한 정보를 기다리는 대신에 현재의 문제에 대한 관심과 요구에 따라서 행동하므로서 미래에 대한 적응력을 키운다. 일상적인 경험을 적극적으로 활용하면서 학생들은 현재와 미래의 상황에 유연하게 대처하는 적응력을 발휘할 수 있는 지성적인 방법을 내면화해 간다.

듀이는 어린이를 성인의 축소판이나 미완성된 성인으로서 인식하는 것을 거부하며, 그는 인간 본성의 취약함이나 결점 때문에 어린이가 타락될 수 있다는 생각도 거부한다. 동시에 그는 루소가 주장한 인간의 본래적인 선의개념에도 동의하지 않는다. 듀이에 따르면 어린이다운 특성이란 인생의 단계에서 계발가능한 단계일 뿐이다. 각각의 발달단계에서 잘 살게 되면 어린이는 적절하고 만족스러운 성인생활을 해나갈 수 있다고 본다. 듀이가 바라는 바는, 어린이가 인생살이의 전반을 통하여 한 인간으로서 잘 성장하여 갈 수 있도록 하는 환경을 관리하고 통제할 수 있는 사회적이며 지성적인 방법을 획득하는 것이다.

9. 경험의 재구성으로 교육과정

듀이가 말한 성장의 개념에는 학습자가 현재의 경험과 다음에 뒤따르게 되는 경험과의 상호관련성을 인식하는 일이 포함된다. 반향적 사색을 통하여 행동과 경험과의 상호관계성을 통찰하게 되며, 그리고 그 결과가 지적 상징화 과정을 거치면서 그에 대한 의미를 새롭게 부여하게 된다. 합리화는 시행착오를 거치면서 그 타당성을 갖게 되는데, 합리화 과정에는 조작적 탐구를 통하여 어떤 결론을 도출해 내기 위해서 여러 상징들과 의미를 통합하는 과정이 따르게 된다.

경험을 재구성하는 일은 개인적이면서도 사회적인 측면을 갖게 된다. 모든 개인은 개인적인 경험을 갖지만 동시에 인간의 경험은 공적인 성격을 띤다. 듀이의 실험적 계속성의 개념에 따르면, 경험의 개인적인 형태와 공적인 형태는 혼합되어 있다. 모든 사람은 과거의 경험을 지니고 있으며 집단도 또한 과거에 만들어진 경험을 지니고 있는데, 개인이든 집단이든 현재의 순간은 과거의 개인적 · 집단적 경험을 반영한 것이다.

인간이 경험을 재구성하여 결국 궁극의 완전무결한 결론에 도달한다는 것은 불가능하다. 인간의 지식은 절대적인 확신에 의해서 얻어지는 궁극의 존재가 아니라 타당성 있는 검증을 통하여 얻은 일반화를 거쳐서 형성된다. 경험을 재구성하는 일은 독특한 요인을 잉태하고 있는 독특한 문제의 상황에 부딪쳐서 그에 적합한 일반화의 과정을 거치면서 얻어진다. 경험을 재구성한 결과로서 얻어진 편향된 특수화(특수 일반화)는 실험적 계속성이라는 맥락에서 또 달리 검토의 대상이 되며, 연속되는 과정을 거친다.

듀이는 어린이의 관심과 흥미, 욕구 등의 어린이의 경험과 분리되어 있는 전통적인 교과 교육과정을 거부한다. 경험은 학습자가 주체적으로 시도(trying)하여 결과로 나타난 수행된 행동(undergoing)에 대한 반향과 반추작용을 통해 형성된다. 즉 학습은 학생이 직접적으로 시도해보고 그 결과와 상호반추를 통하는 시행착오를 거치면 이루어진다. 그는 이러한 원리에 비추어, 교육과정에서 세 가지의 수준을 제시하고 있다. ① 만들어 실행해보기, ② 역사와 지리학습, ③ 연합된 과학의 학습 등으로 나누고 있다. 첫 번째 수준인, 만들어 실행해보기는 학생이 그들의 직접적인 경험으로 구상을 해보고 직접 활동에 참여하여 재료들을 구하여 조작하여 본다. 이러한 직접 체험을 하면서 학생들은 경험의 여러 가지 기능적 측면에 접하게 되고 지적인 사고를 하게 된다. 두 번째 수준으로 역사와 지리는 시간적 경험과 공간적 경험을 확대하여 주는데, 자기가 살고 있는 집과 학교로부터 지역사회와 크게는 세계로 시야를 확산시키는 교육적 자원이 된다. 그러나 체계화된 지식을 가르치기 보다는 학생의 직접적인 환경에서 시작하여 점점 더 넓혀가면서 학생 스스로가 시간과 공간에 대한 안목을 갖도록 한다. 듀이는 모든 학습이란 시간적 · 공간적으로 특수한 상황적 맥락에서 이루어진다고 생각했다. 세 번째 수준은, 여러 가지 과학과목을 통합하여 다루는 단계인데, 여러 가지 신념이나 주장을 검증하는 일을 다루는 내용이다. 학생들은 이를 통하여 과학적인 정보를 얻고 자신들의 문제를 과학적으로 풀어가는 방법을 탐구한다. 여러 과학으로부터 얻은 지식을 활용하여 문제상황을 분석하고 또 해결을 위한 다양한 가설을 만들어 보기도 한다. 교육과정에 대한 듀이의 이러한 생각은 수단적인 지식관과 지식의 상호교류적 접근이나 통합적인 접근에 대한 시사를 하고 있다.

10. 교육의 결과: 민주적 태도 형성

축소사회로서의 특성을 지닌 학교라는 삶 속에서 학습자들의 협동적 문제해결과정을 통하여 얻어진 성과는 결국 민주적 생활태도와 민주적 사고방식이다. 듀이가 생각하는 민주사회란 구성원들 간에 가능한 다양한 이해와 관심을 함께 나누는 사회이다.

개인들이 함께하는 공유적 행동이 없는 배타적인 행동이 있는 곳에서 남을 이용해먹는 착취적 행위가 나타난다. 민주 사회는 남을 이용하는 사람도 없고 남에게 이용당하는 사람도 없는 참으로 여러 형태의 '함께 공유하는 활동'을 많이 가진 사회이다. 그 사회는 이해나 관심에 있어서 늘 상호교류적이며 실험에 대해서 개방적이며 솔선성을 가지고 있다. 개인들 간에 경험을 공유하는 활동이 많으면 많을수록 그만큼 인간적인 교류의 가능성은 커지며, 또 그만큼 성장의 가능성도 커진다. 듀이는 인간협동과 관련하여 강조하고 있는 세 가지는 ① 상식, ② 의견교류, ③ 공동사회이다. 상식은 집단적 경험에서 제기되는 대표적인 가치, 아이디어, 도구나 방법, 주제들이며, 의견교류는 공용의 언어로 상징적인 형태로 그들의 경험을 표현하는 일이며, 공동사회는 공유한 의견교류의 수단으로 공동의 경험과 문제를 함께 토의하여 결과를 얻어내려고 하는 인간적인 유대를 가진 관계를 말한다. 듀이는 대다수의 사회구성원이 얼굴을 마주대고 공동의 생활문제를 함께 풀어나가는 지역사회의 확장으로서의 큰 지역사회를 상정하고 있다.

11. 새 차원의 인간화 교육

듀이는 소수엘리트 중심의 전통철학, 계급과 위계로 사물을 파악하는 전통철학을 벗어나 수평과 통합적인 일원론적인 특성을 지닌 대중적인 성격으로 전환시켰으며, 그러한 입장에서 인간의 삶 속에서의 철학을 정립하였다. 그는 제도나 정치체제로서가 아닌 인간의 삶의 한 형태로서 민주주의를 인식함으로써 인간 중심의 철학을 세웠다고 볼 수 있다.

듀이는 다음과 같은 주장을 한 셈이다. 즉 어떠한 일이나 행동에 대해서 선험적인 체험으로 얻은 것을 잣대로 도식적으로 또는 형식적으로 가치가 있다 없다고 평가하는 것은 교육의 비인간화를 촉진시킨다. 진정 가치로운 것은 인간의 삶의 구체적인 사태에 의미와 풍부함을 가져다주는 것이다. 그것이 삶의 자원으로 활용될 경우에만 가치가 있으며 궁극적 가치는 오직 삶의 과정 자체이다.

교육은 삶의 수단이 아니요, 보람 있고 내재적으로 의의 있는 삶을 사는 것과 동일하기 때문에 우리가 설정할 수 있는 궁극적 가치는 오직 삶의 과정 그 자체뿐이다. 삶의 자원으로 활용하는 데에 성공하지 못한 교육은 뭔가 잘못된 교육이다. 다시 말해서 그것이 일상의 경험에서 중요시되는 목적에 접근할수록 그것은 더 진짜 지식일 수 있다는 점을 강조했다.

우리 사회에 획일적이고 도식화된 지식편중의 학교교육에 대한 비판은 새로운 현태의 교육에 대한 열망의 표출이다. 비인간화된 교육현장에 듀이의 교육론에서 어떤 시사를 얻을 수 있을 것이다.

교사는 가르치기만 하는 것이 아니라 학생과 경험을 공유할 수 있는 장을 체험함으로써 학생에게 학생 자신의 삶의 맥락에서 의미를 찾도록 해주며, 학생은 삶의 주체자로서 내적 의미를 찾게 되며, 한편으로는 학생도 교사에게 가르치는 일을 하고 있고, 교사도 학생으로부터 배우는 일이 함께 이루어지는 장이 된다. 공감하고 공명하는 장이 이루어지는 학습의 장이야말로 학생과 교사가 자리하는 것이 아니라, 한 인간과 한 인간이 맞부딪치면서 서로의 문제를 함께 풀어나가는 삶의 터가 되는 것이다. 참으로 한 사람 한 사람이 삶의 보람과 의미를 맛보고 행복감을 경험하는 터전이 되는 것이다. 바로 근간 우리 사회에서 바라던 바의 참교육, 학습의 인간화가 실천되는 장이 아닐까!

Ⅳ. 니일(A. S. Neill)

1. 생애와 사상형성 배경

니일(1883~1973)

1883년 스코트랜드 에딘버러 시 포오파에서 8남매 중 3남으로 태어났다. 니일은 수정 칼비니즘을 소년시절 경험했는데, 계율에 의한 복종, 경건함에 대한 지나친 강조, 계율에 대한 불복종은 상상할 수 없는 집안의 분위기에서 자라났다. 어린 시절 아버지에 대한 경험은 엄격하고 무서운 존재로 인식되었다. 니일에게 비친 그의 아버지는 마을 학교의 교사였으나 어린이를 결코 좋아하지 않았고, 놀 줄도 모르며, 아동을 결코 이해하지 못한 교사였다. 단지 수업 시간에 이해를 잘하는 아이들에게만 칭찬을 하는 교사였다고 한다. 학구적이지 못한 니일은 학력이 곧 지위상승을 의미한다고 믿는 부모로부터 열등한 사람으로 취급받게 되었다고 한다.

그는 14세에 가스측정기 제조회사에서 4개월간 일했다. 열악한 환경 속에서 단조로운 노동세계의 비천함을 경험하였는데, 이를 계기로 공부에 눈을 돌렸다. 공무원이 되기 위해서 공부를 하려고 했지만, 학습에 집중할 수가 없었고, 결국 아버지가 재직하고 있는 킹스뮤어학교에 견습교사가 되었다. 이 경험으로부터 그는 최선의 배움 길은 가르치는 것이라는 점을 깨닫게 되었다. 그는 4년간의 견습교사 생활을 마치고, 에딘버러 근처에서 교직을 얻게 되며, 비닉스와 킹스캐틀 학교 등에서 재직하였는데, 그가 체험한 학교는 공통적으로 철저한 체벌과 엄격한 훈육에 의한 교육이었다. 이러한 학교에서 그가 알게 된 것은, 학생들이 얻은 것이라고는 학교에 대한 두려움이었는데, 지각에 대한 두려움, 시험에 대한 두려움, 교장에 대한 두려움 등이었다고 술회하고 있다.

그런데 이 시절 니일은 문학에 흥미를 갖게 되었고, 정식교사 자격증을 획득하기 위해서 대학진학을 결심한다. 그리고 문학, 수학, 물리학, 희랍어 등에 대한 관심과 욕구가 커졌다. 그는 대학 4학년 때에 대학신문인 'The Student'의 편집장을 맡으면서 글쓰기를 시작하였고, 졸업 후 저널리즘 분야에 취직하여 잭스 출판사에서 백과사전 편찬 부편집인을 맡았으나, 제1차 세계대전의 발발로 이 일을 중단하게 되었다. 그는 다시 그레트나 그린 학교의 임시 교장직을 맡게 되었고, 여기의 경험을 토대로 『교사의 수기(*A Dominie's Log*)』, 『해고된 교사(*A Dominie Dismissed*)』를 출판하였다.

그는 이 시기에 호머 레인(H. Lane)과 만났는데, 이를 계기로 정신분석학을 접하게 되었고 이론 형성의 기초를 쌓게 되었다. 이 시기 그는 진보적인 학교인 킹알프래드 학교에 교사로 재직하였는데, 이 학교는 상과 시험을 없애버린 진보적인 학교였으나, 외부의 강제된 도덕 기준에 의해 운영되는 학교를 탈피하지 못하였다. 그는 결국 이곳을 떠나게 되었고, 1921년 열린교육연맹회의에 참가 서머힐의 효시가 된 국제학교를 공동으로 설립하였으며, 1924년 이 학교의 외국인 학생부를 데리고 도어셋에 현재의 서머힐 학교를 세웠다. 그는 1973년 90세로 타개하였다.

그 후 서머힐 학교는 그의 부인에 의해서 그리고 딸에 의해 운영되고 있다. 이 학교에는 한국인 유학생, 일본인 유학생도 수학한 적이 있으며, 한국에서 대안학교를 모색하면서 한 번씩 서머힐 학교교육이 검토의 대상이 된다. 1960~1970년대에는 미국에서 교육학 전공자들에게 서머힐 학교 교육에 대한 서적이 필독서이기도 했다.

그는 호머 레인(Homer Lane)으로부터 아동의 편에 서야 한다는 신념을 전수받았으며, 라이히(Wilhelm Reich)로부터 자치의 중요성과 자유와 자율의 개념을 받아들이게 되는데, 그의 중심사상은 다음과 같다.

2. 학교를 어린이에게 맞춘 교육

니일은 어린이의 내면세계를 이해하기 위하여 학교를 운영했다고 했는데, 자신이 경험한 여러 학교들은 학생들에게 두려움과 증오심을 길러주고 있다고 비판하고 있듯이 전통적인 학교와 달리 새로운 형태의 학교를 구상했다. 그가 세운 서머힐 학교는 어린이를 학교에 맞추려고 한 전통적 학교에 비하여, 학교를 어린이에게 맞추려고 했다고 학교설립취지를 밝히고 있다.

니일은 자신의 내적인 한계를 제외하고는 어린이에게 두려움과 증오심이 없는 건강하고 자유로운 어린이들이 갖는 좋은 특징을 길러내는 것이 그의 교육목표이다. 어린이들은 권위적인 분위기에서 일할 때보다 감독을 받지 않는 자유로운 분위기에서 일을 할 때에 훨씬 일을 더 열심히 잘한다는 경험을 얻었었다. 실제로 일반학교에서 온 학생들에게는 가식적인 정중함 그리고 꾸민 태도를 보이고 있는데, 이들은 존경으로 가장된 두려운 눈빛이 사라지고 거칠고 버릇없는 본색이 드러난다. 그들은 그동안 금지되었던 모든 것을 다 해본다. 욕지거리, 담배피우기, 물건깨기 등등. 그런데 이들은 대략 여섯달 정도 지나서야 가식을 버리고 참된 모습을 드러내기 시작한다고 술회하고 있다. 그들에게는 경의를 표하는 행동이나 맹종하는 행동이 사라지고 교만

함과 증오심이 없이 자신의 생각을 말하는 자연스럽고 건강한 아이가 된다(강승규 역, 1993, 19)고 하여 감독과 감시에 의해 이끌린 부자유스러운 학교에 적응이 어려운 학생들에 대한 교육이 어떻게 되어야 하는가에 대한 시사점을 암시해 주고 있기도한데, 그는 이러한 경험으로부터 학생들에게 철저하게 자신들의 행동을 스스로 감당할 수 있는 자율적인 인간으로서 성장할 수 있는 교육을 그리고 있다.

실제로 서머힐에서는 규제라는 것은 없지만, 꼭 지켜야할 규칙 하나는 남의 자유를 침해하지 않는 범위에서 자신의 자유를 누리는 것이다. 이 규칙 이외에는 거의 방종에 가까울 정도로 학생 개개인의 자유행동에 맡겨진다. 그러나 이를 어겼을 경우에는 학교자치기구인 학교총회에서 자율적으로 조직된 배심원회에 넘겨져 벌을 받게끔 되어진다. 그러므로 이 학교를 운영하는 니일의 교육방침은 학생을 학교가 이끌어간다기보다는 학생들이 학교를 이끌어간다고 해도 과언이 아니다.

3. 아동본성은 성실하고 실제적이다

니일이 서머힐 학교를 운영하면서 가장 큰 발견은 어린이는 본래 선하고 성실하다는 점이다.

'어린이는 태어 날 때부터 본성적으로 성실하고 실제적이다. 어른의 간섭을 받지 않고 그에게 맡겨 두면 어린이는 최대한으로 자기발전을 하게 된다. 교육에서 필요한 것은 우선적으로 어린이는 결코 악하지 않고 선한 존재라는 확신이다'라고 술회하고 있다.

니일에 의하면, 인간은 범죄의 본능도, 악을 향한 의지도 없다. 단지 아동의 범죄는 사랑의 결핍에서 온다고 믿었으며, 사랑에 대한 욕구좌절이 증오심을 만들고 반사회적 행동을 야기한다고 믿었다. 인간에게 악이란 선천적인 것이 아니고, 후천적으로 획득되는 것이며, 본래 인간은 사악하지 않지만, 단지 다른 사람들에 의해서 사악하도록 만들어진다고 믿었다. 이런 점은 루소의 생각과 상통한다.

니일은 특정의 학습보다는 인성특성이 주 관심이다. 자유롭게 성장할 수 있는 조건이 중요하며, 이 조건 하에서 정상적인 인성을 획득하게 되며 그 후 학습도 이루어진다고 본다. 그에 의하면, 교육은 바로 삶 자체이며 삶의 목적은 행복을 찾는 일이다. 행복은 교육으로 인해 유보되는 것이 아니라 현재에 성취해야 하는 기본적인 가치이다. 행복이란, '신경증과 상반된 개념으로서 심리적 억압이 최소화된 상태이며, 이는 생에 대한 충족감을 가지고 자율적으로 성장하는 것'을 뜻한다. 그것은 삶의 균형감을 유지한 상태이다. 행복한 인간은 곧 자율적인 인간이다. 여기에 독창성과 진실성이 기본이다. 진실성이란, 일체의 외적 훈육의 지배로부터 자유로운 상태에서 교육된 결과 얻어진 인성특성으로서 위선과 가식으로부터 자유로운 상태이다.

니일은 어린이는 자유로울 때에 놀라울 정도로 진실해진다고 하며, 자유로운 삶을 즐기는 아동은 거짓을 행할 수가 없다. 진실성 위에 아동들은 두려움이 없이 삶을 접할 수 있으며, 형식적인 예절을 넘어선 도덕적 인성을 발달시켜 나갈 수 있다. 독창성이란, 심리적으로 자유로운 아동이 갖는 특성이다. 심리적으로 자유로우면, 아동은 생래적으로 지니고 있는 창조적인 본능을 자유롭게 표출할 수 있다. 니일에 의하면, 문제아동은 창조적인 측면을 희생시키고 소유적인 측면을 장려받게 된 아이들에게서 나타난다고 주장하고 있다. 훈육중심의 전통적인 교육체계가 도달할 수 없는 교육의 결과는 바로 이러한 점들이다. 교육실천가인 니일은 서머힐 학교를 운영하면서 겪은 여러 가지 교육이야기를 책(한국에 번역되어 있는 그의 저서가 8종이 있으며, 서머힐에 관한 소개서가 3~4종이 있다)으로 만들어 내놓았는데, 여기에 그의 교육사상이 드러나 있다.

4. 학습과 놀이의 자유

정서적 자유가 자력발달의 선행조건이라고 보는데, 정서적 자유실현, 즉 정서가 억압되거나 왜곡되지 않는 학습조건이 중요하다. 정서적 불균형은 생활과 정서의 유리로부터 연유하며, 학습상황에서는 강제된 학습이 정서와 학습을 분리시킴으로써 발생된다고 보고 있다. 그러므로 학습 이전에 정서자유가 선행되어야 하며, 아동의 흥미에 의해 학습이 진행될 때에 학습자의 학습과 정서가 일체된다고 주장한다. 실제로 서머힐 학교에서는 수업시간표는 운영하지만, 학생들에게 강요하지 않고 있다. 수업자체도 학생의 선택이다. 1989년 영국에 국가수준의 교육과정이 제정되면서, 서머힐 학교에서 수업을 의무화해야 한다는 정부방침이 강요된 적이 있었으나 이 학교의 성립취지와 정신이 반영되어 국가교육과정에서 예외적용하게 된 바 있다.

학습의 자유 이면에 놀이의 자유가 존재하고 있다. 서머힐에서 놀이라고 하는 것은 각종 운동경기나 규칙이 있는 조직된 유희를 말하는 것이 아니라, 공상의 달개를 맘껏 펴볼 수 있는 일체의 구속이 없는 놀이를 의미한다. 어린 시절은 노는 시기이다. 이를 무시한 사회라면 어떠한 사회라도 그릇된 방법으로 교육을 하고 있다는 것을 대변해 주고 있다. 이러한 생각은 루소와 어린이에게는 시간을 낭비하라는 충고와 통한다.

첫째, 놀이가 충족되지 않는 한 자발적이고 온전한 몰입은 불가능하다. 수업혐오는 억압된 놀이 욕구로부터 기인한다.

둘째, 자유로운 놀이활동은 치유효과를 가진다. 자유로운 놀이는 학생의 성장과정에서 사회적 발달의 기초를 형성함으로써 반사회적인 인간으로 성장할 수 있는 가능성을 사전에 차단하는 역할을 한다.

어린이가 무엇인가 배우고 있지 않으면 시간낭비를 하고 있다고 보는 생각이야말로 경계해야 할 말이다. 놀이 자체가 가치가 있다.

5. 도덕적 훈육으로부터 자유

니일은 자유로움은 스스로 질서지울 수 있지만, 외부권위에 의해선 질서지울 수 없다고 한다. 권위적 훈육은 아동의 생래적 선성과 자율능력을 왜곡시키거나 상실시킬 위험성을 가진다. 벌은 벌이 의도하는 도덕적 개선과는 상반된 증오심과 반도덕성을 형성시킬 위험성을 지니고 있다. 문제에 대한 처방에 대한 몇 가지 원칙을 소개하면 다음과 같다.

첫째, 도덕적 접근이 아니라 합리적 접근을 해야 한다. 어른의 선악개념으로 아이의 행동을 보지 말고 사실에 근거한 합리적인 판단으로 아동을 설득한다. 남의 감자밭의 감자를 훔친 학생에게 도덕적 훈계가 아닌 사유물에 대한 개념으로 가르친다.

둘째, 심리적 접근으로 훈육에 의한 처방은 공포와 증오, 두려움을 심게 된다. 니일은 이기적인 시기를 충분하게 표현하고 충족시킨 아동만이 이타적인 성인으로 성숙하게 된다고 믿는다.

6. 성적 억압으로부터 자유

성에 대한 관심과 표출을 억압하는 것은 자율적이고 균형잡힌 인성을 형성하는 것과 상반된다. 자율적인 인성발달을 위하여 가능한 한 유아 아동기에 성적 억압을 하지 말아야 한다.

최초의 성적 억압은 아이들이 성기를 가지고 노는 것을 금지하는 일이다. 그것은 오히려 성에 대한 신비함과 매혹을 갖게 하며 왜곡된 의식을 형성시키는 결과를 초래한다. 배설물에 대한 성인들이 갖는 혐오는 아이에게 성에 대한 부정적인 생각과 증오를 불러일으킨다고 보며, 자위행위에 대한 금지는 자기혐오의 심리를 갖게 한다고 한다. 서머힐에는 자위행위를 포함한 모든 성에 대하여 일체의 도덕적인 금지를 철폐하고 이를 허용하고 있으며, 성이 나쁜 것이라거나 죄스러운 것, 부도덕한 것이라는 그 어떤 암시도 존재하지 않는다.

7. 자치공동생활의 향유

다른 사람의 자유를 침해하지 않는 한도에서 자신이 원하는 행동을 하는 것이 유일한 규제이다. 모든 것은 학교총회에서 수평적인 관계 하에서 이루어진다. 서머힐 학교에서는 자치활동을 학습활동보다 더 중요하게 여기고 있는데, 지식습득보다 삶을 더 중요하게 여기는 그의 교육철학에서 비롯한다고 볼 수 있다. 자치활동의 특징과 목표는 다음과 같다.

첫째, 자유와 방종을 구별할 수 있는 기준에 따라 행동한다.

둘째, 학교총회라는 자치기구에서 민주적 권위를 경험한다.

셋째, 민주적 생활을 체험으로부터 개개 사람의 권위에 대한 의식을 깨닫도록 하는 것이 자치활동의 가장 중요한 목표이다.

학교총회는 일주일에 한 번씩 개최되는데, 토요일인데도 학교 구성원 모두가 참석한다. 학생은 물론 교장, 교사, 요리사 등도 모두 참석하지만, 경칭을 사용하지 않고 모두 똑같이 한 표를 행사할 뿐이다. 만약, 교장의 권위가 행사될 경우에는 일제히 비난의 표적이 된다. 문자 그대로 학교구성원 모두가 수평적인 관계를 유지하고 있다. 이러한 과정에서 획득되는 것은 바로 밝고 투명한 민주적인 삶과 자긍심과 건전한 자존감이라고 볼 수 있다. 이러한 결과를 확인한 니일은 수업보다도 이 학교총회의 활동을 가장 중요하게 여겼는지도 모른다. 니일은 학교활동에서 이 학교총회를 가장 중요하게 생각했는데, 그것은 민주적 생활태도를 습득할 수 있는 교육활동이 바로 학교총회라고 보았기 때문이다.

8. 심리적 논리에 따른 학생지도

니일에 따르면 학생이 교사로부터 인정받는다는 느낌을 갖는 데에는 단순한 논리와 전혀 다른 심리적 논리가 훨씬 중요하다는 점을 지적하고 있다. 예를 들자면, 범법행위에 상을 준다는 문제를 생각해보자. 물건을 훔친 학생에게 상으로 돈을 쥐어준다면 그는 보다 많은 돈을 얻기 위해서 더 훔칠 것이다는 생각이 일반적인 신념이지만, 이는 논리적인 접근이라고 한다. 그보다는 우리가 잊고 있는 중요한 점은 학생들의 심리적 논리라는 점이다. 훔치는 자의 심리에 자리하고 있는 소원은 사랑을 받겠다는 마음이라고 지적하고 있다. 벌 대신에 상으로 보상을 해 줌으로써 학생의 마음을 인정해 줄 수 있다는 점을 지적하고 있다.

이럴 경우 학생은 자신을 인정해주는 사람이 있다고 느끼게 되며, 그 학생은 증오 대신에 사랑을 주는 사람이 있다고 느끼게 된다고 주장하고 있다. 니일은 '증오는 증오를 낳고 사랑은 사랑을 낳는다'는 종국의 진리를 믿고 증오가 아닌 사랑으로 학생의 일탈행위를 고칠 수 있다고 믿고 있다. 니일은 서머힐의 유머는 우호적이며 친근하다고 말하고 있는데, 그것은 사랑받고 인정받고 있기 때문이라고 스스로 평가하고 있으며, 그것은 바로 어린이가 선하게 태어났음을 말해주는 것이라고 한다. 학생들은 모든 증오와 두려움이 사라질 때에 그러한 선함이 간직한다고 경험을 술회하고 있다. 자유를 충분히 즐기면서 자신의 삶을 독자적으로 이끌어 나간 학생은 자신의 일이 무엇이든 간에 그것을 재미있게 그리고 당당하게 해갈 수 있으며 개끗한 마음을 간직할 수 있는 사람이다.

9. 학생의 새로운 행복

니일은 자유스러운 삶을 누리게 하는 것이 교육의 핵심으로 한다. 이런 점에서 루소가 주장하는 교육과 동일한 맥락이다. 루소는 17세기 선구적이고 낭만주의적 교육사상가라면, 니일은 20세기 선구적이고 교육실천적 낭만주의가라고 할 수 있다. 니일은 루소의 작품을 직접적으로 접한 적은 없으나, 실질적으로 루소의 자연주의사상을 계승하여 실천한 사람인 셈이다.

'학교는 체벌이 없어도 잔인한 곳일 수 있다'(강승규, 1993, 161)는 그의 말은 일반적인 학교에 일상화되어 있는 규율과 정숙함, 지시와 감독, 학생에게 의미를 부여하지 못하는 획일적인 진도맞추기 학습 등으로 형성된 학교문화는 학생의 주체적이고 독립적인 활동이 자리하고 있는 자유로운 학교문화에 비추어 본다면 학생에게는 그렇게 다가올 수 있다. 이런 면에서 서머힐의 교육은 우리에게 주는 시사점이 많다.

V. 소파 방정환

1. 생애와 교육활동

방정환(1899~1931)

소파 방정환은 1899년 11월 9일 서울 출생으로 박경수 씨의 장남으로 태어났다. 엄하신 할아버지는 5살 때부터 천자문을 가르치셨고, 두 살 위인 삼촌을 따라 학교에 갔다. 김중환 교장선생님의 눈에 들어 보성 소학교 유치반에 입학하여 신서당식과 군대식 교육을 받게 되었다. 10살이 채 못 될 무렵 작은 할아버지의 사업실패로 배고픔과 가난, 설움의 소년시절이 시작되었다. 아마 이 때부터 아동에 대한 가여운 동정심을 가졌던 것이 아니었을까. 1908년 '소년입지회'를 조직했다. 이 '소년입지회'의 회원은 8~9명 정도로, 10~14세 동무들이 모여 휴일이면 토론회를 가졌다. 1909년 매동 보통학교에 입학하여 그 이듬해 졸업을 하고, 그 해에 실업학교인 선린상업학교에 입학했으나 공부보다 신문화를 흡수하기 위한 독서에 주력하고 잡지 「청춘」에 투고를 시작했다. 소파는 담임선생님의 만류에도 불구하고 졸업을 1년 앞두고 중퇴하였다. 중퇴 후 총독부의 토지조사국의 사자생으로 취직하고, 이 때 친구 유광렬씨를 만나 그와의 토론으로 생각과 사상의 깊이를 더하면서 민족의식에 눈을 뜨게 되면서 독서에 더욱 몰입하여 당시의 시대적 상황과 민족의식을 두텁게 했다. 1917년 천도교의 제3대 교주의 딸과 결혼하게 되면서 생활고에서 벗어나 공부할 여유를 가지게 되었다. 그 해에 지하운동단체인 청년구락부를 조직하고 「신청년」이란 기관지를 발행하였다. 1918년 겨울 유광렬로부터 윌슨 대통령의 영향을 받아 일제침략으로 기우는 나라를 바로 잡기위해 「동원령」을 통해 일본의 잔학성을 고발하였다. 21살 그는 장인이 교주이던 보성전문학교를 다니고 있었는데, 그 학교 윤익선 교장선생님이 체포되는 바람에 교내 「독립신문」에 3·1운동을 보도하였다는 이유로 일본 경찰에 체포되었다가 일주일 만에 석방되었다. 22세 때 가족마저 일본 관헌들에게 고통받자 일본 동경유학의 길을 떠나 동양대학 철학과에 입학하여, 아동문학과 아동심리학을 전공하고 어린이에 대한 사랑과 이해를 더 많이 하는 계기가 되었다. 당시 천도교의 총의는 민족독립운동의 방안으로 청년운동과 농민운동을 전개하였는데, 소파는 이 때 아동운동 역시 중요하다고 역설하였으나 무시당했다. 그러나 그는 뜻을 굽히지 않고 이듬해 천도교 소년회를 탄생시켰고, 뜻있는 사람들과 '색동회'를 탄생시켰다. 1921년 겨울 그는 가난과 학대 속에서 자라는 조선의 어린이를 위하여 세계의 명작을 번안하여 이듬해 6월 『사랑의 선물』을 출판했다. 1923년 3월 소파를 중심으로 색동회 사람들이 원고를 동경에서 작성해 서울 개벽사에 보내 「어린이」지를 출판하게 되었다. 색동회는 1923년 5월 1일을 어린이날로 정했다. 1924년 전국소년지도자대회를 개최하여 140여 개의 소년단체의 통합을 꾀하고, 1928년 조선소년총연맹을 발족했으나 그와 방향이 맞지 않고 일본경찰의 압력이 심해지자 은퇴할 때까지 전면에 나서서 어린이 문화운동을 이끌었다. 그 후 그는 강연회, 라디오방송 등의 활동을 하면서, 특히 언론출판 활동에 심혈을 기울이고, 「어린이」지를 비롯하여 더 나이든 이를 위한 「학생」, 어머니를 위한 「신여성」지를 발간하였다. 그리고 중앙보육학교, 경성보육학교에서 아동문제와 동화에 대해 강연하였다. 이 때 고혈압이 악화되는 등 지병악화로 모든 활동을 중단하였다. 이후 33세 때 개벽사에서 새로 월간지 「혜성」

을 발간했으나 개벽사의 부채에 대한 정신적 고통 때문에 신장염에서 온 고혈압 증세로 쓰러진지 일주일 만에 운명하였다.

2. 방정환의 인간존중사상

그는 천도교 교리로부터 인내천(人乃天)사상, '하늘이 곧 사람'이라는 사상으로부터 인간존중사상이자 인간평등사상을 접했다. '하늘의 품성을 지니고 있는 개인은 하늘과 같은 존재이므로 사람 섬기기를 하늘과 같이 하라'는 사상을 내세워 계급, 연령, 성에 관계 없이 모든 인간은 귀한 존재라는 인간평등사상을 찾아냈다(천도교 제2대 교주인 해월(海月) 최시형의 事人如天).

이러한 사상은 바로 여성해방, 아동존중, 노비해방과 같은 주장을 가능하게 했고, 이는 종래 지배계층에게 억눌렸던 민중을 해방시킬 논리적 근거가 되었다. 실제로 해월은 내수도문(內修道文)에서 '집안 식구를 한울림 같이 공경하라. 하인을 자식같이 알고 우마육축(牛馬六畜)이라도 학대하지 마라'라고 했다. 소파는 그의 생각을 천도교 교리에서 확인한 셈이고 더욱 키운 셈이다.

그런데 당시 유교적 사회관은 국가, 사회, 가정이 무너져서는 안 되므로, 부모와 자식, 부부, 군신, 어른과 아이의 관계에 지켜야 할 도리, '아비는 자식을 사랑하고 자식은 효도하며, 임금은 정의롭고 신하는 충성하며, 남편은 화목하고 아내는 순종하며, 형은 우애하고 아우는 공손해야 한다'는 수분(守分)과 정명(正命)을 지킴으로서 통치질서가 확립된다고 강조했다. 이는 신하나 아내, 아이는 양보가 미덕이고, 임금과 남편, 어른은 섬김을 받는 존재로서, 수직적인 윤리관이다. 봉건적 윤리인 셈이다. 유교적 윤리에서 보면 아동교육의 원리는 '애다운 애'인데, 어른 공경이라는 예절을 강조한 윤리로서 성인의 입장에서 아이에게 일방적으로 전수시키는 방식의 교육인 셈이다.

소파에게는 유교의 윤리에 따라 아동교육을 한다면, '성인의 언행을 본받아, 성인의 가치관을 전수받아 성인이 바라는 사람이 되는 것'이라고 파악했다. 아동의 마음에 잠재되어 있는 소질이나 능력을 강조했다기 보다는 성인의 것을 본받아야 하고 성인에 복종해야 하는 것이다.

소파는 출판문화, 예술문화 등과 같은 운동과 소년단체운동, 강연, 구연 등의 활동을 통하여 아동교육을 전개했으므로, 이로부터 그의 사상을 찾아 볼 수 있다. 「개벽」지 동경특파원으로 있을 때에 「어린이」 창간호를 앞두고 천도교 간부 조정호에게 보낸 편지에, "(중략) 친권만 휘두르는 부모, 화초 기르듯이 자기의사에 꼭 맞는 인물만 만들려는 욕심 밖에 있지 아니합니다. 지금의 학교는 기성사회와의 일정한 약속 하에서 그의 필요한 인물을 창출하는 밖에 더 이상의 계획이 없습니다. (중략) 어린이는 결코 부모의 물건이 되려고 생겨나오는 것도 아니요, 어느 기성제품이 되려고 나오는 것도 아닙니다. (중략) 저는 저대로 독특한 한 사람이 되어 갈 것입니다. (중략) 일정한 판에 찍어내려는 지금의 학교교육과 같이 틀린 것, 잘못된 것이 어디 있겠습니까?"라고 지적하고 있는데, 어린이를 완전한 하나의 인격체로 인식, 어른의 축소판이나 부모의 예속물이 아니라 '훌륭한 한 사람으로 태어나온' 존재라고 보았다.

그는 자신의 태도와 생각이 절대로 옳다고 믿고 어린이로 하여금 따르게 하는 것이 하나요, 자신의 태도를 '헌 것'으로 인정하고, 그 '헌 것'의 '덮어씌움'에서 어린이를 해방시켜 주려는 것이 다른 하나인데, 전자는 강제와 위압이 따르는 옳지 못한 교육이요, 후자를 따라야 한다고 주장했다.

그는 어린이의 성장발달을 도우려는 운동, 어린이의 성장 발달에 방해가 되는 요인을 제거하려는 운동이다. 그의 사상은 다음과 같다.

3. 민족구원과 어린이 발견

그의 생애에서 보았듯, 그는 일관된 신념이 오직 조국 독립을 위한 불국의 의지와 열정만으로 이어졌다. 동화와 창작구연은 민족의 싹으로 아동을 기르기 위한 방편이었고, 독립운동의 앞길을 위한 타개책이었다. 이렇게 볼 때 우리는 그의 생애를 하나의 체계로 윤곽지울 수 있는데, 독립운동이 아동문화운동이나 동호의 구연 번안 창작은 그 정신 또는 활동의 체계로 볼 때 횡적 존재로서 별개의 의미가 아니라 종적체계 속에서 조국독립을 최고이념으로 하였다. 민족구원은 다만 소파의 사상이 아니고 당시 선각자 중 민족구원의식을 가지지 않은 사람은 없었기 때문이다. 우리의 민족주의가 일본에 대한 저항으로서 싹텄던 것은 우리의 민족주의만이 가지는 독특한 성격이라고 할 수 있다. 소파 역시 일제에 대한 저항의식이 어려서부터 싹텄다. 그가 태어난 곳이 조선이고 당시 일제의 찬탈위기에 놓였던 때였으며, 또 성장하고 활동하던 때가 일제치하였기 때문에 그의 사상과 성격에 중요한 영향을 미쳤다. 때마침 불어 온 신문화운동도 그의 의식에 중요한 영향을 미쳤을 것이다. 당시 육당이 발간하던 「소년」, 「아이들보이」, 「새별」 등은 바로 소파 또래를 위한 계몽지였고, 그는 이 잡지를 계속 탐구함으로써 그의 사상에 영향을 주었다. 이런 경험은 그가 어린이날에 뿌린 '어린이날의 약속'에서도 잘 나타나 있다. 그리고 어린 시절 '소년입지회'는 인격형성에 중요한 요소로 작용하였고, 그의 민족사상 형성에 좋은 밑거름이 되었다.

그는 원래 청년 운동가였다. 이런 소파가 아동운동에 관심을 가지게 되었던 것은 3·1운동이 실패로 돌아가면서부터였다. 많은 동포들이 죽은 것을 보면서 그는 아이들을 위하는 운동, 아이들을 바르고 아름답게 기르는 운동, 아이들을 부모의 소유물처럼 생각하는 관념을 버리고 아이들의 인격을 존중해주는 운동, 이런 일이 민족을 구하는 운동이라고 생각했다.

그리고 어린이지가 민족주의 경향을 띠고 있어서 검열에 의해 압수당하고 끊길 줄 모르며 편집을 간행했다는 것을 보아서도 알 수 있듯, 그는 어린이 운동이 구국의 근원임을 생각하고 소년운동에 그의 전력을 기울였던 것이었다. 그의 소년운동은 이들을 민족 장래의 후계자들로 가르쳐서 조국의 독립을 이루어보려는 민족구원 의지의 표출이었던 것이다.

4. 아동해방운동

소파의 소년운동은 결국 어린이의 인격존중이었다. 어릴 때부터 뚜렷한 인권을 가진 인간으로 길러서 독립정신이 강한 인간이 되게 하자는 것이었다. 너무 오랜 세월동안 아이들을 부모의 기쁨을 위해 완롱물(장난감)처럼 존재해야 했다. 그는 이를 안타깝게 생각하고 유학시절 아동심리와 아동문학을 택했고, 1921년 방학 때 서울로 돌아와 '천도교소년회'를 만든 것이었다. 3·1운동 후 민족의 자각으로 청년운동이 일어나고 있어서 소년회의 취지는 지지를 받지 못했다. 그러나 이에 아랑곳하지 않고 소년회는 여러 활동을 통해 그들의 자주성과 건강과 민족적 자각을 기르는데 정성을 다했다. 뿐만 아니라 소파는 어린이를 키우는 부모의 정신적 각성을 촉구하기 위해 전국을 순회하며 아이들의 인격을 존중하자는 주목적으로 강연회를 가졌다. 전통사회에서는 어린이에 대한 사랑은 있을지언정 공경은 없었다. 그래서 그는 이런 소년해방운동은 어린이날 제정과 함께 뿌렸던 선전지에 그 해방의 의미가 무엇을 가리켰는지 말하고 있다.

① 어린이를 재래의 윤리적 압박으로부터 해방하여 그들에게 대한 완전한 대우를 허하게 하라.
② 어린이를 재래의 경제적 압박으로부터 해방하여, 만 14세 이하의 그들에게 대한 무상의 노동을 폐하게 하라.
③ 어린이 그들이 고요히 배우고 즐거이 놀기에 족한 각양의 가정, 또한 사회적 시설을 행하게 하라.

이를 통해보면, 어린이에 대한 사랑과 정신적 해방의식이 강조된 윤리적 측면이 우선 돋보인다. 당대의 현실사회에서 소외되고 푸대접받는 어린이에 대한 사회적 촉구의 의미가 잘 나타나 있고, 어린이를 인격자 · 인간으로 예우해 줄 것을 사회적으로 촉구하는 한편, 어린이의 해방정신과 함께 어린이 해방의 의미가 어디에 있는지 잘 나타나고 있다. 즉 그의 아동해방의 의미는 어린이를 어린이다운 인격으로 그들을 대해주는 것이 참다운 해방이라고 본 것이었다. 그러나 아동 해방을 부르짖는 그 의식의 저변을 유의할 필요가 있다. 암울한 우리 민족의 미래의 유일한 희망으로 상징화된 그 의식의 저변에는 당시의 현실에 대한 역사의식에서 기인한 것이었고, 그 궁극적 목적은 아동 개개인의 독립은 조국의 독립이라는 데에 있었던 것이다.

5. 자발성과 조화의 원리교육

그는 「어린이」지 편집에서도 수신강화(修身講話)나 교훈담(敎訓談), 수양담(修養談)같은 것은 제외시켰다. 이는 수신담이나 교훈담은 어린이의 성장을 방해한다고 생각했기 때문이다. 어린이 저희들끼리의 소식, 저희들끼리의 작문, 담화, 동요, 소년소설이 주가 되어야 한다고 생각했다. 그는 지적인 측면보다 정의적 측면을 강조하면서 조화로운 성장발달을 꾀했다. 그는 세계아동예술박람회을 열면서, '수신과 산술만으로는 부족하고, 예술이라는 좋은 반찬을 부지런히 잘 구해 먹어야 완전한 좋은 사람, 전적(全的) 생활을 해 갈 수 있는 사람이 될 수 있다'고 피력했다. 그는 교육방법으로 '저희에게 싹트는 것을 북돋아 줄 뿐'이라고 하여, 아동의 내적 성장을 인정한 것뿐만 아니라 아동을 성인의 부속물이 아닌 독립체이며 아동 고유의 세계를 인정한 것인데, 흥미의 원리와 자기표현의 원리를 적용한 셈이다. 교육자가 일방적으로 주입시키는 것이 아니라 아동의 입장에서 성장을 도와주는 역할을 원칙으로 하고 성장단계를 고려하여 흥미로서 즐겁게 활동할 수 있도록 하는 것이고, 이를 통하여 '자기를 표현할 수 있도록 하는 것'을 중요시 여겼다. 느끼고 본 것을 솔직하게 표현하도록 하였으며, 미술, 음악, 작문을 강조하였고, 특히 어른의 것을 모방하는 것을 '몹쓸 것'이라고 경계하고, '자신의 것'을 표현하도록 하였다. 그의 교육활동을 정리하면 다음과 같다.

① 그의 교육활동은 외부에서 형성시켜주는 인간교육이 아니라 아동 스스로의 자발적인 원리를 강조하고 있다는 것이다. 그는 어린이 저마다 나름대로 인격과 고유성이 있고 독자적 삶을 영위할 수 있는 잠재력이 있다고 믿었다. 따라서 교육이란 어떤 인물로 만들어 가는 것, 또는 어떤 용도를 지닌 인물을 추구하는 것이 아니라고 생각했다. 즉 교육은 외부적인 강요를 통한 형성이 아니라 인간의 내발적인 원리를 통해 옆에서 도와주는 것이라고 보았던 것이다. 이런 사상은 루소의 합자연의 원리와 일치한다고 할 수 있다.

② 소파는 지적인 영역과 정의적 영역의 조화로운 인간을 생각했다. 이것은 페스탈로치의 손, 머리, 가슴이 골고루 발달

하는 조화로운 인간을 기른다는 원리와 같은 것이라고 할 수 있다. 그는 이런 조화로운 인간을 기르기 위해 전통사회의 교육과 일제의 교육이 너무 덕육과 지육방면으로 기울어져서 조화로운 성장을 할 수 없다는 것을 알고 그는 많은 예술활동을 펼쳤다.

③ 소파의 교육특색은 그가 아동을 하나의 인격체로 보았다는 점이다. 이것은 어린이날 그가 뿌린 '어른에게 드리는 글'에서 아동을 어른의 축소판으로 보던 생각에서 벗어나 인격체로 보자고 한데서 잘 나타나 있다. 그의 사상은 그가 활동의 첫 출발을 존댓말 쓰기를 시작했던 것에서도 나타나고 있다. 이것은 듀이의 아동중심교육사상과도 일치한다고 할 수 있다. 이 존댓말 쓰기는 개벽사의 소춘 김기전이 1920년 7월 25일 발행한 「개벽」 2호 '유년 남녀의 해방을 재창함'이라는 글에서 영향을 받았던 것 같다. 어린이지를 보면 많은 부분이 또래끼리의 동요, 담화 등으로 이루어져 있고, 또래 독자의 글도 많이 싣고 있다. 이것은 교육은 미래를 위한 대비가 아니라, 그것이 바로 학교가 사회의 축소판이라고 본 듀이의 생각과 비슷한 것이다. 그래서 많은 부분 소파는 어른이 아닌 아동들의 솜씨를 중심으로 그들의 눈높이에서 생각했다.

6. 어린이 중심의 교육방법

소파의 아동을 위한 교육활동에서 오늘날 우리가 이해할 수 있는 몇 가지 교육방법상의 원리를 찾을 수 있다.

① 그는 비지시적인 교육방법을 채택했다. 즉 그는 어떤 내용을 주지시키거나 알려주어서 깨치게 하는 것이 아니라 조

언자로서 교사의 활동이 되게 하였다.

② 그의 교육방식이 철저하게 실생활 중심의 교육, 실제적인 교육, 산교육 중심이었다는 것이다. 그의 생애가 실질적인 생애였다는 사실에서도 증명할 수 있지만, 그가 직접 쓴 '딸이 있어도 학교에 안 보내겠소'에서도 자세히 나타나 있다. 이 글의 배경은 당시 여학교 출신자들이 신문학과 관련해 배운 것을 활용하지 못하는 것을 보고, 그 원인이 학교 교육 내용이 실생활과 유리되어 있다는 데 있다고 보고 쓴 글이다. 여기서 그는 '실제생활과 관계 없는 교육은 아무 고마울 것 없는 헛노력이다'라고 하였다.

③ 그의 교육방식은 발달단계에 맞는 교육방법이라고 했다. 소파가 아동심리를 연구했다는 것은 그가 아동에 대한 교육적 지식이 풍부했음을 알게 해준다. 그래서 그의 행적에는 교육적 지식이 충분히 들어있는 것이 많다. 예를 들면, 그의 동화강연에서 감동하지 않은 사람은 없다고 하는 것은 그가 강연술에 뛰어났기 때문이라고 할 수 있겠지만, 그가 어린이의 심리에 맞게 구연했다는 뜻도 된다. 색동회 회원들이 모여 「어린이」지 및 동인작품 합평회를 수시로 개최하고 이를 프린트하여 소파 방정환에게 보내 「어린이」지 제작에 참고하도록 했다는데도 이런 발달단계를 고려했다는 것을 엿볼 수 있다.

④ 그는 칭찬을 교육방식의 중요한 원리로 생각했다. 유교사상에 투철한 우리민족은 어린이들에게 칭찬할 줄 모르고 항상 근엄하고 감정의 가지를 잘라낸 가식 또는 체통으로 그의 본성을 덮고 점잖아야 좋은 사람으로 알았다. 점잖은 것에 그는 젊지 않다는 것이라고 하며 젊지 않다는 것은 곧 늙었다고 하며 점잖은 것과 어린이와는 관련이 없다고 하였다.

칭찬이 좋은 교육방법이라는 것은 경험과 실험에서도 증명되고 칭찬보다 더 좋은 교육방법은 없을 것이다. 또 꾸지람 밑에서 큰 아이는 용기 없고 비굴해진다고 보고 칭찬을 통한 자신감 형성을 중요시했다.

⑤ 그는 흥미를 교육의 중요한 원리로 보았다. 그는 지식의 내용만 사실적으로 전달하려 하지 않고 어떻게 하면 그것을 흥미롭게 이해시킬 수 있을까 생각하였고, 일상생활과 관련지어 전달하는 방식을 사용했으며 그는 그 분야의 전문가를 모셔 흥미롭게 이해시키도록 노력했다.

⑥ 그의 교육방법의 원리를 찾아보면 그는 어린이로 하여금 자기 자신을 자주 나타내도록 했다는 것이 발견되어진다. 소파는 체면과 가식에 차 어린이의 본마음이 밝혀지지 않는 것을 안타깝게 생각하고, '그 본모습을 보이자! 기쁠 때 웃고 슬플 때 우는 참된 소년이 되자!' 이런 배경에서 자기 자신을 자주 표현하도록 했던 것이다. 그러나 표현만 하는 것은 부족하고 자신의 생각이나 현실을 꾸밈없이 나타내야 한다고 하였다. 이런 자유표현의 원리는 정신의학적 입장에서 중요한 의미를 갖고 있는데, 표현활동은 모든 생동하는 것들의 본능이며 자기 욕망의 실현이라고 보고 있다. 또한 창조성의 해방과 같은 교육적 의의도 갖고 있다.

7. 아동의 내면세계 발견

소파의 활동으로부터 찾을 점을 어린이 내면세계의 발견과 존중, 아동해방이라 할 수 있겠는데, 어린이는 순진무구한 존재이며, 어린이의 세계는 어른의 세계와 다르며, 어린이는 독립된 인격체라고 주장했으며, 어린이를 기쁨 속에서 자라게 하고, 자유롭게 활동하게 하라고 충고하고 있으며, 동화를 많이 들려주어 상상력을 자극해주고, 동요를 짓게 하여 심성을 부드럽게 하자고 주장했으며, 그림을 솔직하게 마음대로 그리게 하고, 건전한 소년단체에 활동을 하게 하고, 단결심을 함양하며, 우리 민족과 문화를 생각하게 하라는 교훈을 남겼다. 그는 우리에게 아동해방이라는 의미를 다시 한번 생각해보게 한다.

소파는 당시 유교적 아동관에 대해서 비판적인 관점을 명확히 가지고 있으며 어른중심의 생활방식과 사고방식을 탈피하여 어린이의 내면세계에 대한 재인식을 강조하고 있다. 어린이가 어른의 축소판이 아닌 자신만의 독립적이고 고유한 내면세계와 특성을 지니고 있으므로 이를 존중하는 교육을 실천해야 한다고 주장했다. 우리 사회는 현재도 많은 어른들이 아이의 고유한 삶과 행복을 어른의 입장에서만 바라보고 어린이의 삶을 함부로 개입하고 지시하며 감독해도 된다고 여기고 있다.

어른의 느낌과 생각과 달리 어린이 스스로의 행복을 찾을 수 있도록 지켜봐주고 지원해주는 어른들이 어린이에게 필요하다.

아동해방이란 결코 물질적 풍요만을 의미하지 않는다. 물질적 풍요가 극에 달한 오늘날에도 아동해방은 여전히 사회적 문제로 대두되고 있는 것이다. 진정한 의미에 있어서 아동해방이란 아동 스스로가 자유스럽고 정신적으로 행복감을 느낄 때 우리는 아동해방의 의미를 거기서 찾을 수 있을 것이다.

소파의 아동들에 대한 열정적인 사랑 내지는 정열을 생각해 보지 않을 수 없다. 오늘날 아동교육계에 대두되고 있는 많은 문제들은 결국 교사에게로 그 원인이 귀속되는 것이 아닌가, 무엇이 문제인가에 대한 가장 확실하고 분명한 대답은 결국 교사의 열정에 있으며, 이는 시대 상황이나 조류에 흔들리지 않는 영원한 속성인 것이다.

참고문헌

강승규 역(1992), 어린이의 삶을 사랑하는 교육, 서울: 서원.

강승규(1990), 존 듀이의 판단이론, 고려대학교박사학위논문.

박의수 · 강승규 · 정영수 · 강선보(2003), 교육의 역사와 철학, 서울: 동문사.

안경식(1994), 소파 방정환의 교육운동과 사상, 서울: 학지사.

연세대학교 교육철학연구회(2002), 위대한 교육사상가V, 서울: 교육과학사.

차호일(1997), 소파 방정환의 아동교육사상, 서울: 이서원.

유철 역(1996, E. 캇시러), 루소 · 칸트 · 괴테, 서울: 서광사.

서정복 역(1993), 프랑스 혁명과 교육개혁, 서울: 삼지원.

이용남 역(1990), 교육이론의 선구자(Ivor Morrish), 서울: 교육과학사.

안인희(1990), 루소의 교육론, 서원.

이홍우 역(1987), 민주주의와 교육, 서울: 교육과학사.

정봉구 역(1987), 에밀, 서울: 범우사.

이태일 외 역(1975), 사회계약론, 서울: 범우사.

John Dewey(1916), Democracy and Education, New York: Macmillan.

http://ingwon.com

제6장

좋은 교육: '함께하는 마음눈' 키우기

Ⅰ. 좋은 교육이란?

교육이 이루어진 이유는 무엇일까? 그것은 지금보다 뭔가 달라질 모습에 관심을 두고 있다. 가르치고 배우는 활동이 있는 곳에는 학생에게 '바람직하게 뭔가 변화되기'를 바라는 의도와 마음이 작용하고 있다. 교육활동에는 항상 '변화'가 중심을 이루고, 이 '변화'란 술어에는 항상 '바라는 바'의 방향과 의도가 전제되어 있다. 그러므로 교육은 항상 '좋은' 가치를 지향하는 활동[1)]이 전제되어 있는 셈이다.

좋은 교육의 필요성은 교육을 받을 학생과 학생 부모의 입장, 그리고 국가적 상황에 따라 각각 다르며, 또 그 시대의 사회적 필요에 따라 다르다. 그에 상응하여 교육과 교사에 대한 기대나 바람도 여러 가지의 내용을 담고 있다. 관심을 두어야 할 문제는 바로 이 '좋은 교육'이란 어떠한 이를 어떻게 길러낼 것인가 하는 문제에 초점이 집중되어 있다. 주어진 주제에서 말하고 있는 좋은 교육에 대한 논의는 바로 '좋은 가치'가 무엇인가에 대해서

1) 교육을 통하여 '나쁜 것'도 길러낸다고 했을 경우에는, 첫째로는 좋은 것을 의도했지만, 의도한 바와는 전혀 다른 결과를 부산물로 만들어 낸 경우이며, 또 다른 경우에는, 상식적 활동과는 격리되거나 동떨어진 집단에 의해 의도적으로 길러낸 행동을 지칭한 말이다. 그러나 이렇게 하여 길러진 행동 특성들은 타 집단과 활발한 교류가 이루어지지 못하고 지속력을 갖지 못한다. 그것은 마침내 좋은 교육의 범주에 진입될 수가 없는 것들이다. 예외적인 경우도 있겠으나 여하튼 그러한 집단에서도 '좋다'고 여기는 것을 길러내려고 한다.

근본적으로 따져보자는 뜻이 담겨져 있다. 이 때의 '좋은'이라는 수식어가 교육의 이상적인 상을 그리는 주요한 용어가 된다. '좋은'이라는 용어를 다른 말로 표현하면 '바람직한', 또는 '가치로운', 또는 '이상적인'이란 수식어로 바꿀 수 있다. 좋은 교육이란 그 사회 대다수의 사람들이 기대하고 바라는 바람직한 교육이라고 할 수 있겠으나, 이는 시간적 · 공간적 상황에 따라 많은 차이를 보이게 된다. 항상성을 지닌 기준에 의한 '좋은 교육상', 또는 '바람직한 교육상'을 설정하는 일이란 그렇게 간단치 않다. 어떤 가치 기준에 의해서 '바람직하거나 좋은' 교육의 기준을 선택하고 결정하느냐 하는 문제는 큰 난제 중의 난제가 아닐 수 없다.

여기에서 밝혀져야 할 문제는 어떠한 기준에 의해서 '좋은 것', 또는 '가치로운 것', 또는 '바람직한 것'을 찾느냐 하는 문제에 귀착된다. 가치론을 상대주의적 입장과 절대주의적 입장으로 나눌 수 있겠으나, 우리는 항구적으로 일사불란하게 이상적인 가치를 제시하는 절대적 기준을 찾는 데에는 회의에 봉착하게 된다. 가치판단의 결정은 늘 상대적이고 상황에 따라 변화될 수 있다는 데에 그 어려움이 있다. 다양한 가치를 존중해야 한다는 원리를 존중하는 민주주의 사회에서 더욱 그러하며, 급변하는 현대사회 지식의 단명성(短命性)에 의해 이러한 현상은 더욱 심화되어간다. 그러므로 고정불변한 가치기준에 의해서 교육의 방향을 설정하고 이를 고집하여 교육활동을 하는 일은 설득력을 상실하고 만다.

그러한 이유로 인해서, '좋은', 또는 '바람직한', 또는 '가치로운' 기준을 적절하게 설정할 수 있는 상황이나 조건에 관심을 기울여 볼 수 있다. 이러한 상황이 가능하다면 바람직한 기준을 설정하는 일이 용이해 질 수 있을 것이다. 만약 '좋은' 기준을 설정하기 위한 이상적인 상황이 가능하다면 이를 유지하는 노력이 좋은 가치에 대한 기준을 결정하는 일보다 더 중요한 활동이 된다.

왜냐하면, 그러한 상황 속에서는 '난제 중의 난제'인 가치판단의 문제 그 자체를 해결하는 일이 더 용이해지기 때문이다.

이러한 상황의 설정이 가능하다면 이 상황은 사회 구성원이 바라는 바의 가치로운 것을 적합하게 결정해 줄 수 있는 조건이 되어진다. 이를 유지시키는 일이 바로 사회 구성원이 바라는 가치로운 상황이 되는 것이다. 그래서 이러한 상황을 존속시키는 일이 서로가 바라는 상황이라고 할 수 있다. 왜냐하면, 그러한 상황을 유지시키는 일이 서로에게 적합하고 합리적으로 판단할 수 있도록 도와주는 조건이 되기 때문이다.

이 상황은 서로에게 적합하며 합리적이라고 생각하는 바람직한 가치를 설정할 수 있는 조건을 지닌 활동이 가능한 상황[2]이므로, 이를 사회 구성원이 바라는 바의 도덕을 실행할 수 있는 상황이라고 할 수 있다. 따라서 이를 서로에게 합의가 이루어진 도덕적 상황이라고 표현할 수 있으며 동시에 이를 '교육적인 상황'이라고 말할 수 있을 것이다.

이 교육적인 상황이 어떠한 상황인가? 이를 설정해 볼 수 있다면 이 상황을 유지시키기 위해서 무엇을 어떻게 할 것인가 하는 답도 가능할 수 있을 것이다. 바로 '교육적인 상황'을 설정해 볼 수 있다. 그리고 이를 유지하기 위해서 요청되는 것이 무엇인가를 유추할 수 있다면 그것이 바로 '좋은 교육'이 갖추어야 할 조건을 말하는 셈이 되고, 이는 바로 주어진 주제를 만족시키는 작업이 될 수 있을 것이다.

---

2) 존 듀이는 그의 저서인, 『민주주의와 교육』(1916) 제7장과 제1장에서 민주주의와 인간의 삶의 특성을 논하면서 제시한 '좋은 사회'의 조건으로, ① 공동의 목표와 관심사를 지니고, ② 구성원 간에 활발한 교류가 이루진 사회를 제시하고 있다. 하버마스의 이상적 담화상황은 체계적으로 왜곡된 의사소통과 이의 원인인 왜곡된 사회구조의 비판적 잣대 구실을 할 수 있으며, 의사소통적 능력이 있는 주체의 구성요건이 되어 합리성에 이르는 통로가 된다고 말한다. 이강수 역(1994), 커뮤니케이션 행위이론(Thomas McCarthy trans. The Theory of Communicative Action 〈J. Habermas〉. Polity Press. 1987), 서울: 나남출판, 33-85쪽 참조.

Ⅱ. 좋은 교육의 구조적 조건: 교육적 상황

교육활동은 어떤 기준에 의해 가치롭게 인간의 심성이나 성향을 변화시키는 일이라고 한다면, 이 '가치롭다'는 말을 만족시킬 수 있는 조건이 필요하다. 그런데 '좋은', 또는 '가치로운', 또는 '바람직한'이란 형용사를 만족시킬 수 있기 위해서 교육활동에 참여하는 사람이 함께 공감하고 동의하는 합의된 가치기준을 설정3)해야 한다. 이 합의된 가치기준에 따라 교육활동이 이루어지게 된다면 바로 그 활동이 바람직한 교육이 된 셈이다. 바로 그 가치는 다른 한편으로는 교육 활동에 참여하고 있는 사람이 소속되어 있는 사회에서 대체적으로 가치롭다고 인정받는 가치가 될 것이다. 결국 '교육적이다'는 말은 사회적 기대에 어긋나지 않는 가치기준에 따라 교육을 하고 있을 때나 또는 사회적으로 기대하는 가치기준에 따라 교육이 행하여 질 경우에 얻게 되는 평판이다. 이에 따라 '교육적인 상황'을 정의해 보자면, 소속된 사회 구성원 대다수가 바라는 바의 방향이나 내용을 교육활동에서 실제로 길러 내고 있거나, 또는 그들이 교육을 통하여 길러 주기를 바라는 것을 교육할 수 있는 조건을 만들어 길러내려고 노력하는 상황을 가리킨다. 즉 사회적 구성원 대다수가 합의하고 지향하는 가치를 찾으려는 구조적 상황인가 아닌가 하는 기준에 따라서, '교육적인 상황'인가 '비교육적인 상황'인가를 구별할 수 있는 근

3) K. A. Strike, J. E. Soltis는 '가치의 절대성에 대한 불확실성을 전제한다 하더라도 사회 구성원 간에 균형적 판단이 불가능한 것은 아니다. 모든 사회는 공통의 생태환경(common biology)과 공통의 기본욕구(common fundamental needs), 공통의 열망(common aspiration), 공통의 물리적 환경(common physical environment)을 지니고 살아간다. 서로가 공통성을 지니고 있기 때문에 똑같아질 수는 없지만, 서로 간의 합리적 균형을 유지할 수 있는 윤리를 찾는다는 것이 불가능하지만은 않을 것이다'라고 주장하면서 합리적인 판단으로서 Reflective equilibrium을 제시하고 있다(K. A. Strike, J. E. Soltis 4th. ed.,(2004), The Ethics of Teaching. Teachers College, Columbia University. 100쪽).

거가 될 수 있다.[4)]

'교육적인 상황'과 '비교육적인 상황'이 구별될 수 있는 조건을 찾기 위해 가능한 상황을 가상해 볼 수 있다. 첫 번째의 경우는, 서로가 행하고 있는 활동이 모두 현재 사회적으로 합의될 공통 가치, 즉 가능공동선[5)]을 벗어나 있지 않으면서, 모두 똑같이 일치된 활동과 생각을 하고 있는 상황을 상정해 볼 수 있다. 또 다른 한 경우는, 가능공동선의 범위 내에 있으나 서로가 각각 다른 입장을 취하고 있어 합의점을 찾을 수 없는 경우를 생각해 볼 수 있으며, 마지막으로는, 가능공동선의 범주 내에서 부분적으로 일정한 합의점을 공유하고 있는 경우를 가상해 볼 수 있다. 이를 그림으로 표현하면 다음과 같다.

상황 I

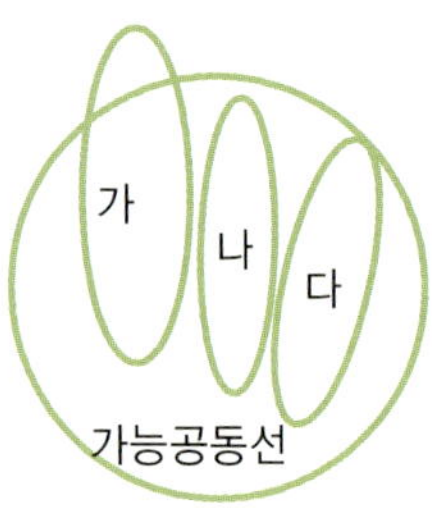

상황 II

상황 III

다음 그림에서와 같이, 상황 I 은 사회구성원(가, 나, 다)이 지향하는 가치가 모두 가능공동선의 범위에 있기는 하지만, 모든 면에서

---

4) 강승규(1995), '교원교육에 대한 교육철학적 접근', 한국교사교육 제11호. 한국교원교육학회. 강승규(1986), '교육의 개념에 터한 교육목적 탐색연구', 우석대논문집 제8집. 357-372쪽. 사회적으로 합의된 가치를 어떻게 설정하느냐 하는 문제가 제기되는데, 교육적 상황을 설정할 수 있다면 이에 대한 실마리를 찾을 수 있을 것이다.

5) 가시적으로 합의된 共同善에 비하여 더 포괄적이고 더 적합한 공동선이 늘 잠재하고 있다. 사회구성원들이 더 적극적으로 더 적합한 가치를 탐구하려고 노력한다면 현재 합의된 善보다 더 좋은 가치를 만들고 또 찾을 수 있을 것이다. 可能共同善이란 달리 표현하면 구성원 모두가 늘 더 좋은 善을 찾으려는 적극적인 자세와 태도를 가리킬 수도 있다. 현재 합의된 善에 대한 끊임없는 가설적인 탐구와 검증을 해보려는 지적 사고를 통하여 더 좋은 가치를 찾아 낼 수 있을 것이다. 따라서 상황 I 과 II 는 이러한 활동이 거의 포기된 상황인 셈이다.

서로가 하나가 되어 있다. 이 경우는 서로가 똑같은 생각을 하고 있는 상태로서 획일적으로 합의가 이루어지는 경우이다. 한 사람의 주장이 모든 이에게 수용되어 일치를 이루는 경우이다. 이 경우는 가능공동선의 범위에서 합의가 이루어지지만 보다 다양한 가능성을 포괄하기엔 매우 부족한 상황이다. 즉 다양한 가치가 인정되지 않으며 각자의 능력을 각자의 취향과 흥미에 맞게 발전 계발시키는 교육활동이 가능하지 못한 상황이다. 다양한 사고와 다양한 능력을 지닌 사람들이 함께 자신의 각자 능력을 발휘할 수 있는 역학관계를 지닌 구조가 아니다. 그래서 이를 '좋은' 교육적 상황이라고 말하기에는 충분하지 못한 상황이라고 할 수 있다.

상황Ⅱ를 보기로 하자. 가, 나, 다 모두가 각자 다른 가치를 지니고 다른 방향의 행위를 하고 있어서 각자가 합치될 수 없는 상황을 드러내고 있다. 구성원이 모두 가능공동선 내에 있지만 서로의 주장이 맞서 있는 경우인데, 서로가 전혀 다른 가치지향을 하고 있으며, 서로 자신의 편견과 독단과 자기주장만으로 평행선을 긋고 지속하는 경우로서 서로의 합의를 도출해 낼 수 없는 상황이어서, 서로가 합의를 이루어 '좋은 교육'을 만들어 낼 수 없으며, 단지 구성원 개개인에게만 좋은 교육이 있을 뿐이다.

상황Ⅲ은 사회구성원의 지향가치와 모두 사회적 가능공동선의 범위에 들어와 있으면서 서로가 부분적으로 어떠한 가치 기준에서 공통적인 합의점을 지니고 있는 상태이다. 이 경우 가, 나, 다 모두가 가능공동선 내에서 서로가 좋다고 생각하는 가치를 교류할 수 있는 상황이다. 부분적으로 합의를 이루고 있으면서, 한편으로는 갈등을 이루고 있어서 서로 대화가 활발히 이루어질 수 있는 상황이다. 현재는 서로가 합의를 이루고 있는 부분은 적지만 서로가 적극적인 교류가 진행되어 더 넓힐 수 있는 역학구조를 지니고 있다. 이 구조가 보다 더 넓고 포괄적인 공동선을 탐색하고 추구할 수 있는 상황이라고 할 수 있다.

상황Ⅲ은 '함께' 더 좋은 선을 탐색하기 위하여 활발하게 대처해 나갈 수 있는 구조를 지니고 있어서 공동선 또는 공동의 의미를 추구해 나갈 수 있는 조건을 지닌 상황으로 부각된다. 상황Ⅲ은 서로가 합의를 이루고 있으면서, 또 한편으로는 서로가 차이점을 지니고 있기도 하면서 이를 서로 인정하고 있다. 더 나아가 서로에게 적합한 가능공동선을 만들어 나가기 위한 현상을 지니고 있는 상태이다. 이 상황은 구성원들 간의 적극적인 교류를 통하여 그들 서로에게 보다 더 적합한 가치를 공동으로 추구하고 있는 형상이라고 볼 수 있다. 즉 사회 구성원 서로가 바라는 바의 가치를 추구할 수 있는 조건을 갖추고 있다고 볼 수 있다. 그러므로 이 상황을 유지시키는 활동이란 바로 서로가 바라는 바람직한 상황이라고 볼 수 있다. 구성원 서로에게 좋은 교육을 만들어 낼 수 있는 구조이다.

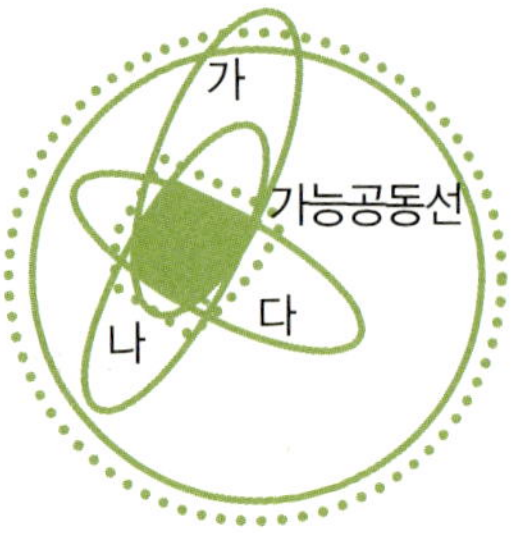

상황 Ⅲ-1

이 상황은 좀더 깊이 검토해 보자면, '나'와 '다'는 가능공동선의 범위에서 사고를 하지만, '가'의 경우에는 그들과 달리 정상적인 궤도를 벗어난 사고와 세계관과 태도를 지니고 있으므로, 보통의 사람들과는 많은 차이점을 지니고 있어서 많은 갈등과 의견대립 또는 이해하기 어려운 주장이 있을 수 있다. 그런데 다행한 것은 서로 공동의 장, 합의를 이룬 부분이 있으므로 서로 간에 대화가 이루어질 수 있고 상호 교류가 가능한 상황이다. 이런 역학관계를 발전시킨다면 '가', '나', '다'가 서로의 의견을 충분하고 활발하게 교류하여, 공유하는 경험의 폭을 넓혀서 서로가 함께 할 수 있는 마음의 눈[6]의 지평을 새롭게 하여 결국은 가능공동선의 한계까지를 확장하는 결과를 얻게 될 수 있을 것이다.[7] 이를 다음 그림의 상황 Ⅲ-1로 그려볼 수 있다.

따라서 상황Ⅲ의 조건을 조성하고 유지하는 데에 필요한 특성이 무엇인가를 찾아 낼 수 있다면, 교육을 통하여 길러내야 할 특성이나 내용이 무엇이어야 하는가 하는 질문에 대한 답이 될 수 있다. 이는 바로 '좋은 교육'이 어떤 모습이 될 것인가에 대한 방향을 찾는 단초가 될 수 있다.

Ⅲ. 길러내야 할 교육적 인간상

상황Ⅲ은 바로 적극적인 교류를 하고 있으며 서로에게 관심을 기울이고 있어서, 서로에게 적합한 것, 즉 공동선에 합의를 이루고 있으며, 또 더 나은 공동선, 즉 더 포괄적인 공동선을 추구할 수 있는 구조를 지니고 있는 상태이다. 서로가 관심과 이해의 공통성 또는 동일성을 찾으려 하고 있고, 공동의 의미를 지향하며 이를 통하여 통제되는 상황이라고 할 수 있다. 상황 Ⅲ-1을 형성하고 유지하기 위해서 구성원이 갖추어야 할 특성이 무엇일까? 구성원 서로가 공동의 의미를 지닌 문화를 함께 공유하려고 하는

6) 사물의 참모습을 꿰뚫어보고 식별할 수 있는 마음의 힘(박용수, 우리말 갈래사전, 서울대출판부, 2002)이란 뜻의 우리말임.

7) 한국사회에서 과거 반공이데올로기를 국가정책으로 하여 도덕교육을 강화했던 냉전시절에는 북한에 대한 긍정적인 태도를 갖는다는 것은 매우 위험스러운 행동이었다. 냉전이데올로기로 반공이데올로기가 판을 치던 시절에는, 북한과 미국이 축구 시합하는데, 북한을 응원하겠다는 학생은 불건전하다고 여겼으며, 가정의 성분조사 대상감이라는 말이 있을 정도이었음을 우리는 기억하고 있다. 그러나 현재는 냉전이데올로기에 대한 비판적 태도를 지녔던 소수 사람들의 생각과 입장이 일반적인 이야기가 되었다. 이는 사회 구성원 간 지속적인 교류과정을 통하여 예외적인 소수의 의견이 보통 사람에게도 수용된 경우라고 볼 수 있다. 서로 관용할 수 없는 입장들이 지속적인 교류를 통하여 서로의 입장을 공유하게 된 셈이고, 서로의 안목과 입장을 수용한 결과를 만들어 낸 셈이다.

구조[8])에 요청되는 특성이 무엇일까?

얼핏 생각하기에는 공동체를 이끌어 나갈 의지나 정신, 그리고 지적인 노력을 앞세울 수 있겠으나, 사람에게 그보다 더 중요한 선행요건이 있다. 지적활동이나 의지적 노력에 앞서서 그런 활동과 노력을 가능하게 해주고 자연스럽고 활발하게 해주는 그 무엇이 있다. 그게 무엇일까? 그것은 바로 첫째, 활력이다. 활력은 신체적・정신적 건강이 뒷받침되었을 때만 발휘될 수 있다. 두 번째로 요청되는 것은 활성화된 감수성과 공감이다. 민감한 감수성이 사람과 교류를 활발하게 해 준다. 그리고 이어 자존감과 용기이다. 이는 자신을 지킬 수 있는 기개와 용기이다. 그리고 이어서 필요한 것이 상황판단을 현명하게 해 줄 수 있는 열린 지성이며, 마지막으로, 이 모든 것을 건전하게 유지시키기 위해서는 현실에 매몰되지 않게 해주는 깨인 마음이 요청된다. 이를 구체적으로 살펴보면 다음과 같다.

1. 활력: 나 이외의 세계에 대한 관심을 활발하게 해주는 동력

우선, 신체적・정신적으로 건강함을 유지하는 것 그 자체이다. 건강함이 없을 경우에 타인은 물론 나 자신의 삶을 적극적으로 이끌어 나갈 에너지가 없는 상태이다. 신체적・정신적 건강함을 유지하여 활력을 지니고 있을 때에 서로에게 관심을 기울일 수 있으며 함께 살아가는 공동의 장을 마련할 수 있는 기초적 조건을 갖추었다고 볼 수 있다. 활력이 없다면 구성원 간의 교류도 약해지

8) 교육 외적인 요소인 경제적 구조나 사회적 구조의 불평등 양상으로부터 나타난 의식의 편차를 해결하기 위한 하드웨어적 속성을 다루는 문제가 관련되어 있으나, 여기에서는 소프트웨어에 해당하는 교육적 요소에 관한 논의이다. 듀이는 교육이 해야 할 과제는 바로 관심과 이해의 동일성을 통하여 내면적 통제를 실현하는 일(To achieve this internal control through identity of interest and understanding is the business of education. Democracy and Education, 39-40쪽)이라고 지적하고 있다.

게 되며, 지성적 활동도 함께 감퇴되기 마련이다. 활력의 감퇴는 곧 창조적 활동의 지체를 의미하며, 인생을 뒤처지게 하고 게으르게 만든다. 신체적 건강과 정신적 건강함이 함께 할 때에 활기를 지닐 수 있으며, 또 타인에게 관심을 기울일 여유를 지닐 수 있다. 삶을 활기차게 이끌어 가기 위해서 필요한 것이 바로 활력이다. 활력(vitality)[9]이 고갈되어 적극적 삶이 지체된다면 공동체 의식에 대해 관심을 둘 기본적 에너지원을 상실한 셈이 된다.

구성원이 함께 공동의 장을 만들고, 공동의 의미 형성에 함께 하고, 공동의 이상 실현을 위해서 요구되는 첫째 조건이 바로 지칠 줄 모르는 활력이다. 활력은 단순한 건강을 연상케 하지만, 이것은 신체적·정신적 건강을 함께 가지고 있는 인간의 생명력과 활동력을 의미한다. 활력의 고갈은 곧 관심과 흥미가 미약해진다는 의미이며, 창조적 충동의 지체를 의미한다. 최악의 경우에는 객관적이고 냉정한 태도를 상실케 하고 치명적인 불행의 원인을 만들기도 한다.

활력은 '나' 이외의 외계에 대한 흥미와 관심을 촉발시킴으로서 인간을 불행으로부터 구제할 수 있는 힘이 된다. 유위전변(有爲轉變)하는 갈등 상황에서는 구성원에게 활력과 에너지가 없다면 서로에게 좋은 가치를 변별하고 결단하는 일을 상상해 볼 수가 없다. 끊임없이 얽혀 있는 가치망 속에서 개인 스스로 가장 적합한 판단을 해낼 수 있다는 신념과 함께 이를 수행하기 위하여서는 활력이 기본이다. 활력은 주위에서 일어나는 사건에 대하여 관심과 흥미를 갖게 하고 의지를 건전하게 유지시키는 동력이 된다. 갈등하고 상충된 여러 가치망 속에서 새로운 공동선을 찾고 이상을 추구하기 위한 노력을 제공할 수 있는 근본적인 에너

9) B. Russell(1926), On Education, London: George Allen and Unwin, 35쪽. 한편, 루소는 『에밀』에서 '육체는 정신의 명령에 복종할 수 있을 만큼 튼튼해야 한다'고 학습자의 조건을 말하고 있다.

지가 활력[10]이다. 사회구성원이 함께 공동선을 추구하고 서로의 갈등을 극복하며 새로운 전망을 탐구하기 위하여 활력이 요청되는 이유가 여기에 있다.

2. 감수성과 공감: 남과 함께 살아가는 태도와 느낌

감수성과 느낌은 타인의 처지를 이해하는 데에 가교역할을 하며, 올바른 행동을 하도록 동기를 부여하기도 하며, 타인의 고락에 함께 할 수 있는 마음가짐과 동력 역할을 한다.[11] 감수성이란 어떤 사물들에 의해서 유쾌하게 되기도 하고 불유쾌하게 되기도 하는 느낌인데, 이는 지적 훈련과 습관 형성에 의하여 얻어질 수도 있겠으나, 의지나 지적 작용 이전에 사람으로서 지닌 자연스러운 선한 감정[12], 또는 감수성에 의해서 자연스럽게 교류하고자 하는 마음이 서로의 관계를 활성화시켜 준다. 한 자연인으로서 인간적인 공감이다. 이는 살아가면서 자연스럽게 터득하게 되는 사람에 대한 선한 감정 또는 느낌에서 우러나오는 현상이다. 경쟁과 사익을 부추기는 조직에서는 이 순수한 감정이 살아있기 어려우나 인간적인 공동의 삶에서는 이러한 자연스러운 감정을 유지할 수 있을 것이다.

한 사회에서 바람직한 가치를 찾는다고 하는 것은 바로 그 사회에 살고 있는 사람들 간에 서로 공감하는 가치를 공유한다는 말과도 통한다. 개인은 혼자 살아가는 존재가 아니다. 자신의 생명을 지탱하기 위해서 필요한 에너지와 영양분을 타인의 도움이

10) 시민이 지도자를 선출할 때에 건강상태를 먼저 고려하는 것은, 이러한 생각을 경험적으로 체득한 지혜의 소산일 것이다.

11) K. A. Strike, J. E. Soltis 4th. ed.,(2004), 앞 책, 99쪽 참조. 루소의 말을 빌리자면, 고백 제1장에서 '나는 생각하기 이전에 먼저 느낀다. 그것은 인류에게 공통된 운명이다'라고 표현하고 있다. 『에밀』 제2부에서 이에 대한 설명을 상세하게 다룬 셈이다.

12) 루소에 따르면, 감성이란 '자기보존을 위한 가장 중요한 수단이며 행동의 원천이며 자유의 수단이고, 우리 자신을 생존케 하는 원동력'이라고 한다. 그는 인간이 태어날 때 지니고 있는 자연성이 변질되지 않도록 교육되기를 원했다.

없이 구할 수 있는가? 사람은 서로가 어울림과 협동, 즉 상호의존이 없이는 살아 갈 수가 없는 존재이다. 그래서 타인의 삶과 가치관에 대해 개방적이고 수용적이어야 함이 요구된다. 이는 모두 공통 가치를 찾고 이를 존중하는 것이 보다 사람다운 삶이라는 점을 부각시켜 준다. 개인적 생활에 대해서 뿐만 아니라, 인생에 대한 폭넓은 연민의 정과 공명, 그리고 존중이 보다 '사람다운 삶'을 만들어 준다. 이는 의지적인 노력으로 달성할 수도 있겠으나, 의지에 앞선 느낌과 마음의 교감에서 비롯된 교류가 더욱 자연스러운 공동체 의식을 갖게 해 준다. 타인의 생각에 함께할 수 있다는 것은 타인의 생각에 동의할 수 있기 때문이다. 그러나 이는 이성적인 판단에 의한 것이며 이성 이전의 느낌으로 상대방을 수용할 경우에만 가능해진다. 그러므로 의지적인 노력보다 감성, 즉 감수성이 우선한다.

공동선을 추구한다는 것은 결국 함께 살고 있는 사람들이 좀더 서로를 존중하면서 서로에게 피해를 끼치지 않는 방향으로 사회를 함께 이끌어 나가자는 이상이 전제되어 있는 셈이다. 나만이 아니라 타인이 늘 함께 하고 있음을 느끼고, 이를 중요하게 여기고 살아가는 모습과 자세에서 공동선을 만들어 낼 수 있을 것이다.

이는 지적 단련을 통하여 형성될 수도 있는데, 이를 러셀은 추상적 감수성[13]이라고 명명한 바 있다. 이를테면, 인간이라는 실존에 대한 근원적인 인식, 절대적인 존재 앞에 미약한 존재, 언젠가는 죽음에 임하여 산화되어 없어지는 존재라는 인식 등 지적 사색과 상상력으로 인류 공동체의 일원으로서 지니게 되는 감수성과 공감이다.

13) 러셀(1926)은 감수성을 지닌 사람이 공감할 수 있는 사람이라고 주장하며, 공감을 물리적 공감(physical sympathy)과 추상적 공감(abstract sympathy)으로 설명한 바 있다. 물리적 공감은 구체적인 상황에 대해 공감을 하는 경우이고, 추상적 공감은 멀리 있거나 지금 일어난 일이 아니더라도 그에 함께하는 마음을 가리킨다. 추상적 공감은 지적훈련(知的訓練)을 통하여 얻어지는 공감으로서 지적공감이라고 칭한다.

3. 용기와 자존: 도덕적 판단과 실천을 위한 선행요건

서로에게 서로가 관심을 기울이고 적극적 교류가 이루어지기 위하여, 사람들 간에 진실된 관계, 즉 진리에 솔선하여 접근해 갈 수 있는 관계가 필요하다. 진실된 관계를 위해서는 자신의 내면에서 우러나오는 솔직함이 뒷받침되어야 할 것이다. 이에 용기가 필요하다. 자신에게 진실할 수 있는 용기[14]는 자신의 내면적 삶을 풍부하게 하는 데에 필요한 절대적 필수요건이다. 자신에게 진실할 수 있을 때에 타인과 보다 적극적이고 지속적인 교류가 시작될 수 있는 선행 조건이 된다. 공동으로 합의를 이룰 수 있기 위하여 나와 남을 믿을 수 있는 용기가 필요하다. 남을 신뢰한다는 것은 일종의 모험적 행위이다. 이 모험적 행위에 용기가 필수적이다. 인격적 신뢰가 서로의 합의를 도출해 내기 위하여 필수적인데, 이에 반드시 용기가 따르게 된다.

용기가 필요한 이유는, 이와 달리 자신이 옳다고 판단하는 것을 옳다고 말할 수 있기 위하여 요청된다. 내면적으로 자신의 양심을 거슬리지 않게 판단하는 것은 내적 용기라고 한다면, 그것을 옳다고 여론화할 수 있는 것은 외적 용기에 해당한다. 용기란 보통 전쟁터와 같은 데서 대범하게 임하는 태도와 같은 것이라고 생각할 수 있겠으나, 이는 전쟁에서 자신이 속해 있는 집단의 이익만을 탐하는 독단적 사회에서 추구하는 미덕이다. 그러나 진실된 의미의 용기는 '자존심과 인생에 관한 객관적 또는 비개인적 세계관과의 결합을 말한다. 참 용기는 자기 내면세계에 진실할 수 있는 용기(B. Russell, 1926, 38)'이다. 이는 자기 자신의 존재가치를 지키고 존중할 수 있는 기개(氣慨)이다.

구성원 서로가 자신을 지킬 수 있는 기개와 생활태도를 갖추고

14) '변화된 나'를 만들어 가기 위해서 양심에서 우러나오는 내적 용기가 필요하다.

있을 때에 각자의 주장과 느낌을 투명하게 보일 수 있고, 그것을 함께 꽃피울 수 있을 것이다.

일반적인 여론과 자신의 판단이 다를 경우, 때에 따라서는 그 여론에 무관심할 수 있는 태도도 필요하며, 또 자신의 판단에 의해 중요하며 옳다고 믿는 견해에 대해서 설령 평판이 좋지 않다고 하더라도 선언할 수 있는 용기가 요청된다. 이로부터 자존을 지킬 수 있을 것이다. 자존에는 어떠한 어려운 상황에서도 자신의 옳음을 비굴함이 없이 피력할 수 있는 기개와 용기가 요청된다. 이 용기는 바로 진리탐구를 위해 열정을 쏟고, 지속적인 탐구심을 갖춘 지적인 양심, 지적인 성실성과도 연결된다. 어떠한 탄압이나 강제에도 굴하지 않는 도덕적인 용기와 관계된다. 이 용기는 바로 스스로에 대한 겸허함으로부터, 그리고 자신의 삶을 주체적으로 이끌어 가기 위해서 갖게 되는 자존의 모습이다.

가치 지향적 활동인 교사교육 활동의 복합적인 가치망 속에서, 늘 새로운 상황을 맞게 되고 필연적으로 가치 결정을 해야 하는 도전을 받게 된다. 구성원 상호간에 합의를 이룬 공동선을 만들어 가기 위하여, 그리고 이를 지키기 위하여 나다움을 찾아 지킬 수 있는 용기와 자존감이 필수적이다.

4. 개인의 존엄성과 인간존중 체험: 공동체의식 형성의 초석

개개인은 다른 모든 사람들과 마찬가지로 동일한 가치를 지니고 있다. 그 가치는 상대적이거나 경쟁적이지 않다. 비록 다른 사람에 비하여 운동을 잘하거나, 공부를 더 잘한다거나, 사회활동을 더 잘하고, 영업활동을 더 잘한다 할지라도 우리는 한 인류로서 동일한 가치를 지니고 있다. 그 가치는 외적인 요인에 의해 감소되거나 더해지는 것이 아니다. 외적인 요소인 재력, 생김새, 업적,

수행능력, 사회적 지위 등은 경제적인 가치나 사회적인 가치를 증가시킬 수 있으나, 한 인간의 가치로움을 판단하는 기준이 될 수 없다. 인간의 가치는 준비되거나 돈을 벌듯이 벌어지는 것이 아니다. 그것은 이미 부여되어 있다. 바로 그 가치를 인식하고 수용하여 즐길 수 있는 자격과 권리가 모든 개인들에게 주어져 있다.

인간의 핵심가치는 크리스털처럼 본질적이고 영원한 가치를 지니고 있음 자체이다. 그것은 태양아래 빛나는 아름다운 보석과 같은 것이다. 갓 태어난 한 어린이는 그 자체로 바른 존재 모든 것이다(Glenn R. Schiraldi, 29-33).

공동체적 교류를 유지하기 위해서 상호간에 인격과 인권, 즉 각자의 느낌과 생각, 모습을 소중하게 여기고 존중할 수 있다면 상호간에 활발한 교류가 이루어 질 수 있는 공감대가 형성되어진 셈이다. 우선적으로 서로가 서로를 외적인 요인, 즉 학벌, 업적, 학교성적, 생김새, 신분, 지역, 종족, 빈부, 신앙, 재산, 부모의 지위 등과 관계없이 존중할 수 있어야 한다. 교육활동과 학습활동 자체에서 이를 체험할 수 있는 조건을 갖추어야 한다. 이는 유치원 교육단계에서부터 서로의 느낌과 생각을 소중하게 여기고 서로 존중할 줄 아는 생활습관을 길러야 한다.

5. 열린 지적 탐구방법의 터득: 옥생각을 벗어난 열린 마음

지식의 단명성은 산업화와 과학기술이 발전할수록 더욱 심화될 것이다. 과거에는 어떤 지식은 한 세기 정도의 수명을 유지하기도 했으나, 최근에는 첨단의 정보나 지식은 3년을 지탱하지 못한다. 이러한 빠른 변화 속에 유기체인 인간 생명체는 자신의 삶을 위하여 급격히 적응해 가고 변화해 간다. 급속하게 변해 가는 삶들에 대한 이해의 폭을 넓히는 일은 자신이 살아가기 위해서 필수적이다. 과거에 비하여 급변화 하는 사회와 사람과 함께 하기 위하여 과거의 지식보다는 변화된 지식과 가치가 더 필요한 시기에 있다. 기존의 문제해결 방식을 능가하는 새로운 형태의 문제해결 방식을 갖추어 변화하는 사회에 대처해야 하는데, 나의 가치와 신념과는 다르다 하더라도 문제해결을 위한 대안이라면 솔선하여 수긍할 수 있는 열린 마음이 요청된다.

과거에 얻은 지식과 지혜로움 모두가 중요한 것이지만, 그와 동일하게 중요한 것은 현재의 변화된 지식과 정보이며 이를 다룰 수 있는 탐구방법이 중요하다. 변화된 상황을 보다 더 적절하게 대처해 가기 위해서는 구성원 서로가 함께 보다 더 적절한 문제해결을 위한 노력이 요청되는데, 이때의 지성적 탐구란 암기된 지식(박학다식)만을 뜻하는 것이 아니라, 새로운 상황에 적합한 실천적 판단력을 얼마나 잘 갖추었느냐 하는 문제로 귀착될 수 있다. 이를 위해, 열린 마음과 열린 지성적 방법이 요청된다.[15] 변화무쌍한 사회에서 구성원 서로에게 더 포용성 있는 공동의 선을 탐구하기 위한 허심탄회한 마음가짐이 우선되어야 한다. 공동선을 위하여 새로운 지식과 새로운 가치를 언제나 받아들일 수 있는 수용자세와 탐구자세가 필요하다.

---

15) 옥생각을 벗어나 편견 없이, 마음을 열고 새로운 아이디어나 지식 또는 신념을 솔선하여 이해하고 분석하여 문제상황을 해결하기 위해, 자신의 신념과 다른 주장이라 하더라도 이를 허심탄회하게 수용할 수 있는 마음과 자세로서, '빈 마음', '열린 마음', '빈속', '虛心', 'open-mindedness' 등으로 표현한다. 듀이(1916, 175쪽)는 '열린 마음이란 명료하게 되어져야 할 상황에 빛을 던져주는 각각의 모든 사항을 고려하려는 마음가짐이며, 길의 방향을 결정해 줄 수 있는 가능한 각각의 모든 사항을 고려하려는 마음가짐'이라고 정의하고 있다. William Hare(1985)는 In Defence of Open-mindedness에서 이에 대한 다양한 긍정·부정의 입장을 다루고 있는데, "열린 마음을 지닌 사람(the open-minded person)은 유용한 근거나 논의에 근거하여 가능한 한 편향되지 않고 객관적으로 자신의 관점을 형성하고, 또 수정하겠지만, 또 한편으로는 실제로 거짓 여론을 형성할지도 모르고, 진실로 판명되게 되어 있을 여론을 포기할지도 모르며, 또 버려야 할 신념을 지속적으로 지니고 있을 수도 있다"(87쪽)고 하여 이에 대해, 말 그대로, '열린 마음'으로 접근하고 있다. 하버마스(이정화·이지헌 역(2003), 하버마스의 비판이론과 담론교실(Robert Young, Critical Theory and Talk, 1991). 우리교육. 25쪽)는 '열린 의사소통과정'을 제시하고 있다.

일상생활에서 나의 것과 다른 다양한 신념과 가치관을 늘 접하게 된다. 그 신념과 가치관이 서로 얽혀 있을 때 더욱더 무엇이 옳고 그른가를 가려내기가 어려워진다. 가치나 신념을 비판적으로 검토하고 그것의 정당성을 가늠할 수 있는 능력과 자세가 필요하다. 서로 갈등을 이루고 있는 현대사회의 이데올로기와 가치관이 맞부딪치는 냉혹한 현실을 살아가는 사람에게 이러한 능력이란 더욱 절실하게 요청되는 것이다. 서로에게 적합한 공동의 선을 찾기 위해, 다차원적인 복합적 입장과 이해관계를 포괄적으로 고려한 판별력은 중요하다. 특히, 가치의 변화, 평가기준의 유동성은 개인에게 새로운 착상, 창의적 접근을 늘 강요하고 있다. 새로운 가치상황에 부딪히게 되는 개인들에게 항상 허심의 상태와 지성적 탐구가 요청된다.

6. 참여와 초연의 변증법: 사물을 '있는 그대로' 볼 수 있는 참신함

이상적인 '교육적 상황'을 유지하기 위하여, 적극적이고 활기 있는 참여와 함께 편견 없이 여유롭게 바라볼 수 있기 위한 초연(超然)이 필요하다.[16] 어떤 사람이든 간에 자기에게 주어진 상황 속에서 살아 나가기 위하여 어떤 방식으로든지 참여하게 된다. 그래서 상황을 읽어나가고 그에 필요한 여러 가지 지식과 정보를 얻거나 배운다. 그러나 자신의 일에만 얽매어 있게 된다면 주위의 사건을 알 수 없게 될 뿐만 아니라 자신이 처한 상황을 객관적으로 바라볼 수 있는 안목을 잃을 수도 있다. 이런 상황에서는 상호교류가 원활하게 이루어지지 못할 뿐만 아니라 주어진

16) J. M. Rich는 교양인이 갖추어야 할 특성으로 참여와 초연을 제시하고 있는데(Humanistic Foundation of Education, Ohio: Charles A. Jones Publishing Co. 1971, 133-135쪽), 구성원이 지혜로운 선택과 합의를 이루기 위하여 필요한 전략적 자세이다. 나무 하나하나를 정확하게 보면서도, 숲 전체를 조감할 수 있는 안목과 자세가 필요하다.

현재의 문제를 객관적으로 분석하고 전망 있는 대안을 탐색하는 일에 어두워질 위험에 직면하게 된다. 이러한 이유로, 주어진 상황에 적극적으로 참여하는 일뿐만 아니라 자신의 상황을 객관적으로 인식할 수 있는 여유와 관조적인 안목이 필요하다. 여기에 자신과 타인을 초연하여 객관적으로 투시할 수 있는 자세와 마음가짐이 요청된다.

가치는 유동적이고 늘 변화된다. 새로운 상황에서 적절한 가치판단을 하기 위해서는 늘 긴장하고 깨어 있어야 한다. 속해 있는 자신의 문화 속에 매몰되어 형성된 틀에 따라 행동한다면 참신한 전망을 지닌 바람직한 방향을 탐색하기란 어려운 일이다. 새로운 상황에 대해 긴장감을 가지고 모두에게 가치로운 방향을 찾기 위해서는 당면 과제뿐 아니라 미래의 전망에 대해서도 현명한 감각으로 가능한 대안들을 비판적으로 수용하여야 한다. 이를 위하여 어떤 형태로든지 현실에 참여하여야 한다. 그러나 현실의 일에 참여한다는 것이 바로 현재의 일에 매몰된다는 뜻은 아니다. 미래의 기본적인 추세와 방향에 대하여 원리적인 평가자로서의 역할을 하기 위하여 초연함을 유지하여야 한다. 참여를 외면한다면 현실감을 잃게 된다. 바른 판단을 위하여 긴장감이 살아 움직이는 현실이 요동치고 있어야 한다. 긴장을 누그러뜨리거나 피하려는 것이 아니라 그 긴장 속에서 사는 것이 바로 건설적인 힘의 원천이 된다. 늘 사물을 참신하고 순수하게 바라볼 수 있는 참신성이 요청된다. 여기에 참여와 함께 초연함이 구사되어야 하는 이유가 있다. 이는 사물을 직접적으로 투시할 수 있는 안목 바로 그것이다.

인류의 지도자들은 늘 자신이 처한 상황에 몰입하였지만, 늘 그 몰입을 객관적으로 투시하고 자신이 속한 사회가 나아가야 할 방향에 한 걸음 앞서서 또는 장기적으로 전망할 수 있는 현명함을 지닌 사람들[17]이었음을 상기할 필요가 있다.

Ⅳ. 교육의 새 틀과 '우등생'에 대한 새 개념 형성

좋은 교육에 대한 논의를 통하여 결국 문제삼았던 것은 '좋은 가치'에 대한 합의를 이룬 항구적인 기준이나 내용이 주어진 상태가 아니므로 이를 보다 용이하게 찾아 낼 수 있는 조건을 만들어 가는 일이 중요하다고 생각한 것이며, 이 조건을 유지하는 것이 보다 좋은 사회를 만들어 가기 위하여 필요한 것이라고 보았으며, 이 상황을 유지시키기 위하여 사회구성원이 지녀할 주요 특성이 무엇일까 하는 문제에 착안하여 이를 추론해 본 셈이다.

그런데 이 상황은 결국 인간의 삶의 본질적인 특성[18]을 가리키고 있는 셈이다. 인간의 삶 자체는 공동체적 삶이며, 그 자체에 내재적 의미를 지니고 있으며, 그 의미를 실현하는 일이 중요하다. 모든 문화는 각각 공통성을 지니고 있으며, 그에 뿌리를 둔 공통된 가치를 지향하려는 경향을 띤다. 교육은 그 사회구성원 서로가 바라는 바인, '잘 사는 것'을 보장하는 조건을 마련하는 일일 것이다. 교육이 학교 외적 환경의 생생한 삶으로부터 이탈하면 할수록 참된 사회적 의미는 사라지고 가짜 지식교육만이 판을 치게 될 것이다. 이를 극복하기 위해 상황Ⅲ을 유지하는 조건

---

17) 버어트란드 러셀(Education and the Social Order, 1932)은 이러한 인간상은 예외적인 인간(exceptional man)이라고 칭한 바 있으며, 이를 교육에서 길러야할 인간상으로 제시하고 있다.

18) '태아는 본능적으로 자신의 생명을 유지하기 위해서 엄마의 신체적 영양 상태와는 관계 없이 자신에게 필요한 영양분을 섭취하게 되어 있다'는 생리심리학자의 연구결과이다. 영아를 보자. 태어난 후에도 엄마의 보살핌이 없이는 생명을 유지할 수가 없다. 성인이 되어서도 인간은 자신의 생명을 유지하는데 필요한 에너지와 영양분을 얻기 위해 남의 도움이 필요하다. 결국, 인간의 삶은 본질적으로 서로 돕고 도와주는 공동체적 삶일 수밖에 없다.

속에서 요청되는 특성을 교육에서 길러 내는 일이야 말로 '좋은 교육'이라고 할 수 있지 않겠는가? 이 말이 옳다면 크고 작은 모든 교육활동에서 이러한 특성을 기르기 위한 노력과 대책이 요청된다. 그렇다면, 과연 우리 사회에 적합한 '좋은 교육'을 실현하기 위해서 극복해야 할 문제는 무엇이고 어떤 형태의 교육이 되어야 하는가? 현재 공교육체제가 지닌 획일적 교육 지양, 국가교육과정체제 탈피, 중앙집권적인 통제방식과 관료 중심의 통제방식 탈피, 교원승진제도의 개편으로 교사의 자율권 확대 등을 통하여 단위학교의 자치력을 강화하여 다양한 학교에 따라, 학생에 따라 교수학습 활동이 전개될 수 있는 틀, 그리고 학력에 대한 새로운 개념이 요청된다. 차선의 안으로 대안학교[19]를 통한 자율적 교육활동을 보장하는 방안을 추진해 볼 수 있을 것이다. 이와 별개의 차원으로, 우리 교육 전체의 방향을 옥죄어 획일화시키고 있는 대학입시제도의 개혁인데, 교과성적만이 아니라 교과 이외의 학생의 활동상황을 대학입학사정기준에 반영하기 위한 대책을 적극적으로 추진해야 한다.

다음은 교육적 상황 유지에 필요한 특성들을 양성하기 위해서 요청되는 현실적인 주요 대안을 제시한 것이다.

1. 의사소통이 자유로운 수평적 조직: 단위학교의 자치력 확대

교육이 이루어지고 있는 구조에 구성원 간의 상호교류가 이루어지지 않고 구성원들 사이가 고립된 상황이라면 경직과 형식화된 제도를 막을 수 없을 것이고, 구성원 개개인의 이익과 고정된

19) 강대중(2002)의 『대안학교는 학교가 아니다』(박영률출판사)에서는 국내외 대안학교를 현장감 있게 소개하고 있으며, 서머힐의 '학생을 학교에 맞추지 않고 학교를 학생에게 맞춘다'는 교육방침이나, '배우고 싶을 때까지 가르치지 않는다'는 프리스쿨의 교육철학 등에서 새로운 교육의 지향 단서를 찾을 수 있을 것이다.

이상만을 추구하는 상황이 되고 말 것이다.

학교조직 구성원들이 상호 존중하면서 상호교류가 활발하여 공통가치를 추구해 나갈 수 있는 구조가 필요하며, 교실 상황에서도 교사와 학생 간에 의사소통이 활발하게 진행될 수 있어야 한다. 그것은 학생들의 합리적 반응을 못하게 하고, 교사의 틀에 맞춘 정답찾기식 수업은 아니다.[20] 이를 위해 교실에서는 교사와 학생 간의 수평적인 열린공간이 필요하며, 학교조직과 학급운영에서는 교사와 학부모, 교장과 교사 간, 그리고 교사와 교육관료와의 열린 수평적 의사결정구조를 만들어 나가야 한다. 이런 맥락에서, 교원승진제도 개선, 학부모 조직의 법제화 및 학생회의 법제화를 통한 구성원 간의 활발한 소통체제를 구축해야 한다.

경쟁적인 지식위주의 입시공부와 개인의 입신출세지향적인 상급학교의 진학공부에 매달리게 하고 있는 학습활동으로는 생생한 삶의 장은 도외시되어진다. 교육과정의 개편, 탈중앙집권화를 통한 지방교육자치력 강화, 단위학교의 자율역량 확대 등으로 교사와 학생의 교수-학습활동 과정이 학생의 삶을 존중하는 형태로 전환하는 것을 장기 정책으로 검토해야 한다.

2. 전통적 우등생과 학력의 개념에 대한 전환: 교과성적 위주의 대학합격기준 탈피

사회구성원 개개인은 서로 영향을 주고받으면서 공동의 의미를 형성하고 그 속에 함께 살아간다. 단절된 개별존재로 인식하

20) 이정화·이지헌 역(2003), 165-167쪽에서는, 교실의사소통에서 아이들의 주장에 대해 합리적으로 반응하지 못하고 교사의 틀에 맞추어 정확한 답만을 요구하는 구조에서 이루어진 잘못된 점을 8가지로 지적하고 있는데, ① 이해와 일반성이라는 교육목표 달성 방해, ② 추론과 문제해결기술개척 방해, ③ 논증과정과 사회적 기술발달에 필요한 용기실천기회 박탈, ④ 창의적 논증과정 차단, ⑤ 교사의 권위에 대한 왜곡된 반응습관 습득, ⑥ 합리적 존재로서 아동의 자기평가기회 차단, ⑦ 아동의 학습곤란을 표출하고 극복할 수 있는 기회 불허용, ⑧ 문제해결의 보편화에 필요한 조건습득 방해 등을 들고 있다.

는 순간 지극히 '기계적이고 이해관계에 의해 이끌리는 경쟁이 판을 치게 된다. 공동체적인 삶을 습관화하기 위해서, 머리만을 키우는 지식위주의 수업과 교과성적 평가에 의한 학생 평가에서 학생의 삶이 중심이 되는 학습과 평가로 전환되어야 한다. 지식만이 아니라, 사랑과 관심, 갈등과 조화 등 인간의 감정이 드러난 삶의 과정, 타인과 함께 어울리고 공감할 수 있는 삶의 자세, 문제파악과 해결능력, 불확실한 상황을 개척하고 적응하는 능력, 새로운 생각과 아이디어를 만들어내는 창의력, 비판적 사고력[21) 등을 학력의 개념[22)으로 도입해야 한다. 지식기반사회로 불리는 불확실한 급변사회를 대처해갈 수 있는 문제해결력을 갖추기 위해 전통적인 학력관을 포괄적이고 생생한 삶의 문제에 관련된 지성의 개념으로 전환해야 한다.

실제적으로 이렇게 되기 위해서는, 우리 사회의 초・중・고의 교육을 통째로 통제하는 기능을 하고 있는 대학입시제도의 개혁과 교육과정개편이 요청되는데, 입학시험에 교과지식만이 아니라, 체력, 공동생활력, 리더십, 특기적성활동, 사회봉사활동, 생활설계능력, 창의력, 교과별 특수관심영역 등을 반영한 대학입학시험제도가 마련되어야 한다.[23) 학생의 교과성적 이외에 실생활의 여러 면을 질적으로 검토하여 대학이 주체적으

21) 문제상황에 적절한 제한이 가해지다면 세살 아동도 성인과 마찬가지로 정당화문제, 즉 행위와 규범 간의 관계에 대해서 타당한 논증을 할 수 있다. …비판하지 않는다면 지식을 숙달할 수도 없을 뿐만 아니라 이해하는 것조차도 불가능하다. 이정화・이지헌 역(2003), 112-117쪽 참조.

22) 아직도 우리에게 우등생은 문약하고 현실감이 없는 사람으로 그 이미지가 남아 있다. '학교우등생과 사회 우등생은 다르다'라든가 '공부는 잘하지만 실력은 부족하다'는 말은 학교교육의 비현실적인 측면을 꼬집는 말이다. 『도전과 기회 3C 혁명』(강영우, 2005)에서는 문제해결력인 ① 우선순위 결정능력, ② 시간관리능력, ③ 비전을 가지고 관리하는 능력을 실력으로 풀이하고 있으며, 자존감과 이웃과 함께하는 태도 그리고 인류이상에 헌신할 수 있는 사람을 참된 능력을 지닌 사람이라고 제시하고 있다.

23) 2008학년도 이후 대학입시제도개혁안에서 요구하고 있는 성적의 등급화, 학생생활부 반영강화, 전문입학사정관제도 도입 등은 이러한 입시제도의 틀을 만들어 나가는 첫 출발이 될 수 있다.

로 우수학생을 발굴할 수 있도록 전문입학사정관을 설치하여 이러한 입시제도를 정착시킬 필요가 있다.

3. 학생 자신의 삶의 의미를 찾는 학습활동: 국가수준교육과정탈피 교사의 교재편성권 확대

학생 개개인에게 내재되어 있는 자신만의 빛깔과 향기를 계발하여 이들이 함께 어우러질 수 있는 학습활동이 전개되어야 한다.24) 교사와 학생이 자신들에게 의미 있는 생생한 공부가 이루어 질 수 있도록 한다. 학생 개개인의 학습속도와 수준에 적합하고 학생 자신의 삶의 즐거움과 보람, 그리고 의미를 느낄 수 있는 학습활동25)이 진행되도록 해야 한다. 교육목표와 내용 결정에 교육자와 학생-학부모의 의견과 지역사회의 요구사항을 충분히 반영할 수 있는 교육과정체제를 정비해야 한다.

획일적으로 학교교육을 규제하고 있는 국가수준의 교육과정을 축소하거나 대강화하여, 교재편성권을 지역교육단위와 단위학교에 이양하고 교사별 학생평가권을 교사에게 부여하여, 단위학교의 자활력을 강화시킴으로써, 교사와 학생이 교육활동에 주체가 되어 삶의 보람을 누리는 교육활동이 이루어져야 하고, 학생이 실사회생활을 체험하면서 자신의 진로를 찾을 수 있는 기회와 공간을 제공되어야 한다.26)

---

24) 강승규(2005), 나다움, 어떻게 찾을까!, 서울: 학지사. 제1장 교육에서 최우선으로 해야 할 일로, 자존감(자기가치감과 자기능력감)을 길러 자신의 빛깔과 향기를 찾아 실현하는 일을 제시하고 있다.

25) '두 명의 학생에게 동일한 교육과정을 밟게 하는 일이 없어질 것이다'란 말은 우리에 영원한 꿈일까? 이규행 감역(1989), 미래 쇼크(Alvin Toffler, Future Shock, 1970), 269쪽 참조. 학교교육 안에서 학생의 개인적 차별을 인정하지 않고 다양화를 이룩하는 교육과정이 없다면, 결국 학생은 학교 밖에서 이를 만족시키기 위한 선택의 기회를 누릴 수밖에 없는 노릇이다.

26) 스웨덴의 경우, 학생들에게 제8학년부터 과목별로 2주간씩 실사회의 다양한 직업세계 현장체험의 기회를 제공한다. 학생에 따라서는 고등학교에서도 한 학기

4. 가슴과 머리를 함께 키우는 교육: 지식위주 탈피로 삶이 살아있는 교육

'교육적인 상황'을 유지하는 데에 결국 공동체적 삶[27]을 유지해야 한다는 의미가 전제되어 있다. 이는 우리 인간생활에 내재된 가치이다. 서로에 대한 사랑과 깊은 관심, 그리고 갈등과 분노 등 인간의 감정이 자연스럽게 교류되는 삶 자체가 학교교육에 살아있어야 한다. 학교생활에서 학생들이 주체적으로 활기있게 살아갈 수 있도록 도와주는 교육을 실현하여 사람 간에 활발한 협동과 교류가 이루어질 수 있어야 한다. 상호간의 인간적 교류, 정서적 삶의 소중함의 실천이 이루어져야 한다. 교사와 학생간의 인격적 교류와 신뢰, 학생간의 인격적 교류가 실현되는 학교수업활동이 이루어져야 한다. 경쟁보다는 협동이 앞서야 하며 이런 과정에서 자연스럽게 민주적인 삶의 태도와 마음을 갖추게 될 것이다.

이를 위해서, 주입식 지식위주수업과 획일적 진도맞추기 수업, 학원식 지식교육[28]은 과감하게 탈피하고 학생들의 생생한 자연스러운 삶이 교육의 장에서 펼쳐져야 한다. 교육내용으로 인문학적 상상력(문학작품 감상, 철학과 역사이야기 등)과 과학적 상상

를 자신이 선택할 직업세계 현장을 체험할 수 있는 기회를 가질 수 있고, 이는 대학입시에서도 유리하다.

27) '공동체란 다른 사람의 상황을 자신의 상황으로 만드는 행위이다. …누구도 소외되지 않을 때에 그것이 공동체이다. 공동체는 프리스쿨이 하는 모든 일의 중심이다.'라고, 공양희 역(2002), 프리스쿨(크리스 메르코글리아노(1998), The Story of the Albany Free School), 서울: 민들레, 239쪽에서 지적하고 있는데, 참고할 만한 내용이다.

28) 가정교사란 제자를 이해하려는 것보다, 자신의 시간을 낭비하지 않는다는 것을 증명하려고 애쓴다. 남의 눈에 잘 보여지면 그만이다. 그는 분별없이 너절한 것들을 제자의 기억 속에 쑤셔 넣는다. 시험단계가 되면 그와 같은 자기상품을 어린이에게 펼친다. 그리고 어린이는 그 상품보따리를 싸고 가버린다. 그러나 나의 제자는 자기 자신밖에는 남에게 보일 것이 아무것도 없다. 그런데 어른도 아이들도 잠깐 보아가지고는 알 수 없는 법이다. …어린이를 평가하려면 평가자 자신이 풍부한 판단력을 지니고 있어야 한다. 『에밀』 제2부 참조.

력(과학자적 태도의 음미, 자연현상의 신비함 등)이 함께 계발되어, 민감한 감수성과 공동체적 삶을 터득할 수 있도록 해야 한다.

5. 문화적 차이에 대한 이해와 공감형성: 다양한 삶 체험학습

폐쇄성으로 말미암아 많은 수의 관심들이 표현되지 못하는 상태에서는 소통이 이루어질 수 없다. 공동 관심의 범위가 확대되는 것, 그리고 개인이 가지고 있는 다양한 능력들이 충분히 발휘되는 것이 민주주의를 실현하는 주요 특성이며 공동체적 삶을 위한 기본 요소이다.

교육활동에서 교사 사이에, 교사와 학생 사이에, 그리고 학생 사이에 활발한 교류가 이루어져, 사랑, 이해심, 공감, 협동심과 같은 공동체적인 의식이 활발하게 길러져야 한다. 학습의 장을 통하여 자연스럽게 서로가 관심의 교류를 넓히고 함께 살아가는 일이 중요하다는 것을 경험하도록 해야 한다. 교수학습활동 과정에서 교사와 학생 간, 학생과 학생 간에 협동과 의견교류가 활발하게 이루어지고 그 결과로서 서로가 존중할 수 있는 마음과 태도를 지닐 수 있는 학습의 장이 마련되어야 한다.

서로의 처지와 입장을 공감하고 상대방의 처지에서 이해하고 공감할 수 있는 교육활동 속에서 각 구성원은 스스로 인격적 단련을 해가며 성숙해가게 된다. 빈곤층과 부유층 간의 인식격차, 성별에 따른 시각차이, 종교적 편견, 종족 간의 차별의식, 지역 간 차별 등을 극복해야 한다. 이를 교육자가 몸소 실천할 수 있어야 할 것이며, 교수학습활동 자체가 공동의 삶의 장이 되어야 한다. 학생 개개인 주변의 문제나 사회에서 일어나는 실제의 문제에 대한 토론 등을 적극적으로 고려해 볼 일이다.

6. 다양한 삶 체험 교사교육 프로그램: 낯선 삶에 대한 생생한 체험

결국 교육활동을 주도하는 교사의 마음과 자질이 관건이다. 교사교육과정의 개혁이 요청된다. 교사 교육프로그램에 인간의 생생한 삶을 체험할 수 있는 활동을 개발해야 한다. 다양한 삶의 방식에 대한 이해와 공감을 키워나가기 위한 연습과 실천을 체험할 수 있는 교육과정이 개발되어야 한다. 나와 전혀 다른 생각과 다른 모습을 하고 있는 사람들의 내면세계를 이해할 수 있도록 해야 한다.

교과의 지식을 얼마나 잘 이해하고 암기하고 있는가 하는 관점에서만 학생을 이해하고 있는 전통적인 학생관은 학생의 인격을 편협하게 보게 하고 있으며, 학생들의 다양한 실질적인 삶의 내면을 이해할 수 없게 한다. 다양한 인생의 경험에 대한 체험을 통하여 아동기 및 청소년기의 삶에 대한 다양한 시각을 형성해야 한다.

이를 위한 실천의 장이 교사교육프로그램에 담겨 있어야 한다(제1장 참조). 이론적인 교과수업만으로는 다양한 삶의 현실을 이해하기엔 부족하다. 우리 현재의 학생들 삶을 몸으로 체득할 수 있어야 한다. 이를테면, 비정상적인 삶에 대한 관심, 그리고 공동체적 삶을 체험할 수 있는 기회, 즉 성직자와의 생활, 특수아와의 삶, 비행청소년과의 생활 체험, 다문화 가정의 삶 체험, 도시빈민이나 농·산·어촌민과의 삶 체험 등 전혀 다른 생각과 신념을 지닌 사람들의 삶에 대한 체험을 교사교육과정에 개발해야 하며, 교사채용시에도 새로운 학력과 공동체적 삶의 태도와 의지를 반영해야 한다.[29]

* 이 글은 교육철학회 연차학술대회(2006. 11)에서 발표한 논문을 수정 보완함.

29) '승진을 접고 나니 아이들이 보이기 시작하더라'는 어느 교사의 말은 승진구조의 비교육적인 요소에 대한 반성적 술회이기도 하다. 2008학년도 적용 교원양성개선방안의 교육실습(보조교사, 봉사활동, 참관 등 2학점 포함 4학점 이상)과 교직소양(4학점 이상)에 이러한 프로그램을 개발하여 적용해 볼 일이며, 신규교원채용, 교원승진제도나 교원재교육의 문제점도 이러한 관점에서 검토하고 개혁되어야 한다.

참고문헌

강대중(2002), 대안학교는 학교가 아니다, 서울: 박영률출판사.

강승규(2005), 나다움, 어떻게 찾을까!, 서울: 학지사.

강영우(2005), 도전과 기회 3C혁명, 서울: 생명의말씀사.

고려대학교 교육문제연구소(2006.7), 교육문제연구 제25집.

공양희 역(2002)・프리스쿨(크리스 메르코글리아노(1998), The Story of the Albany Free School), 서울: 민들레.

김정환 외 역(1985), 인간주의 교육학(J. M. Rich), 서울: 박영사.

박용수(2002), 우리말갈래사전, 서울대학교출판부.

조동섭 외 역(1996), 역가르침의 윤리학(K. A. Strike, J. E. Soltis. The Ethics of Teaching. Teachers College, Columbia University, 1985), 서울: 원미사.

이강수 역(1994), 커뮤니케이션 행위이론(Thomas McCarthy trans. The Theory of Communicative Action <J. Habermas>. Polity Press. 1987), 서울: 나남출판.

이규행 감역(1989), 미래쇼크(Alvin Toffler, Future Shock, 1970), 서울: 한국경제신문사.

이돈희(1983), 교육철학개론, 서울: 교육과학사.

이정화・이지헌 역(2003), 하버마스의 비판이론과 담론교실(Robert Young, Critical Theory and Talk, 1991), 우리교육.

이홍우 역(1987), 민주주의와 교육, 서울: 교육과학사.

강승규(1986), '교육의 개념에 터한 교육목적 탐색연구', 우석대논문집 제18집.

______(1984.5.13), '비교육적과 교육적의 차이', 우석대학보 제53-54호, 우석대.

______(1983), 'B. Russell의 이상적 인간상', 우석문화 제2권, 우석대.

한국교원교육학회(1995.6), 한국교사교육 제11호.

한국교육학회(1992.10), 교육학연구 제30권 제3호, 한국교육학회.

Carr, David(2003), Making Sense of Education, New York: Routledge Falmer.

Dewey, John(1916), Democracy and Education, New York: Macmillan.

Schiraldi, Glenn R.(2001), The Self-Esteem Workbook, Oakland: New Harbinger Publication, Inc.

Hare, William(1979), Open-mindedness and Education, Canada: McGill-Queen's University Press.

K. A. Strike & Soltis, J. E.(4Th. ed.2004), The Ethics of Teaching. Teachers College, Columbia University.

Rich J. M.(1971), Humanistic Foundations of Education, Ohio: C. A. Johnes Pulishing Com.

Russell, B.(1926), On Education, London: George Allen and Unwin Ltd.

__________(1932), Education and the Social Order, London: George Allen and Unwin Ltd.

__________(1961), Fact and Fiction, London: George Allen and Unwin Ltd.

제 7 장
교사의 윤리

Ⅰ. 교사의 권위와 책임

사회적으로 선택받은 집단인 교사가 아직 미성숙한 학생에게 해 줄 수 있는 일이 교과를 잘 가르치는 일만으로는 부족해 보인다. 교사가 지녀야 할 기본적인 자세에 대해서 말해 보기로 한다. 이에 교사의 권위가 중요해 보인다. 교사[1]로서 지녀야 할 권위가 지켜진다면 교사로서 기본적인 윤리를 실행하고 있다고 보아야 할 것이다. 교사의 권위가 담고 있는 의미에서 그 답을 찾을 수 있을 것이다. 교사의 권위에 대해서 법률에 공식적이고 강제적인 규칙으로 규정되어 있지 않지만, 교육활동에 종사하는 사람으로서, 그리고 사표로서 교사가 스스로 마땅히 지키고 따라야 할 실천도덕 또는 행위규범이라 할 수 있다. 교사가 지녀야 할 권위를 학생에 대한 권위, 가르치는 일에 대한 권위, 교직에 대한 권위, 사회적으로 갖추어야 할 권위 등으로 나누어 살펴보자. 그리고 그로부터 자연스럽게 교사의 윤리를 다루어 보기로 한다.

1) 사전의 뜻풀이에 의하면, 교사란 각종 학교에 근무하면서 학생들을 가르치는 교육활동에 임하는 사람을 칭하며, 교육법 제73조에 따르면, '교원이라 함은 각 학교에서 원아, 학생을 직접 지도 · 교육하는 자'를 말한다.

1. 학생에 대한 교사의 권위

'교육이 교사의 질을 넘어서지 못한다'는 말은 우리에게 일반화되어 있다. 그만큼 교사의 교육적 권위는 '대단하다'는 의미를 단적으로 표현한 말이다. 이러한 표현 속에 교사가 갖추어야 할 여러 가지 특성을 잘 포괄하고 있는 말이기도 하다. 교사의 학생과 국가사회에 대한 교육적 책임은 지대하다.

교사가 지녀야할 권위는 인격 면에서 권위, 사회와 이웃에 대한 권위와 책임, 그리고 교직생활을 수행하기 위해 필요한 지적 권위 등을 생각해 볼 수 있다.

인격적 성숙에서 나타나는 인격과 품위, 즉 헌신적인 자세와 포용력, 그리고 사랑의 실천으로 나타나는 자애로움 등 타인을 살피고 함께 할 수 있는 자세와 마음씨를 지니는 일이며, 교직생활에 필수적으로 갖추어야 할 실력으로 갖게 되는 지적 권위이다. 지적 권위는 자신이 가르치는 교과에 대한 폭넓은 학문적 탐구력과 사회와 사물의 원리를 꿰뚫어 볼 수 있는 안목을 갖추고, 국가와 우리 사회의 나갈 길과 방향에 대한 식견을 지니고 사회적 책임을 등한시 하지 않는 지성인으로서 활동이다. 이는 깨달음을 얻은 자로서의 모습과 현명함을 지니고 있음을 말한다. 그래서 모름지기 학생과 사회에 지도적 역할을 수행할 수 있는 역량을 갖추고 있는 사람으로서 지녀야 할 권위이다.

루소는 『에밀』 제2부에서 교사의 조건을 말하면서 교사의 권위를 강조하고 있다. 언뜻 보기에는 자연을 강조한 루소와 교사의 권위는 멀게 느껴질 수도 있을 것 같다. 그러나 루소는 교육의 첫째 조건으로 교사의 권위를 가장 중요하게 말하고 있다. '교사는 단순하며 신중하고 말을 삼가해야 한다. 나쁜 교훈을 주게 될지 모르니 좋은 교훈일지라도 가능하면 뒤로 미루어라. 이 세상에서 천진무구한 자에게 선악을 구별할 수 있도록 해주려다가 도리어 악마의 역할을 하게 될지도 모르니 주의하라. 교사는 권위를 지녀야 한다'라고 강조하고 있다. 루소는 교사의 권위란 교사의 미덕에서 비롯되어야 한다고 한다. 그는 진정한 교육자는 이미 학생의 진정한 이익과 관심을 알고 있으며, 이를 보호하고 고무 격려해 주는 데에서 나온다고 강조하고 있다.

권위주의식 권위인 외형적 권위가 아니라 내적 권위가 교사에게 갖추어져 있을 경우에 교사로서 역할을 할 수 있는 기본적인 역량을 갖추었다고 할 수 있다. 자신이 늘 갈고 닦아서 가르치고 있는 교과에 우선적으로 숙달되어야 하며, 학생의 능력에 관계없이 모든 학생의 인격을 존중할 수 있는 마음과 태도를 지니고 이를 실천할 수 있어야 할 것이다. '제자에게 아무리 애정이 있다 하더라도 명예에 대해서는 제자와 경쟁하지 않으면 안 된다'는 루소의 말은 교사의 권위에 대한 중요성을 이보다 더 강조한 말은 없을 것이다. 교사에게 교육자로서 권위를 잃는다면 더 이상의 교육적 효과를 기대하기란 어려운 일이다.

1) 학생의 인격적 가치에 대한 교사의 신뢰

교사는 학생의 삶에 대한 다양한 관점으로 접근하고 이해할 수 있는 식견과 안목을 지니고 학생의 여러 면을 인정하고 수용할 수 있어야 한다. 제2장에서 다루었듯이 모든 학생은 각자 나름대로 고유한 인격적 가치와 유일한 능력을 지니고 있다. 이 유일하고 독특한 개인들의 특성을 믿고 존중하는 교사가 학생으로부터 믿음을 얻을 수 있다. 왜냐하면, 각각의 학생은 각각 독립적인 존재로서, 그리고 자기 나름대로의 유일한 특성을 인정받기를 원하고 있다. 교사는 이러한 학생의 마음을 읽고 수용할 수 있어야 한다. 이를 위하여 교사는 학생 개개인에 대한 인격적인 신뢰를 할 수 있어야 한다.

이유가 다양하겠으나, 우리사회의 교육은 지나치게 지식교육을 강조하고, 특히 교과의 성적으로 학생의 능력을 평가하고 있으므로 교과의 성적 이외의 다른 면의 능력을 교사가 평가하기란 어려운 일이고 불필요한 일로 되어 있다. 그러나 학생의 능력은 교과의 이해력보다 더 크고 깊은 헤아리기 어려운 측면이 있음을 인식해야 한다.

학교교육에서 교과의 성적만으로 학생의 능력을 평가한다 하더라도 학교교육에서 평가하지 못하고 있는 학생들이 발휘하지 못한 숨은 능력에 대한 이해와 신뢰가 학생에게는 앞으로 살아가는 데에 큰 힘이 된다. 이 점을 교사가 이해할 수 있고 인정해 줄 수 있어야 할 것이다. 능력이 꼭 성적만으로 표현되고 수량화되는 교육에 대한 근본적인 검토가 요청되는 실정이지만, 사람의 능력을 보는 기준과 내용에 대한 폭넓은 안목으로 학생의 숨은 다양한 능력에 대한 믿음을 교사는 지니고 있어야 한다. 영국의 철학자이자 교육학자인 러셀은 인간에게 신에 버금가는 능력(god-like-potentiality)이 잠재되어 있다고 주장하고 학교교육에서는 이를 계발할 수 있는 조건을 만들어야한다고 주장했다. 교육활동을 주도하는 교사는 이에 대한 철저한 믿음을 지녀야 한다.

능력보다 더 중요한 것은 모든 학생 개개인은 한 인간으로서 소중하고 무한한 가치를 지니고 태어났다는 가치감을 존중할 수 있어야 한다. 계량화 된 교과점수가 학생의 능력을 모두 표출한 것으로 인식하고 있는 현실도 큰 잘못이지만, 능력 이전의 인간적인 가치가 그것으로 인하여 무시되며 경시되고 있는 현실이 더 비인간적이고 반교육적이다.

미성숙한 학생들에게 장래 학생자신들이 개척하여 교사가 예측할 수 없는 직업세계에서 자신의 색깔을 충만하게 발휘하여 살아 갈 수 있는 힘과 동력을 길러주어야 한다면, 학생들에게 교사의 인격적 신뢰와 믿음만큼 더 큰 힘은 없다.

교과의 성적이 다소 떨어진다 하더라도 그것이 그 학생이 지닌 능력의 모든 것이라고 볼 수 없는 노릇이다. 그리고 능력보다도 더 소중한 것은 학생 개개인의 인격적 가치이다. 이 인격적 가치는 어느 누구에게도 동등하게 가치로운 것이다. 이것에 대해서 학생의 지도자인 교사가 믿고 소중하게 존중하여야 한다. 교사의 학생에 대한 믿음이 없이는 학생의 삶이 정상적으로 이끌릴 수 없다. 루소는 본래 인간이 태어날 때에 선하게 태어났다는 성선설을 굳게 믿고 있었으며, 그 선한 본성에 자애심을 본능적으로 지니고 있기 때문에 어린이 스스로 교육되어 질 수 있는 조건을 지니고 있다고 했다.

2) '있는 그대로'의 학생 삶을 이해하는 교사

학생은 미성숙의 존재이다. 우리는 미성숙을 적극적으로 사용하게 되면 뭔가 가르칠 수 있는 가능성이 그만큼 있다는 뜻을 함축하고 있다. 바로 가소성이라는 용어이다. 학생에게 교육이 가능한 이유는 가소성을 지니고 있기 때문이다. 가소성은 미성숙한 생물이 성장하기 위하여 스스로 적응하는 힘을 가리킨다. 이 가소성이 지니고 있는 뜻을 존 듀이의 말(『민주주의와 교육』 제4장)을 빌려 살펴보면, ① 본질적으로 경험으로부터 배우는 능력, ② 경험에서 배운 바를 후일 당면할 난관을 극복하는데 유효하도록 보존하는 힘, ③ 경험의 결과를 기초로 행동을 개변하는 힘, 즉 확고한 성향을 발전시키는 힘, ④ 습관을 형성하는 능력, ⑤ 이전의 경험을 바탕으로 나중의 활동에 도움이 되도록 하는 힘이라고 한다.

학생의 미성숙을 소극적 의미로 볼 때에는 모자라는 것, 성인의 고정된 관념이나 편향된 표준에 비추어 보아 부족된 상태로 보는 것이다. 그러나 적극적인 입장에서는 발달할 가능성이 있으며 무엇인가 할 수 있는 잠재력이 있다고 보는 것을 의미한다. 교사는 교육활동을 함에 있어서 이 점을 늘 놓치지 말아야 할 것이다.

교사가 간과하지 말아야 할 것은, 학생을 교사의 의지와 희망대로 이끌어가서는 안 된다는 점이다. 학생의 가소성에 착안하여 학생의 관심과 흥미를 존중하여 자연스럽고 즐겁게 학습할 수 있기 위한 마음을 갖도록 동기를 부여하는 일이 중요하다. 어른의 입장에서 이해하기 곤란한 학생들의 행동을 학생의 입장에 서서 이해하려는 마음과 관심이 학생이해의 첫 출발이다. 교사의 수준과 기대를 앞세우기보다 학생의 입장에서 학생의 마음과 바람을 이해하려고 노력하는 것 그 자체가 학생이해의 시작이다. 영국의 서머힐 학교의 경험에 비추어 보면, 교사가 학생의 심리를 이해해 주기 때문에 학생들은 무엇보다도 자긍심을 가지고 당당하게 밝은 삶을 살아가는 모습을 읽을 수 있었다.

3) 믿고 기다릴 수 있는 교사

루소의 저서인 『에밀』을 잠시 들여다보기로 하자. 제4부에서, "스무 살이 된 에밀이 어찌하여 순종할 수 있을까? 이 계기를 소중하게 취급하기 위해서 15년 동안 조심이 필요했다. 그동안 나는 교육하지 않았다. 교육시키기 위해 준비하고 있었다. 지금에야 그는 순종하기 위해서 충분히 교육되었다. (중략) 그런데, 그동안 나는 한걸음도 그의 곁에서 떠나지 않았다. 지금도 나는 종종 그를 혼자 내버려 둔다. 왜냐하면, 그래도 나는 그를 지배하고 있기 때문이다. 나는 그의 곁을 떠날 때에 그를 포옹하면서 말했다. 나는 너의 친구에게 맡기겠다. 너의 성실한 마음에 넘겨주겠다. 그 성실한 마음이 너를 책임져 주기로 했다"는 말은 학생에게 숨겨 있는 착하고 성실한 자신을 지키려고 하는 마음을 소중하게 존중하며 기다리는 선생님의 이상적인 자세를 그리고 있다. 여기에 드러난 루소의 교육은 스스로 공부하고 학습할 마음을 소중하게 존중하며 기다리는 교육자의 마음을 말하고 있다.

루소의 '자연교육론'에 관련된 일화를 잠시 보도록 하자. 어느 날 아침, 아이를 데리고 숲 속 길을 가던 중 영롱하게 빛나고 있는 풀잎 위의 이슬방울을 보았다. 마침 아침햇살이 가느다랗게 비치고 있어 더욱 아름다워 보인 장면이다. 이런 감동적 장면을 보았을 때에, 교사나 부모는 아이에게 어떻게 해야 하나?

이러한 질문에 여러 형태의 답이 있다. 아이에게 느낌을 말해보도록 하고, 서로의 느낌을 교환해 본다거나, 글을 써보게 한다거나, 교사나 부모가 설명을 해 주고 느낌을 말해보도록 한다거나 등등. 그러나 루소의 말에 따르면, '아무 말도 하지마라'는 것이다. 단지, 어른이 해 줄 수 있는 일은 아이에게 감상할 수 있는 충분한 분위기와 조건을 만들어 주는 것이다.

그것으로 어른의 몫은 다 한 것이며, 그 장면으로부터 느낌을 갖는 것은 전적으로 아이의 몫이다. 그 장면을 보고 감동을 느낀 것은 어른이고 아이의 입장에서는 전혀 느낌이 없을 수도 있고, 또 어른보다 훨씬 더 크고 많은 것을 느낄 수도 있는 것이다. 어른의 느낌이나 생각과 아이의 느낌이나 생각이 같을 것이라는 기대를 가지고 아이를 접했을 경우에는 어른의 생각이나 느낌대로 아이를 이렇게 저렇게 만들어 갈 수 있다는 그릇된 신념과 생각이 작용하게 되기 쉽다. 그래서 어느 순간에 어른의 느낌이나 생각과 동일한 아이를 만들 수 있다는 생각을 가지고 아이 교육을 할 우려가 있게 된다.

만약 무의도적으로 이러한 일을 어른이 반복하고 있다면, 그것은 지속적으로 아이에게 어른의 생각이나 느낌을 암암리에 주입하고 있는 셈이다. 그리고 그 결과, 아이를 어른과 같은 생각과 느낌을 갖게 할 수 있다는 기대감과 욕심으로 아이 교육을 하고 있는 셈이다. 그래서 결국 어른의 기대에 못 미치게 되면 어른들은 아이를 버렸다고 생각하기 쉽다. 그래서 그 이후의 교육은 끊임없이 어긋나게 되고 만다.

내가 낳은 자식이기 때문에 또는 아직 어린 아이들이기 때문에 어른의 생각과 느낌대로 아이를 키울 수 있다는 생각은 위험스로운 결과를 초래하기 쉽다. 어른들이 중요하게 여기는 자존심이 어린 아이에게도 있다는 점을 어른들이 잊고서 아이의 자존심에 손상을 입히기 시작하면 아이의 교육을 제대로 감당하기 어렵게 되며, 그 결과는 예측하기 어려운 상황으로 빠지기 쉽다. 그런데 어른의 생각대로 아이를 만들어 갈 수 있다는 생각이 크면 클수록 상대적으로 아이의 자존심을 훼손할 가능성이 크다. 아이의 생각과 느낌을 어른의 그것과 같게 만들 수 있다고 생각한다면 그것보다 더 큰 욕심이나 기대는 없을 것이다.

아이를 어른과 동일하게 만들 수 있다든가 어른의 기대대로 키워야 한다는 생각 그 자체를 전면적으로 검토하라는 말이 루소의 말이다. 루소에 따르자면, 아이의 내면세계는 어른의 내면세계와는 별도로 있다는 생각에서 아이의 교육을 출발해야 한다는 주장이다. 그리고 본래 조물주 손에서 태어날 때에 모든 사람은 선하게 태어난다고 믿고 있으며, 어린이에게 본능적으로 자신을 아끼고 사랑하는 자기애가 잠재되어 있다고 믿고 교육해야 한다는 주장이다. 그러니 루소의 이론을 받아들인다면 '어린이를 믿고 기다리라는 것만큼 큰 교육은 없다'[2]고 할 수 있으며, '어린이를 믿고 기다리는 것만큼 큰 사랑은 없다'란 말을 할 수 있다.

어른의 맘에 들지도 않고, 철도 없고 예의범절도 없어 보이지만, 아이에게 잠재되어 있는 자기애와 선한 성품을 믿어 준다면 아이의 자존심을 존중한 셈이 되며 언젠가 아이 자신이 깨닫게 되고 자신을 찾기 위한 동력을 찾게 될 것이다. 그렇다고 방치하라는 말은 아니다. 아이 내면의 자연성의 흐름과 함께 조율할 수 있는 어른이 늘 옆에 있어야 한다. 나의 옆에 나를 굳게 신뢰하고 지켜봐주는 부모님과 선생님이 계신다는 사실을 알았을 때에 아이는 큰 깨달음을 얻게 된다.

4) 학생의 '미성숙'을 존중하는 교사

학생의 미성숙을 어른의 고정된 표준에서 보게 되면 항상 학생들은 '뭔가 부족하고 바람직한 특성이 결핍되어 있으며 미흡한 상태'라고 파악하게 된다. 실제적으로 기존의 고정된 틀이나 기준으로서 아이들의 가능성을 모조리 파악한다는 것은 불가능하다. 그 성장가능성을 정확하게 가늠하기란 매우 어렵고 예측하기조차 어려운 일이다.[3] 다행히 그 성장가능성이 어른의 표준이나 기대와 일치한다면 아이들의 교육은 쉽게 풀릴 수 있겠으나 그렇

2) 행복한 어린이는 시간을 즐기기는 하지만 시간의 노예가 되는 일은 없다. 시간을 이용하지만 시간의 중요성은 알지 못한다. 어른의 입장에서 시간의 흐름을 제멋대로 조절하려고 하면 어린이들은 일정한 시간의 기준을 잃게 된다. 자연의 교육은 완만하고 느린데 비하여, 인간의 교육은 거의 언제나 한 걸음 앞선다. 전자의 경우에는 감성이 상상을 눈뜨게 하지만, 후자의 경우에는 상상이 감성을 눈뜨게 하고 감성의 조숙한 활동을 일으키게 한다. 그것은 처음에는 개인을 무력하게 하지만, 결국 인류 그 자체를 어김없이 무기력하게 만들고 만다(정범구 역, 286쪽).

3) 카릴 지브란의 시, 「아이들에 대하여」의 한 대목, '(중략) 당신은 그곳을 방문할 수도 없습니다. 꿈 속에서 조차도 (중략)'는 어린이의 내면세계에 대한 신성함, 절대가치를 소중하게 그리고 있다.

지 못할 경우에는 수많은 어려움을 겪게 된다.

아이들은 자라면서 수많은 시행착오와 실수들을 체험하면서 자신의 어떤 것을 찾아간다. 어른들이 이러한 내재적 과정을 다 알 수는 없는 일이다. 그러나 어른들은 쉽게 아이들의 가능성에 대해서 자신들의 잣대로 예단하여 이렇게 저렇게 하라고 간섭하든가 일방적으로 이끌어가는 식의 교육을 바람직하다고 여기는 경우가 많다. 그런데 이러한 형태로 어른의 주도로 이끌어가는 교육은 가끔 학생들에게는 불행의 싹으로 작용하기도 한다. 아이들의 미성숙함으로 인하여 부족하고 미흡함이 있다하더라도 정확히 알 수는 없지만, 앞으로 성장할 가능성이 그만큼 많이 있다는 의미로 해석하여 받아들이는 교육활동이 학생의 장래에 큰 힘으로 남게 된다.

사람들 개개인의 삶 자체에 고유하고 독특한 나름대로의 내재적 의미와 가치가 있다. 인간은 어린 시절이나 어른 시절이나 할 것 없이 똑같이 각자 열심히 살고 있으며, 적극적으로 자신의 삶을 꾸려가고 있는 셈이다. 사람들은 나이에 관계없이 지속적으로 배우며 성장해가고 있고, 나름대로 잘 살아가려고 애쓰고 있다. 개개인의 삶 그 자체가 곧 교육이고 성숙의 과정이다. 따라서 어떤 연령층을 막론하고 '개개인 삶의 내적인 의미 실현'과 '내재적인 성숙'을 보장해 줄 수 있는 교육이 되어야 한다. 그렇다고 아동기의 삶을 맹목적으로 떠받들어야 된다는 말은 아니다.

어린이들을 어른의 눈으로 보기에는 순전히 빈둥대는 것처럼 보이지만, 어른들이 명심해야 할 한 가지는, 그것은 막 싹트기 시작한 성장의 시도이지 그 자체가 완성된 결과이거나 성과가 아니라는 점이다. 겉으로 표출되는 것은 어디까지나 성장의 가능성을 이렇게 저렇게 보이는 것에 불과하지 그것이 성장의 끝이거나 결말이 아니라는 점이다.

듀이는 에머슨의 말을 빌려 미성숙의 원리에 대해서 이야기하고 있는데(John Dewey, 1916, 52-53), '아이를 존중하라. 부모 노릇을 너무 하려고 하지 말라. 아이가 혼자 있는 상태를 침입하지 말라. 아이를 제멋대로 방치한다고 하든가, 변덕을 부리는 것을 내버려 둔다든가 하는 비난이 있다 하더라도 아이를 끝까지 존중하라'고 한다. 그런데 아이를 훈련하는 데에 명심해야 할 것은, '천성을 지키되 으르렁대는 것, 빈둥대는 것, 멋대로 날뛰는 것은 못하도록 하라. 천성을 보존하여 그 천성이 향하는 대로 그 방향으로 앎을 갖추도록 하라'고 타이르고 있다. 이어서 그는 교사에게 요청하고 있는 것으로는, 학생을 위해서 교사에게 많은 시간과 활동 그리고 큰 짐을 부과하고 있는데, '거기에는 시간과 숙달과 통찰, 어려움 그리고 위대한 교훈과 신의 조력이 필요하다. 그렇게 생각하는 것만으로도 교사는 훌륭한 인격과 심오한 세계관을 가지고 있다고 말할 수 있다'고 이야기한다.

학생들에게 숨겨있는 이 성장의 힘을 믿고 기다릴 수 있는 교육이 참으로 큰 교육이다. 듀이는 학생들의 성장가능성, 즉 가소성을 믿었고, 루소는 어린이가 태어나면서 지니고 있는 자연성과 자애심을 믿었다. 학생의 성장가능성을 믿고 기다리는 것 이상의 더 큰 교육은 없다. 학생을 믿고 기다리는 것 이상의 더 큰 사랑은 없다.

5) 수업을 학생 개개인의 생생한 삶의 장으로 이끄는 교사

교사가 교과를 가르친다고 했을 때에 그것은 대부분 교과서에 수록된 내용, 즉 이미 확인된 사실이거나 지식집합체라고 여기는 내용을 순서대로 이해해 나가는 방식의 수업이다. 여기에 학교단위나 국가단위에서 정해진 진도가 있다. 그런데 그 내용에는 탐구의 결과물이며, 거기에 탐구의 방법과 절차 그리고 탐구자의 힘든 노력의 결과가 들어 있다는 사실은 간과되기 마련이다. 오직 부담으로 다가오는 것은 진도를 맞추어야 한다는 것과 시험준비에 필요한 것으로서 다가오는 '지식'만이 놓여 있을 뿐이다. 상급학교 진학에 도움이 되는 것이 무엇인가에 관심이 쏠려 무조건 쑤셔넣기식의 공부, 지식에 대한 맹목적인 집착에 의해 수업이 진행되고 있다고 해도 과언은 아닐 것이다.

이런 형태의 수업이 학생 개개인에게 관심과 흥미를 유발하여 '사고'할 수 있게 하는 수업인가를 점검해 볼 필요가 있다. 교과서 순서에 맞추어 진도를 나간다하더라도 그것을 어떻게 학생 자신의 문제로 전환하여 가르칠 수 있는가 하는 문제를 고민하지 않으면 안 된다. 왜냐하면, 수업의 종국의 목적은 학생에게 지적인 사고를 할 수 있도록 하여 자신에게 부딪치는 일에서 활용할 수 있도록 해 주어야 하기 때문이다.

수업의 내용이 오직 교사의 문제나 교과서에 있는 문제라면 이미 그것은 학생 자신의 자연스러운 경험과는 거리가 너무 먼 것이 되어버린다. 살아 있는 수업이라면, 수업이 학생 개개인의 사고력과 경험을 더 풍부하게 해 줄 수 있어야 한다. 어떤 좋은 아이디어가 곧 바로 다른 사람에게도 동일하게 가치로울 수 없듯이, 수업의 내용이 나의 문제로 다가 올 때에 비로소 나에게 참된 공부가 시작된다. '나'의 문제상황에 들어와 직접 부딪쳐 씨름을 해보고 자신이 직접 나름대로 어떤 해결책을 찾아보려고 시도할 때에 비로소 '생각'이 있는 수업이 이루어진다.

교과의 내용을 매개로 학생이 자기 자신이 그것을 자신의 문제로 인식하고 해결의 실마리를 찾으려하고, 교사가 그 생각을 발전시킬 수 있는 상황을 만들어가는 공동의 학습을 체험하면서 서로가 공감을 가졌다면 교사로서 할 수 있는 일을 다 해주었다고 할 수 있을 것이다. 그러한 상황은 교사는 학생이고 학생은 교사가 된 셈이다. 교사와 학생이 서로 가르침을 주고받는 의식이 없으면서 이루어지는 수업이 더 좋은 상태라고 말할 수 있다. 배운 것을 학생이 삶의 생생한 자원으로 활용하는 데에 성공하지 못한 교육은 뭔가 잘못된 것이다.

수학의 예를 들어보자, 수학의 본래 가치는 자신이 관심을 가지고 있는 일을 잘하기 위해서 수를 사용하는 능력과 관계된다. 수학은 우선 정확하고 치밀한 추리습관, 장사와 기술에 필요한 계산능력 습득, 사물에 대한 상상력을 확대해주는 능력, 무한가치에 대한 신비한 체험 등 수학의 고유가치가 교과교육을 통하여 학생들에게 체험될 수 있거나 그에 대한 사고의 가능성을 열어주는 수업이 진행된다면 학생의 실질적인 삶과 관련된 수업이 이루어진 셈이다. 이러하듯이 각 교과가 설치된 본래의 실질적인 취지와 특성을 제대로 실현될 수 있는 수업의 내용과 방법과 절차를 학생 개개인들이 체험할 수 있는 수업이 진행되어야 한다.

'잘 알고 있다'는 말 속에는 '사태에 밝다'는 뜻이 포함되어 있으며, 그것은 어떤 문제를 포괄적으로 분석할 수 있고, 또 그 문제를 효과적으로 처리하는 데에 필요한 내용을 자유자재로 구사하면서 동시에 해결책을 만들어 낼 수 있으며 찾아낸 해결책 자체에 대한 결과와 효과를 충분히 예견하고 평가할 수 있는 능력을 가지고 있다는 뜻을 가리킨다.

교육은 삶의 수단이 아니라 보람 있고 내재적 가치가 있는 삶을 사는 것과 동일하다. 학생은 교과서와 교사의 머릿속에 정리되어 있는 정답풀이과정을 그대로 따르지 못한다하더라도, 또 기대수준에 미치지 못할지라도 학생들은 자신이 문제를 풀어가는 자잘한 시도와 과정에서 자신의 답을 찾으며 흥미를 가질 수도 있다. 어른의 입장에서 보면, 어린이가 나무토막 하나하나를 쌓아올리는 일이 별 가치 있는 일로 보여 지지 않을지도 모르지만 어린이에게는 그 자체가 큰 발견일 수 있으며, 1 더하기 1이 2라는 것을 알아가는 것 자체가 큰발견일 수 있다. 학생은 참고서나 교과서와는 다른 방식으로 문제를 풀어갈 수도 있는데, 이러한 과정 자체가 그에게는 큰 발견이다. 이를 존중해 줄 수 있는 교사가 학생에게는 필요하다. 학생 개개인 내면의 사고과정과 관심 하나하나를 소중하게 존중해 줄 수 있는 교사가 학생에게는 필요하다. 그것이 학생의 삶의 의미를 더해주는 일이며 사고력과 창의적 사고를 키워가는 일이라는 점을 새롭게 인식해야 한다.

2. 교사의 지성적 권위

'참된 스승은 참된 학생이다'란 말에서 나타나 있듯이, 교사의 배움이란 끝이 없으며 학생 앞에 겸허한 마음으로 탐구하는 자세와 진지함을 지녀야 한다는 점을 단적으로 표현해 주고 있다. 가르치는 사람과 배우는 사람은 함께 커간다. '교학상장'이란 말에서도 보듯이, 교사는 가르치면서 학생과 함께 배워간다. 교사에게 끝없는 지적 도전과 모험, 그리고 늘 배우는 자세를 강조한 말이다.

교사에게는 지적 탐구력이 가장 중요하다. 지적 탐구는 한동안 배운 것을 가지고 학생을 지도한다는 뜻이 아니라, 지속적으로 탐구·학문하는 자세와 태도를 습득하여 교과수업을 진행하는 동안 학생에게 학문탐구 자세와 방법을 자연스럽게 설명하거나 전달될 수 있어야 할 것이다. 여기에 교사의 지적 탐구에 대한 열정과 깊이 있는 지성으로 자신이 남에게 보여 주기 위한 것이 아닌 교사로서 공부하는 마음과 자세로 인하여 자연스럽게 된 권위야 말로 진정한 교사의 권위이다.

이것은 학생에게 주입하는 형태가 아닌 자신의 학문하는 자세나 태도가 학습하는 과정 속에서 학생들이 자연스럽게 얻을 수 있도록 해야 한다. 그것이 혹시라도 너희들은 아직 미숙하고 모르기 때문에 내가 가르쳐야 한다는 마음이 앞선다면 그것은 오히려 역효과를 가져 올 수 있다. 이 점은 앞서 논의한 루소의 가르침을 본받아야 한다. 학생 스스로 알고 싶어하는 동기와 욕구를 갖도록 유도하여, 학생 스스로 깨닫고 뭔가 성취감을 얻음으로써 교사의 도움 없이 학생이 좋아하고 더욱 깊이 있게 탐구해 보려는 마음을 갖게 할 수 있다면 그보다 더 좋은 학습은 없을 것이다.

현실적으로 교사의 제 일차적 과제는 교과를 잘 가르치는 일이다. 교과를 잘 가르친다는 말에 대해서 깊이 있는 논의가 필요하다. 교과내용에 관한 한, 교사의 지식은 학생이 현재 알고 있는 것의 범위를 훨씬 능가한다. 그리하여 교사의 지식은 미성숙한 학생의 이해나 관심으로서는 도저히 미칠 수 없는 원리나 내용들을 다루고 있는 경우가 많다. 그러나 아이들의 경험은 직접적인 실제적 관심거리를 중심으로 조직되어 있는 것이다. 이미 배운 사람에 있어 교과는 광범한 범위를 포괄하고, 엄밀하게 규정되어 있으며 논리적으로 상호 관련되어 있다. 그리하여 교사는 자기가 가르치고 있는 교과를 알아야 할 뿐만 아니라 학생의 독특한 필요와 능력을 알지 않으면 안 된다.

현재의 우리 학교교육 실태에서는 입시에 매달려 다른 것을 할 수가 없다는 주장들이 많으나, 학생들에게 오래 남을 만한 교사의 참된 모습을 생각한다면 이러한 교육내용에 충실한 학습이 이루어지도록 노력해야 함을 간과해서는 안 될 것이다. 이를 달성하기 위해서 교사는 학생의 현실과 우리 사회의 현실적인 상황과 여건에 대해서 정확한 진단과 실현성 있는 해결책을 탐색하는 일을 게을리해서는 안 될 것이며, 학문하는 노력과 탐구 자세를 즐기고 이를 학생들에게 모범적으로 보여 줄 수 있어야 할 것이다.

소수 전문가를 위한 전문적 지식계층의 전통을 가르치는 사회에서는 민주주의가 번창할 수 없다. 교사는 대중을 위한 실용적인 목적에 두어야 한다. 자신이 가르치는 교과의 내재적인 가치를 잘 파악하여 장차 그것이 사용될 구체적인 사태에 적용되는가 하는 데에 초점을 두고 가르쳐야 할 것이다. 예를 들면, 산수의 내재적 가치는 관심 있는 일에 수의 개념을 잘 사용하는 능력과 관계된다. 삶의 자원으로 삼는 데에 성공하지 못한 교육은 무엇인가 잘못되어 있다. 좋은 교육이란 구체적인 사태에서 우리의 취향과 기호를 형성해주는 직접적인 인식 속에 들어 있다. 교사가 지성적인 권위를 유지하기 위한 부단한 과학적 탐구와 지성적 단련을 해야 한다.

듀이는 『민주주의와 교육』 제1장에서 교육이 해결해야 할 한 가지 가장 중대한 과제로서, 비형식적인 교육과 형식적인 교육, 우연적인 것과 의도적인 교육 사이에 적절한 균형을 유지하는 방법을 강구하는 것이라고 주장하며 학교교육의 방향을 말하고 있는데, 이는 우리에게도 아직 적절한 지적이다. 삶이란 단순한 수동적 생존이 아니라, 능동적 활동의 방식을 말하며 사회구성원 간의 활발한 교류가 전제되어 있다. 이러한 맥락에서 학교에서 가르쳐야 할 교육 내용은 사회에 맞도록 교육해야 한다. 인생을 혼자 독방에서 사색하면서 보내는 것처럼 사람들과 관계없는 모습으로 자라게 해서는 안 된다. 사는 방법을 가르쳐 주어야 한다. 즉 빵을 얻는 방법을 알아야 하고, 남과 교섭하는 방법을 알아야 한다. 그리고 시민사회에서 사적인 이해의 작용과 반작용을 계산해야 하고 실패하지 않아야 한다. 사회적 미덕은 인류에 대한 사랑을 지니게 해야 한다. 그는 유용하다고 하는 것은 다하지만, 그 이상도 그 이하도 하지 않을 것이다. 현자는 다른 개인의 일부분이 아니라 인류의 일부분이다. 현자는 사적인 이해관계를 초월한다.

교사는 교과를 가르침에 있어서 학생의 수준과 필요, 그리고 교과의 지식의 본질적인 가치를 인식할 필요가 있다. 공교육의 문제점이 많이 지적되지만, 듀이가 말한 것처럼 인간의 삶에 대한 본질적 접근이 없는 교육의 본연의 모습을 회복하기란 어려울 것이다. 우리의 현실이 입시에 치닫고 있는 교육으로 학생의 삶이 망가진다는 소리는 극에 이르고 있다. 이를 극복하기 위한 노력이 교사로부터 일어나지 않는 한 요원한 일이다.

3. 선생님이 제자에게 해야 할 일

어린이의 마음속에는 사악이란 결코 존재하지 않는다는 루소의 말은 항상 옳은 말이다. 나쁜 행위란 피해를 끼칠 의도가 있었느냐 없었느냐에 따라서 규정지어야 한다. 그런데 어린이에게는 그와 같은 의도는 절대로 없었을 것이다. 교육의 잘못은 어린이에게 의무만을 말하고 권리에 대해서는 좀처럼 얘기를 하지 않는다는 점이다. 학생의 입장에서 선생님이 해 줄 수 있는 것이 무엇인가를 늘 찾고 해 줄 수 있는 선생님이 학생에게는 좋은 선생님이다.

루소는 '욕망이 능력을 능가할 때에 그것이 코끼리이든 사자든, 정복자든 영웅이든 심지어 신이라 할지라도 모두 약자가 된다. 자기의 본분을 깨닫지 못하고 반항한 천사는 자신의 본분에 따라서 평화롭게 산 지상의 행복한 인간보다도 더 약한 존재였다'(『에밀』 제2부). 오만이 힘보다도 더 확대될 경우에는 오히려 힘과 능력을 위축시키는 결과를 초래하게 된다. 이러하듯이, 교사가 제자에 대한 애정이 많다보면, 제자에게 이런 저런 많은 말을 할 수가 있는데, 루소의 말을 빌리자면, 교사는 단순하고 신중하게 말을 삼가해야 한다. '제자에게 나쁜 교훈을 주게 될지 모르니 좋은 교훈이라 할지라도 가능하면 뒤로 미루어라. 이 세상에서 천진무구한 자에게 선악을 구별할 수 있도록 해주려다가 도리어 악마의 역할을 하게 될지도 모르니 주의하라(『에밀』 제2부)'고 경고한다.

많은 선생님들이 학생에 대한 애정 때문에 학생들에게 보탬이 되리라고 생각되는 말이면 이것저것 이야기하고 때로는 타일러 바로잡아주고 싶은 마음이 앞서게 된다. 그러나 그 말의 내용을 충분히 받아드릴 준비가 없는 학생이라면 오히려 학생의 생각을 방해하거나 또는 악으로 작용할 수도 있다. 학생이 받아드릴 준비가 되어 있을 때에 그 시기를 포착하여 그 때에 필요로 하는 말을 해 줄 수 있는 선생님이 학생에게는 좋은 선생님으로 다가오게 될 것이다.

우리 사회에는 눈에 보이는 성과를 앞세우는 풍조로 인하여 학생으로부터 또는 자녀들로부터 뭔가 확실한 결과물을 얻기 위해 어른의 생각대로 학생들을 이끌어가려고 한다. 이에 대한 반성이 필요하다. 학교에서 선생님이 학생을 지도하거나 가르칠 때에 유념해야 할 점들이다. 이와 상황은 다르지만 불교 선가에서 내려오고 있는 숙어로서 줄탁동시지(啐啄同時之) 또는 취훼동시지(嘴喙同時之)[4]라는 한자말은 선생님과 학생의 전인격적인 교

4) 불교 선가에서 내려오는 말로서, 줄탁동시지(啐啄同時之) 또는 취훼동시지(嘴喙同時之)인데, 어미닭이 침식을 잃어가면서까지 달걀을 품어 약 3주가 지나면 달걀 안에서 생명을 탄생시킨 병아리를 얻게 되는데, 이 병아리는 최종적으로 달걀 껍질을 깨고 나와야 드디어 세상의 빛을 보게 된다. 그런데 껍질을 깨고 나올 때에 어미닭이 달걀안의 병아리가 껍질을 쪼아대는 소리를 듣고 밖에서 어미닭이 그 시간에 맞추어 껍질에 힘을 가하여 껍질을 쪼아 깨 줄 때에 비로서 달걀 속의 병아리가 세상에 태어나게 된다. 이를 선생님과 제자의 이상적인 모습을 비유하는

류와 기다림과 믿음을 바탕으로 한 만남을 그린 말이다.

그런데 교사는 권위를 지녀야 한다. 이는 외형적인 형식에서 찾는 것이 아니라, 교사 스스로 단련하고 가꾸어 지닌 미덕으로부터 비롯되어야 한다. 진정한 교육자는 이미 학생의 진정한 이익과 관심을 알고 있으며 이를 보호하고 고무 격려해 주어야 한다. 교사라는 직업적 권위로서 학생을 지배하거나 위압적인 자세로 학생 앞에서 권위를 누리는 형식이 아닌 참된 인격 대 인격으로서 관계를 유지할 수 있는 미덕이 참된 권위이다.

그러나 제자에게 아무리 애정이 많다하더라도 명예에 대해서는 제자와 경쟁하지 않으면 안 된다. 이 경우 명예란 교사의 자존감과 학생의 자존감을 존중하고 참된 관계를 유지하기 위한 내적 권위를 지키기 위한 행위이다. 선생님이 제자에게 베푸는 사랑이란 자기가 주는 물건이나 마음의 가치를 진심으로 알고, 또 그것을 필요로 한다는 것을 잘 아는 어른이 베푸는 행위이다. 선생님의 자기애는 항상 제자의 자기애에 양보해야 한다. 그는 '나는 스스로 배운다'고 마음속으로 말할 수 있어야 한다. 교사는 항상 모든 것을 말하여서는 안 된다. 모든 것을 말하는 사람은 항상 조금밖에 말하지 않는 셈이 된다(정범구 역, 334). 선생님의 제자 사랑으로는 제자의 모든 것을 꿰뚫어 볼 수 있는 마음의 여유와 슬기로움이 따라야 한다. 제자가 필요할 때에 꼭 필요한 것을 줄 수 있는 준비와 함께 제자에 대한 보살핌과 돌봄이 몸에 배어야 할 것이다.

숙어이다.
줄(啐부를 쵀, 지꺼릴 줄)은 닭이 달걀을 안아 병아리를 깔 때에 병아리가 막 껍질을 깨고 밖으로 나오려고 할 때에 안에서 쪼는 것을 가리키고, 탁(啄: 쫄 탁)은 암닭이 밖에서 쪼는 일을 뜻한다. 이 두 가지의 일이 동시에 행하여진다는 말로서, 사제지간의 심정적인 만남, 또는 영혼적인 만남의 이상적인 모습을 그린 말이다. 취와 췌는 모두 부리라는 뜻을 지니고 있다. 김정환(2007), 한국교육이야기 백가지, 박영사, 7쪽 참조.

4. 교사 상호간에 지켜야 할 일

1) 교사 자신에 관한 윤리적 책임

첫째, 교사 스스로 자신의 인격을 갖추는 일이 중요하다. 우선 자신 스스로 자존감이 건전한 사람이어야 한다. 다음 세대인 학생을 가르치고 지도하기 위해서는 자신이 확실한 주체성과 정체감을 확립하여야 한다. 남과 비교하여 좋고 우월한 가치관이 아닌 자신의 소중함과 귀중함에 대한 터득이다. 이것은 자신 스스로 한 인간으로서 절대적인 가치를 지니고 있음에 대한 확실한 긍지와 자존이다. 그리고 스스로 자기 자신이 남 위에 군림하는 자로서가 아닌 능력과 지위에 관계없이 사람들과 스스럼없이 평등한 관계를 유지할 수 있는 마음과 자세가 중요하다. 이것은 학생이나 학부모에게 교사라는 직업을 도구삼아 위에 서겠다는 뜻이 아닌 한 인간으로서 함께 어울릴 수 있는 마음과 자세이다. 그리고 자신의 능력이 우월하기 때문에 교사가 된다는 생각이 아니라, 자신이 교직에 적성이 맞기 때문에 교사를 하겠다는 생각이 앞서야 한다. 자신이 지닌 능력을 있는 그대로 수긍하고 장점과 단점을 솔직하게 시인하며 그것을 수긍할 수 있는 여린 마음이 필요하다. 다시 말하자면, 교사 자신이 혼자 설 수 있는 굳건한 인생관과 철학과 마음을 지녀야 한다. 자신을 인생살이라는 바다 위를 항해하는 배로서 흔들리지 않은 중심을 지니고 있는 한 인간이어야 한다. 자신의 주체적인 삶에 대한 철학과 가치관을 확립하는 일이다.

둘째, 교사로서 지녀야 할 사명감과 전문성이다. 남을 가르치기 위해 갖추어야 할 실력과 책임감이 필요하다. 학생과 동료교사, 그리고 학부모와 함께 살아가는 공동체적 의식이다. 한 인간은 누구 개인의 부분이 아니라 인류전체의 일부분이라는 생각으로 자신을 지키고 이웃과 함께 할 수 있어야 하며 그런 자세와 마음을 지니고 이웃을 돌보아 줄 수 있는 의지가 특히 교사에게는 중요하다. 그러한 자세를 갖추었을 때에 동료와 학생을 따뜻하게 보살필 수 있을 것이기 때문이다.

셋째, 우리 사회구성원 모두가 중요하게 여기는 전문성이다. 사실은 전문성보다 더 중요한 것이 바로 앞에서 강조한 덕목이다. 그러나 우리 사회에서는 지나칠 정도로 성과와 업적을 강조한 나머지 실력이 더 강조된다. 두말 할 필요 없이 자신이 가르칠 교과에 대해서 그리고 인생을 풍족하게 하는 거름이라고 할 수 있는 교양에 대해서 좋은 실력을 갖추어야 한다. 좋은 선생님으로서 생활하기 위해서 실력 못지않게 중요한 것이 앞서 말한 자존감을 갖추는 일이고 그 위에 이웃과 함께 할 수 있는 자세를 갖추는 것이다.

2) 교사 상호간의 윤리적 책임

교사로서 살아가는 일 중에서, 학교라는 직장생활은 가정 다음으로 중요한 곳이다. 아니 가정에서 보내는 시간보다 학교에서 보내는 시간이나 학교를 위해서 보내는 시간이 더 많다. 즉 학교 동료와의 협력, 학생을 지도하고 보살피는 일, 가르치기 위해서 쏟는 시간 등은 가정에서 보내는 시간보다 훨씬 많다. 그러므로 한 교사로서 개인 인생살이를 성공적으로, 그리고 편하게 하기 위해서는 학교생활이 즐겁고 편해야 한다. 이를 위해서 우선적으로 동료 교원과 잘 조화를 할 수 있어야 한다. 그리고 학생들과 좋은 관계를 만들어 가는 것이 중요하다. 이에 필요한 것들을 갖추어야 한다. 그것이 무엇일까? 교원 상호간, 교사와 학생 간에 상호 존중하는 인격적 관계를 맺을 수 있어야 한다.

교장, 교감, 주임과 교사, 그리고 사무직원과 나와 조화를 이룰 수 있고 서로를 존중할 수 있는 민주적 인간관계를 이루어 상호간에 화합과 협동을 이룩할 수 있는 좋은 인간관계가 중요하다. 직장생활이 즐거워야 인생살이에서 보람과 만족감을 얻을 수 있다. 이는 개개인 스스로 노력하여 만들어가야 할 중요한 사업이다. 이에 필요한 성품들을 갖추어 가야 한다. 여러 가지가 있겠지만, 중요한 것은 나만의 이익을 생각하는 이기적 마음을 줄이고 공동의 장을 먼저 생각하는 마음을 갖추도록 수련해야 한다. 내가 소중하면 남도 똑같이 소중하다는 인식을 하고 이를 실천할 수 있어야 한다.

다음으로 중요한 것은, 전문적 교사조직으로서 모범적인 형태를 만들어가기 위한 상호노력이다. 좋은 인간관계를 바탕으로 직업인으로서 갖추어야 할 여러 가지 소양과 실력을 협력하여 만들어 나가는 자세이다. 그래서 교사 모두가 좋은 교사가 되기 위해 함께 노력하는 집단으로서 자율연수, 자율장학이 자연스럽게 이루어지는 조직으로서 성숙하는 것이다. 이에 함께 노력하고 지속적인 자율학습과 공동의 과제를 늘 만들어 학교를 참된 교육적 조직으로 성장시킬 수 있는 공동의 힘을 만들어 가는 집단이 되어야 한다.

3) 학생에 대한 윤리적 책임

교사가 있는 이유는 학생이 있기 때문이다. 학생을 바르게 가르치고 지도하기 위해서 교사가 존재한다. 그런데 학생은 누구인가? 학생은 개인적으로는 자신의 일을 잘 수행하여 개인적으로 성공하고 행복한 삶을 이끌어 나갈 수 있어야 한다. 아직 배우는 사람으로서 갖추어야 할 여러 가지 태도나 마음가짐과 능력이 필요하다. 교사는 자신의 기준으로만 그것을 보지 말고 이를 잘 보살펴서 안내하고 지도하여 학생이 자신의 길을 제대로 갈 수 있도록 도와줄 수 있어야 한다.

교사가 스스로 학생에 대해 이해해야 한다. 그 이해의 폭은 꼭 교과실력만이 아니라, 정신적·신체적 여러 측면을 함께 이해할 수 있어야 할 것이다. 학생 개개인을 자신의 독특한 소질과 품성에 대해서 정확하게 알고 지도할 수 있어야 할 것이다. 학생 개개인의 개성을 잘 파악하여 존중함으로써, 학생이 '선생님으로부터 자신이 존중받고 있다'는 느낌을 받을 때에 학생에게 학교가 의미 있는 곳이 된다. 그렇지 못할 때에는 여러 가지 복잡한 사태가 발생하게 된다.

교사가 학생에 대한 윤리적 책임으로 가장 중요한 것이 바로 학생존중이다. 학생존중은 학급 밖 생활에서가 아니라 바로 교실 학습의 장에서 실현되어야 한다. 학습과정에서 학생 개개인이 소중한 존재라는 느낌을 갖도록 수업이 진행될 수 있어야 한다. 여건이 그렇게 되지 못한다고 이야기할 수 있으나, 여건을 탓하기 이전에 학생의 인격성숙이 더 중요하다는 신념을 갖는 것이 중요하다. 어린 시절 많은 사람들은 학교 선생님으로부터 인격적 손상과 침해를 받아 인생의 길을 잘못 들어서는 경우가 많이 있다. 교장이 되면 모든 학교 구성원을 자신의 사람들로 착각하여 구성원들의 인격과 됨됨이를 가볍게 여기는 사람들도 있고, 학급담임을 맡으면 학급의 학생들과 학부모들을 모두 자신의 소유물인 양 생각하고 함부로 행동하는 교사들도 있어서 가끔 학생과 학부모의 인격을 훼손하여 사회적 이슈를 만드는 사람들도 있다. 어린 학생들의 인격적 손상은 성인이 되어서까지 정상적인 성장을 방해하거나 정신질환으로까지 전개되기도 한다.

학생들에게 교과의 지식을 얼마나 더 많이 가르쳐주는 것보다

'내가 선생님으로부터 신뢰받고 존중받는 존재'라는 것을 느낄 때에 더욱 성숙하고 큰 사람이 되어 갈 수 있다. 선생님의 말 한마디에 본의 아니게 큰 상처를 입을 수도 있고, 반대로 인생에 큰 의미를 얻을 수도 있다. 교사의 학생에 대한 인격적 신뢰와 존중은 항상 중요하다. 교사 스스로 자신의 인격과 삶에 대해 정당한 가치를 두고 있어야 할 뿐만 아니라 학생 개개인의 인격과 삶을 소중하게 여기고 존중하는 태도가 중요하다. 성인인 교사에게만 인격과 생각이 있는 게 아니라, 어린 학생에게도 동등한 가치를 지닌 느낌과 생각, 그리고 인격이 있다는 중요한 사실을 잊어서는 안 된다.

5. 교사의 사회적 책임과 권위

우리 사회에 가장 슬픈 것 중의 하나는 주변에 '존경할 만한 인물'이 없는 것이다. 이는 주변에 배울 사람이 없다는 말과 통한다. 학교에는 마땅히 교실 수업만이 아니라 학교분위기 속에서 학생들이 저절로 배울 만한 것들이 풍부하게 있어야 한다. 그것은 학교의 잠재적 교육력이며, 그 속에서 학생들은 깨달음을 얻게 되고 삶의 방향과 꿈을 찾게 된다. 그러한 학교의 잠재적 교육력의 중심에 교사가 존재한다. 많은 사람들이 자신들의 이익만으로 결합되어 인간적 교류가 메말라가는 세태에서 학생들에게, 그리고 이웃에게 인격적 품위로서 이상과 꿈을 심어 줄 수 있는 교사라면, 진정으로 참된 권위를 지닌 교사라고 할 것이다.

우리 사회는 아직도 군사독재시절의 권위주의, 냉전적 사고방식이 산재해 있으며, 민족적 정체성을 망각하고 외국편향적 생활과 순응주의에 물들어 가는 삶의 태도가 점점 더 강하게 흐르고 있다. 이러한 것을 극복하고 나라와 민족의 정체성을 바로 세우며 권위주의를 청산해 낼 수 있는 시민의 힘이 필요하다. 이 시대의 교사에게 필요한 사회적 책임이 있다면 바로 민주적 질서를 정착하는 일에 함께 하는 것이며, 학생들에게 학교교육을 통해서 민주적인 삶을 모범적으로 살아갈 수 있기 위한 교육풍토를 만들어 주는 일이다.

동시대를 함께 살아가는 학부모와 시민과의 관계에서 교사의 사회적 책임을 굳이 묻는다면, 교사의 공적인 위치로서 역할이란 우리 사회와 국가가 나가야 할 방향에 대해서 바른 의식을 가지고 대안을 제시하고 토론할 수 있는 책임이 있어 보인다. 특히 학부모와의 관계에서는 교육자로서 지녀야 할 기본적인 교양과 책임이 따른다. 학생의 교육문제를 포함해서 사회적·국가적 교육문화에 대한 민주적인 안목과 식견을 가지고 교육적 사회를 만들어 나가는 중심인물로서의 역할은 중요하다. 학교 밖 사회에서 교원은 한 시민으로 살아가고 있다. 시민의 한 사람으로서 존경받을 만한 인물로서 삶을 영위할 수 있다면 더 이상 보람 있는 생활은 없을 것이다. 인류의 스승들이 그랬듯이 세상을 어떻게 살아가야 하는지를 가르치는 위치에 있다면 바로 그 교사가 사회적으로 큰 교육을 시행하고 있는 셈이다.

Ⅱ. 교원단체의 윤리강령

우리 사회는 몇 년 전만해도 존경할만한 인물로 선생님을 꼽았다. 그러나 최근에는 선생님 대신에 사장님으로 바뀌어졌다. 내가 선생님이라고 함에도 불구하고 굳이 사장님이라고 칭하는 것은 무엇을 뜻할까? 그만큼 선생님의 사회적 위신이나 권위가 약화되었다는 뜻이기도 하다. 사회의 세태를 내 마음대로 바꿀 수는 없는 일이겠지만, 교사에 대한 새로운 의미부여와 권위의 회복이 절실한 상황이다. 교사단체가 해야 할 일이 많겠으나, 교원의 명예와 위신을 회복시키는 일이 가장 우선되는 일로 보인다.

교원단체는 교사의 권익보호만이 아닌 학생의 삶이 바르게 갈 수 있게 하기 위한 활동을 하기 위하여, 그리고 학교가 바른 교육이 실현되도록 하기 위하여 주체적으로 결집된 교사모임이다. 그러나 학교교육 문제는 교육 밖의 여러 정책이 직·간접적으로 영향을 끼치고 있으므로 교원단체가 교육 이외의 문제에 대해서 건의와 주장을 피력하기도 한다. 듀이의 말을 잠시 음미해 보자. 교사에게 노동조합이 필요한 이유를 듀이는, '교사들은 교수법이나 교육내용의 개선을 위하여 여러 다양한 종류의 토론 조직을 필요로 할 뿐만 아니라 더 나아가 이러한 학문적 요구 이상의 어떤 목적 때문에도 조직을 필요로 한다. 즉 교사들은 그들이 공통적으로 가지고 있는 이해관계를 대변해 줄 능률적이고 진보적인 조직을 필요로 한다. 또한 학교를 교육 이외의 다른 목적으로 이용하려는 정치적·경제적 이해관계에 맞서서 어린이와 젊은이들을 보호할 수 있는 조직이 필요할 뿐만 아니라 그렇게 함으로서 결국 교육행위를 기계적 지식전달의 노예행위로 전락시킬 위험으로부터 보호할 조직을 필요로 한다'(나는 왜 교원조합에 가입했는가? 1927년 11월 18일 뉴욕시 제5지역 교원조합 회합 연설문)고 하여, 교사에게 조합이 필요한 이유를 교사의 자율과 독립적·자율적 교육활동을 보장하기 위한 방책이라는 점을 설득력 있게 밝히고 있다.

다음은 교원단체에서 제정한 교원윤리강령을 소개한다. 이 윤리강령들은 각각 교사가 학교와 사회에서 '해야 할 일'을 정해 놓은 것이다. 학교교육에서 교사가 해야 할 일에 더 치중한 강령이 있는가 하면, 학교 밖의 국가·사회적으로 해결해야 할 과제에 더 관심을 가지고 만들어진 강령도 있다. 한국의 대표적인 교원단체가 제정한 교원강령은 그 나름대로 교사가 해야 할 교육적 책임과 국가·사회적 책임을 규정하고 있다. 이를 숙고하고 음미하면서 진정 교사로서 이 시대에 우리 학교교육과 사회에서 해야 할 일과 책무가 무엇인지 마음 속 깊이 생각해 볼 수 있는 중요한 자료라고 생각된다. 그리고 외국의 사례로 미국의 교원윤리강령, 그리고 일본교원단체의 윤리강령과 스웨덴의 교원단체의 윤리강령을 소개해 놓았다.

교사예찬과 사명에 관한 글

다음은 교사의 윤리와 역할에 대한 메시지를 담은 대표적인 글이다. 미시간 주립대학교 사범대학 '졸업생 선서'와 헨리 반 다이크의 '무명교사예찬'과 카릴 지브란의 '가르침이란'을 소개한다.

■ 미시간 주립대학의 교육자의 선서

미시간 주립대학교 사범대학 졸업생들이 1983년 이후 해 온 선서이다.

나는 이 자리에서 교직에 헌신할 것을 다짐한다. 이 다짐과 함께 나는 보편적인 복지를 향상시키고, 인간의 이해와 능력을 증진시키며, 교수와 학습에 충실하는 교사의 책무를 기꺼이 받아들인다.

나는 스스로 이러한 의무를 질 것이며, 동료들이 그러한 의무를 다하도록 노력할 것이다. 나는 항상 지식 탐구를 통해 학생의 지력을 향상시키기 위해 최선을 다할 것이다.

나는 과업을 어렵게 하는 장애로 실패에 대한 책임과 비난에 지치고 이를 피하고 싶을 때조차도 변함없이 헌신을 다 할 것이다.

학습하는 생활에 대한 존중과 모든 학생에 대한 존중을 높이기 위해 나의 헌신을 계속할 것이다. 이러한 전문직으로서의 의무를 충실히 수행하기 위해 항상 노력할 것이다.

나는 교수와 학습의 질을 향상시키는 정책을 추구하고 지지하며, 수월성을 성취하고, 불평등에 대한 편견과 옹호를 거부하며, 나의 노력을 좌절시키고 희망을 줄이려는 주장에 대항할 것이다. 그러나 나는 이러한 노력과 목표의 추구가 나를 교직에서 가치롭게 해주며 교직이 자유로운 사람을 가치롭게 해준다는 신념을 충실히 간직할 것이다. 여러분들 앞에서 나는 스스로 이 선서를 한다.

■ 무명 교사의 노래

- 헨리 반 다이크(Henry van Dyke) -

나는 무명 교사를 예찬하는 노래를 부르노라. 전투를 이기는 것은 위대한 장군이로되, 전쟁에 승리를 가져오는 것은 무명의 병사로다. 새로운 교육제도를 만드는 것은 이름 높은 교육자로되, 젊은이를 올바르게 이끄는 것은 무명의 교사로다. 그가 사는 것은 어두운 그늘, 역경을 당할 때 달게 받도다. 그를 위하는 부는 나팔 없고, 그를 태우고자 기다리는 황금마차 없으며, 금빛 찬란한 훈장이 그 가슴을 장식하지 않도다. 묵묵히 어둠의 전선을 지키는 그 무기와 우매의 참호를 향하여 돌진하는 그이니, 날마다 날마다 쉴 줄 모르고 젊은이의 적인 악의 세력을 정복하고자 싸우며, 잠자고 있는 영혼을 일깨우도다. 게으른 자에게 생기를 불어넣어 주고, 하고자 하는 자를 고무하며 방황하는 자에게 안정을 주도다. 그는 스스로 학문하는 즐거움을 젊은이에게 전해주며, 지극히 값진 정신적 보물을 젊은이들과 더불어 나누도다. 그가 켜는 수많은 촛불, 그 빛은 후일 그에게 되돌아와 그를 기쁘게 하나니, 이것이야말로 그가 받은 보상이로다. 지식은 책에서 배울 수 있으되 지식을 사랑하는 마음은 오직 따뜻한 인간적 접촉으로써만 얻을 수 있는 것이로다. 공화국을 두루 살피되 무명의 교사보다 예찬을 받아 마땅할 사람이 어디 있으랴. 민주사회의 귀족적 반열에 오른 자, 그 밖에 누구일 것인고 '자신의 임금이요, 인류의 종복이로다.'

■ 가르침에 대하여

- 카릴 지브란 -

어떤 자도 그대들 깨달음의 새벽에 이미 반쯤 잠들어 누워있는 것 외에 어떤 것도 가르쳐 줄 수 없다. 제자들에 둘러싸여 사원의 그늘 아래에 거니는 선생이란 그대들에게 신념과 사랑을 줄 순 있으나 지혜를 줄 수는 없는 법. 그가 진실로 현명하다면, 그는 그대들에게 저의 지혜의 집으로 들어올 것을 명령하지 않으리라. 그보다 그대들로 하여금 그대들 자신의 마음의 문으로 인도케 하리라.

천문학자는 그대들에게 우주에 대한 그의 지식을 말해 줄 수는 있어도, 그러나 그 리듬을 포착하는 귀마저 또 그것을 울려 내는 목소리까지 줄 수는 없다.

또 수학자는 무게와 길이의 세계에 대하여는 말할 수 있을지 모르나, 그대들을 그리도 인도할 수 없는 법. 왜? 인간의 상상력이란 타인으로부터 그 날개를 빌릴 수는 없기에, 그리하여 그대들 누구나 홀로 신을 깨달아야 하듯이, 그대들 한 사람 한 사람은 그와 떨어져 홀로 신을 깨닫고 홀로 대지를 이해해야만 하리라!

일본교직원조합의 윤리강령

1961년 5월 20일 일본교직원조합에서 교사의 윤리강령을 공포하였다.

'평화와 민주주의를 지키기 위해서 오늘날의 교사는 어떻게 존립해야 하는가.'

'바람직한 교사의 자세는 무엇인가.'

- 단순한 표어가 아니고 새로운 시대를 직시하여 진리를 탐구하는 자의 냉철함, 정열적으로 정의를 사랑하는 자의 살아있는 윤리, 민족의 과제에 바르게 대응하는 윤리를 기조로 하여 만들어졌다고 천명하고 있다.

■ 교사의 윤리강령

1) 교사는 일본사회에 부응하여 청소년과 같이 살아간다.
2) 교사는 교육의 기회균등을 실현하기 위해 투쟁한다.
3) 교사는 평화를 수호한다.
4) 교사는 과학적 진리에 따라 행동한다.
5) 교사는 교육의 자유침해를 허용하지 않는다.
6) 교사는 바른 정치를 추구한다.
7) 교사는 부모들과 같이 사회의 퇴폐와 싸우며 새로운 문화를 창조한다.
8) 교사는 노동자이다.
9) 교사는 생활권을 지킨다.
10) 교사는 단결한다.

미국교육연합회(NEA)의 교직윤리강령

1975년 대의원 총회에서 교직 윤리강령(Code of Ethics of the Education Profession, http://www.nea.org)을 발표한 바 있다. 강령에 해당하는 전문과 학생에 대한 준수사항과 교직자로서 준수사항을 각각 원칙 1과 2로 나누어 제시하고 있다.

■ 전 문

교육자는 모든 인간의 가치와 존엄성을 믿고, 진리 추구의 중요성과 개인적 수월성에 대한 헌신, 그리고 민주주의 원리의 구현을 최우선으로 중요시한다. 이 목적들에 필수적인 것은 무엇보다도 배우고 가르치는 자유를 보장하고 모든 사람을 위해 교육기회가 보장되어야 한다는 점이다. 이에 교육자는 최고의 윤리기준에 충실해야 한다는 책임을 절감한다.

교육자는 가르치는 과정에 내재된 막중한 책임을 알아야 한다. 동료, 학생, 학부모, 지역주민으로부터 신뢰와 존경을 받기 위하여 가능한 한 최고의 윤리적 행동을 실천하고 또 이를 유지해야 한다. 교직윤리강령은 모든 교육자의 소망을 지표화하여 나타내는 것이며, 품행을 판단하는 기준을 제시한다.

미국교육연합회(NEA)의 윤리강령과 그 분회에서 명시한 윤리강령의 어떠한 조항의 위반에 대한 구제책은 구체적으로 명시된 경우에만 가능하며, NEA 또는 분회에서 세부적으로 규정한 것 이외에는 어떠한 형태로라도 강제하지 못한다.

원칙 1. 학생에 대한 책무(Commitment to the Student)

교육자는 학생 개개인이 자신들의 잠재력을 발휘하여 가치롭고 유능한 사회구성원으로서 성장할 수 있도록 최선을 다하여 도와준다. 교육자는 학생에게 탐구정신을 기르도록 하여, 지식을 획득하고 이해의 폭을 넓히고, 가치로운 목표를 사려 깊게 설정할 수 있도록 고무 격려한다.

학생에게 의무를 충실히 하기 위하여 교육자는,

- 학생이 학습해가는 데에 필요한 독자적 행동을 무분별하게 제한해서는 안 된다.
- 학생이 다양한 관점에 접근하는 것을 무분별하게 막지 않는다.
- 학생의 학습향상에 관련된 학습내용을 고의로 억제하거나 왜곡시키지 않는다.
- 학습과 건강, 그리고 안전에 유해한 환경으로부터 학생을 보호하기 위한 합당한 노력을 한다.
- 고의적으로 학생을 당혹스럽게 하거나 모멸감을 느끼지 않도록 한다.
- 인종, 피부색, 신조, 성별, 국적, 결혼관계, 정치적 신념이나 종교적 신념, 가족, 사회·문화적 배경이나 성적 취향에 따라 부당하게,
  a. 어떠한 학생도 교육프로그램에 참여하는 것을 배척하지 않으며,
  b. 어떠한 학생에게도 불이익을 주지 않으며,
  c. 어떠한 학생에게도 특혜를 제공하지 않는다.
- 교직수행 상 맺어진 학생과의 관계를 사적인 이익으로 이용하지 않는다.

- 교육적 목적이나 법적 필요에 의한 부득이한 경우 이외에는 교직수행 과정에서 얻어진 학생에 관한 정보를 누설하지 않는다.

원칙 2. 교직에 대한 책무(Commitment to the Profession)

교직은 전문적 봉사직에 요구되는 최고의 이상적인 책임과 신뢰를 국민으로부터 부여받았다. 교직의 질적인 수준이 국가와 시민에게 직접적으로 영향을 준다는 신념으로, 교육자는 다음을 위해 모든 노력을 다한다. 교육자는 전문적 수준을 높이기 위해 헌신한다. 전문적인 판단을 중요하게 여기는 풍토를 만든다. 교직활동에 신뢰로운 사람을 끌어드릴 수 있는 여건을 조성한다. 교직에 부적격한 사람이 들어올 수 있는 관행을 없애도록 노력한다.

교직에 대한 의무를 다하기 위하여 교육자는,

- 교직 임용시 고의로 거짓 진술하지 않으며, 자신의 능력과 자격에 관한 사실을 은폐하지 않는다.
- 자신의 전문적 자격에 대해서 허위 진술하지 않는다.
- 교육적으로나 성격적으로, 또는 그 외 관련된 특성들이 부적격하다고 알려진 사람이 교직에 들어오지 않도록 한다.
- 전문 교직에 지원한 후보자에 관한 자격에 대해서 고의로 허위진술하지 않는다.
- 인가받지 않은 교육활동에 종사하는 비 교직자를 지원하지 않는다.
- 직무를 수행하면서 획득한 동료에 관한 정보를, 어쩔 수 없는 법적 요구나 전문적 목적 이외에는 누설하지 않는다.
- 동료에 관해서 고의적으로 악의적인 발언이나 허위발언을

하지 않는다.

- 직무상의 의사결정이나 행동에 영향을 끼치거나 지장을 초래할 우려가 되는 사례금, 선물 또는 호의를 받지 않는다.

스웨덴의 교원노동조합의 윤리강령

스웨덴 교원의 윤리에 관한 내용은 교육과정과 교육법의 서두에 기본철학을 밝히고 있는데, 모든 어린이는 성별, 지역별, 사회적 요인이나 경제적 요인에 따라 차별대우를 받아서는 안 된다는 정부의 기본철학에 따라 스웨덴의 모든 사람은 자신의 삶과 권리를 존중받는다. 그리고 교사는 이를 선진적으로 실천해야 한다. 그뿐 아니라 장애학생과 소수민족이나 원주민, 이민자가 모두 평등한 교육과 학습, 그리고 평등한 복지혜택을 누리고, 직업적 환경 역시 한 개인이 자신을 실현하기 위해서 필요한 직업적 기능을 준비할 수 있어야 하며, 지역사회의 한 구성원으로서, 그리고 한 인간으로서 조화로운 계발과 책임을 다할 수 있기 위한 교육프로그램을 중앙정부와 지방정부가 보장하고 있으며, 교원은 이러한 이념을 실천하여야 한다. 다음은 두 교원단체가 합의하여 정한 윤리강령(http://www.skolverket.se/ab/d/354)이다.

■ 교원윤리강령

다음은 스웨덴 교원노조와 스웨덴 교원연맹(lärarnas riksförbund)이 2001년 공동으로 제정한 교원윤리강령이다.

'학생을 최우선으로 한다.'

교원은 학생과 그들에 대한 교육을 최우선시 해야 한다. 교원은 개별 학생의 적성개발과 진로결정에 도움이 되는 지식을 전수한다. 교원은 학생을 독립적인 주체이자 집단의 중요한 구성원으로서 대하게 된다. 이러한 관계는 교원의 직무수행을 어렵게 하기 때문에 교원은 학생을 개인으로 대할지 혹은 집단의 구성원으로 대할지에 대한 보다 균형 잡힌 시각을 가져야 한다.

교원은 다음과 같은 행위 규범을 준수한다.

- 교원은 학생의 지적 성장과 인격계발을 도모하며 학생 개개인의 학업증진과 발전 및 비판적 사고능력 신장을 위해 필요한 자질을 함양한다.
- 언제나 학생의 인격과 가치관을 존중하며 학생을 신체적·정신적 폭력과 학대로부터 보호한다.
- 학생을 성별, 성(性)적 취향, 인종, 정치적 신념, 종교, 사회·문화적 배경 및 능력 또는 학업성적에 따라 차별하지 않는다.
- 교육에 대한 학생의 권리 및 책임감을 증진시킨다.
- 학생의 성적평가 및 관리를 엄정하고 객관적으로 처리하여 학생에게 불이익을 초래하지 않는다.
- 학생 및 학부모/보호자와 신뢰관계를 구축하고 그들의 의견을 적극 수렴한다.
- 교직 수행과정에서 습득한 학생 정보를 신중히 다루며 학생에게 해가 되는 경우 해당 정보를 공개하지 않는다.

■ 교원의 책무

교직은 지역사회의 신의를 바탕으로 하며 교원은 그에 따른 막중한 책임을 갖는다. 교직 수행에 있어 교원은 자신의 지식을 최대한 활용하여 교육의 질을 높이며, 자신이 지역사회와 구성원에게 직접적인 영향을 미치는 위치에 있음을 인식하고 지적 탐구에 매진한다.

교원은 교권 및 교육의 자유를 옹호하며 학교를 바람직한 교육의 장이자 좋은 일터로 만드는 데 기여한다.

교원 개개인 및 집단 모두는 엄중한 교육적 책임을 지니며, 최적의 학습환경 조성에 힘써야 한다.

교원은 학문적 지식을 기반으로 직무를 수행하며 끊임없는 연구와 축적된 경험을 통해 지적 성장을 추구한다. 또한 더 나아가 교직의 발전과 교육의 내적 성장을 위한 자아개발의 책임을 갖는다.

교원은 원만한 동료관계를 형성하되 직무태만이나 과실로 인해 학생에게 해를 끼쳐서는 안 된다. 동료 교원이 학생을 모욕·학대하거나 학생의 권익을 침해하는 경우, 이에 적극 대응하여야 한다.

교원은 다음과 같은 행위 규범을 준수한다.

- 교원은 축적된 지식과 경험을 바탕으로 교육에 매진한다.
- 교육의 질 제고와 해당 분야의 지식 및 전문성 함양을 위해 끊임없는 자기혁신의 노력을 기울인다.
- 학생의 학업 성취뿐만 아니라 학습내용 증진에도 만전을 기한다.
- 학교 및 지역사회에서 행해지는 관행이 학생에게 해를 끼칠 경우 이를 지적하고 개선하려는 적극적인 자세를 취한다.
- 동료 교원 및 직원 모두의 능력, 의무, 책임을 존중한다.
- 학생에 대한 적극적인 지원을 위해 필요 시 전문가의 지식을 활용한다.

교원의 윤리규범 준수

교원의 지위와 위상 확립을 위해 모든 교원은 윤리규범을 준수해야 한다.

교원은 다음과 같은 행위규범을 준수한다.

- 교원은 지속적인 토론, 바람직한 윤리적 자세 함양, 윤리의식을 바탕으로 한 갈등해결을 통해 교원 윤리강령을 적극적으로 실천한다.
- 부당함에 항거하고 건설적 비평을 제시하며, 교원 윤리강령의 근간인 인격함양 및 능력계발에 반하는 모든 행위에 적극 대항한다.

교원의 사회적 소명

교원은 다음 세대의 교육과 훈육의 기본을 확립하는 중대한 사회적 소명을 가진다. 이러한 교원의 소명은 커리큘럼 및 교칙과 같은 교내 지침에 반영되어야 한다. 교원은 사회적 소명을 다하는 동시에 이를 교원 윤리강령에 비추어 실천해야 한다. 또한 교원 윤리강령에 반하지 않으며 민주적인 절차로서 결정된 사회적 소명에 따라 자신의 직무를 수행한다.

한국교원단체총연합회의 사도헌장과 윤리강령

교총의 전신인 대한교육연합회에서 1958년에 공포한 한국교원윤리강령을 개정하여 1982년 5월 15일에 교사상으로서 사도헌장을 마련한 바 있으며, 2005년 5월에는 새로운 시대에 맞는 '교직윤리헌장'과 '우리의 다짐'으로 사도헌장을 대신하는 새 교직

윤리를 선포한 바 있다.

■ 사도헌장

오늘의 교육은 개인의 성장과 사회의 발전과 내일의 국운을 좌우한다. 우리는 국민교육의 수임자로서 존경받는 스승이요, 신뢰받는 선도자임을 자각한다. 이에 긍지와 사명을 새로이 명심하고 스승의 길을 밝힌다.

1. 우리는 제자를 사랑하고 개성을 존중하며 한 마음 한 뜻으로 명랑한 학풍을 조성한다.
2. 우리는 폭넓은 교양과 부단한 연찬으로 교직의 전문성을 높여 국민의 사표가 된다.
3. 우리는 원대하고 치밀한 교육계획의 수립과 성실한 실천으로 맡은 바 책임을 완수한다.
4. 우리는 서로 협동하여 교육의 자주혁신과 교육자의 지위 향상에 적극 노력한다.
5. 우리는 가정교육, 사회교육과의 유대를 강화하여 복지국가 건설에 공헌한다.

■ 교직윤리헌장

우리는 교육이 인간의 가치와 존엄성을 높이며, 개인의 성장과 자아실현은 물론 국가와 민족의 미래에 중대한 영향을 준다는 사실을 명심하고, 국민으로부터 부여받은 교육자의 책무를 다하기 위해 최선을 다한다. 우리는 균형 있는 지 · 덕 · 체 교육을 통하여 미래사회를 열어갈 창조정신과 세계를 향한 진취적 기상을 길러줌으로써, 학생을 학부모의 자랑스런 자녀요 더불어

사는 민주사회의 주인으로 성장하게 한다. 우리는 교육자의 품성과 언행이 학생의 인격형성을 좌우할 뿐만 아니라 사회전반의 윤리적 지표가 된다는 사실을 깊이 인식하고, 윤리성과 전문성을 높이기 위해 노력한다. 이에 우리 모두의 의지를 모아 교직의 윤리를 밝히고, 사랑과 정직과 성실에 바탕을 둔 교육자의 길을 걷는다.

■ 우리의 다짐

1. 나는 학생을 사랑하고 학생의 인권과 인격을 존중하며, 합리적인 절차와 방법에 따라 지도한다.
2. 나는 학생의 개성과 가치관을 존중하며, 나의 사상 · 종교 · 신념을 강요하지 않는다.
3. 나는 학생을 학업성적 · 성별 · 가정환경의 차이에 따라 차별하지 않으며, 부적응아와 약자를 세심하게 배려한다.
4. 나는 수업이 교사의 최우선 본분임을 명심하고, 질 높은 수업을 위해 부단히 연구하고 노력한다.
5. 나는 학생의 성적평가를 투명하고 엄정하게 처리하며, 각종 기록물을 정확하게 작성 · 관리한다.
6. 나는 교육전문가로서 확고한 교육관과 교직에 대한 긍지를 갖고, 자기개발을 위해 노력한다.
7. 나는 교직 수행과정에서 습득한 학생과 동료, 그리고 직무에 관한 정보를 악용하지 않는다.
8. 나는 학생이나 학부모로부터 사적이익을 취하지 않으며, 사교육기관이나 외부업체와 부당하게 타협하지 않는다.
9. 나는 잘못된 제도와 관행을 개선하는 데 앞장서며, 교육적 가치를 우선하는 건전한 교직문화 형성에 적극 참여한다.

10. 나는 학부모와 지역사회를 교육의 동반자로 삼아 바람직한 교육공동체 형성을 위해 함께 노력한다.

전국교직원노동조합의 강령

1. 우리는 교육의 자주성, 전문성 확립과 교육민주화 실현을 위해 굳게 단결한다.
2. 우리는 교직원의 사회·경제적 지위향상과 민주적 권리의 획득 및 교육여건 개선에 모든 노력을 기울인다.
3. 우리는 학생들이 민주시민으로서 자주적 삶을 누릴 수 있도록 민족·민주·인간화 교육에 앞장선다.
4. 우리는 자유, 평화, 민주주의를 사랑하는 국내 여러 단체 및 세계교원단체와 연대한다.

■ 전국교직원노동조합 참교육실천강령

2002년에 제정한 참교육실천강령은 우리는 교육민주화 운동과 전국교직원노동조합 결성의 정신을 이어받아 교육을 올바로 세우기 위하여 참교육실천강령을 제정하고 실천한다.

1. 우리는 더불어 사는 삶을 소중히 여기는 인간상을 추구한다.
2. 우리는 민족의 자주성 확보와 평화통일을 앞당기기 위한 교육을 실천한다.
3. 우리는 민주주의의 완성과 생활화를 지향하는 교육을 실천한다.
4. 우리는 몸과 마음의 건강을 지키는 교육을 실천한다.
5. 우리는 양성평등교육을 실천한다.

6. 우리는 인권교육을 실천한다.
7. 우리는 노동의 가치와 노동자의 권리를 존중하는 교육을 실천한다.
8. 우리는 자연과 인간의 공생을 지향하는 교육을 실천한다.
9. 우리는 교육과정을 창조적으로 운영한다.
10. 우리는 서로 돕고 협동하는 학습의 원리를 구현한다.
11. 우리는 학생자치를 존중하고 돕는다.
12. 우리는 동료 교사와 함께 연구하고 실천한다.
13. 우리는 학부모 · 지역사회와 협력한다.
14. 우리는 참교육을 가로막는 제도와 관행에 맞서 투쟁한다.

참고문헌

김정환(2007), 한국교육이야기 백가지, 박영사.
이윤식 외(2007), 교직과 교사, 학지사.
김기태 · 조평호(2006), 교사론, 교육과학사.
최창섭 역(2006), 학생의 권리, 원미사.
American Teacher 12, 1928.
http://www.eduhope.net/
http://www.kfta.or.kr/default.asp
http://www.nea.org/index.html
http://www.skolverket.se/sb/d/354

제8장 학교운영 및 교육정책과 교사

1. 현장중심 교육정책의 실현 주체로서 교사

교사는 교육현장에서 학생을 지도하고 가르치면서 발생한 여러 가지 문제점들을 해결하기 위한 노력과 활동을 전개하고 있다. 학습지도에 관한 문제, 학교운영에 관한 사항, 승진에 관한 문제, 교육과정에 관한 문제, 교육정책의 방향과 실천 등에 관한 문제에 대해서 실천적인 논의를 하게 된다. 그러면서도 항상 논의된 문제는 누군가가 해결해 줄 것이라는 막연한 기대만으로 이야기가 진행된다. 물론 교원단체를 통해서 해결하려는 시도도 많이 이루어지고 있으나, 대체적으로 일상적인 대화는 책임이 없는 일방적인 문제점 표출식으로 끝나며, 때로는 자조적인 대화거나 불만을 토로하는 형태의 소모적 또는 냉소적인 대화형식이 허다하다. 그러나 우리 교육을 더 발전적으로, 그리고 생산적으로 이끌어 나가고 교육현장에서 나타나는 문제점을 해결하기 위해서는 보다 체계적인 접근이 필요하다. 교육활동을 하면서 느끼는 여러 문제점을 공식적인 공간과 채널을 통하여 해결할 수 있기 위한 노력이 지속적으로 이루어져야 한다. 조직적 활동을 통하여 적극적으로 교육문제를 해결하기 위한 동력을 차근차근 만들어 나가야 한다. 교육정책은 더 이상 일부 이론 전문가나 행정가의 몫이 아니다. 학교현장을 잘 알고 있는 교사들에 의해서 실현성 있는 정책과 시책이 바로바로 개발되어 실현될 때에 학교는 더 교사중심의 교육정책으로 개선되어 나간다. 교사는 학생을 가르치고 학교를 운영하는 주체로서, 그리고 교육정책 수립의 주체로서 자리매김하여야 한다.

이를 위하여 교사는 교과 모임, 학교운영 모임, 교육정책 모임, 좋은 학교 만들기 모임, 학생생활지도 모임, 학생특기활동 모임, 학교급식 모임, 교복 모임 등을 조직하여 체계적으로 교육문제를 해결하기 위한 학교 안팎의 모임을 구성할 필요가 있다. 학교 내의 여러 조직의 활성화와 학교 밖의 관련 조직과 유대강화하고 규모를 확대하면서 교사의 토론구조를 사회적으로 확장시키는 일이 요청된다. 지역단위 또는 전국단위의 크고 작은 단체를 형성하여 교사의 교육정책 참여 역량을 넓혀 갈 필요가 있다. 이는 학교 밖의 이론가들에 의해 현실성 없는 외국이론이나 정책, 그리고 이상에만 치우친 정책으로 인하여 빚어낸 과거 교육정책의 모순과 혼란을 극복하기 위해서 학교교육을 담당하고 있는 교사가 참여한 교육정책을 수립하도록 적극적으로 참여해야 한다는 취지이다.

2. 학교운영과 학급운영의 중심체로서 교사

학교교육계획을 수립하고 학급운영계획을 세우는 일은 전적으로 학교에 몸담고 있는 교사의 몫이고 학교구성원의 몫이다. 그런데 과거에 교육청과 교육인적자원부의 하달된 지시와 지침사항을 그대로 학교운영계획서를 세워 지극히 형식적인 학교운영을 했던 시절의 잔재가 지금도 상존하고 있다. 다수의 학교가 자체 교사연수를 통하여 교사가 중심이 되어 학교운영에 대한 토론과 반성을 통하여 다음 해의 교육계획을 수립하여 학생지도와 학습이 진행되고 있기는 하지만, 아직도 많은 학교가 대동소이한 학교계획서를 가지고 학교를 운영하고 있다. 이는 우리 학교교육이 학생과 사회에 대한 책임이 얼마나 무감각한가를 보여주는 단적인 증표이다.

학생을 실질적으로 담당하고 있는 교사가 중심이 되어 내 학생에 대해서 나의 반성과 계획 하에 책임있게 지도하고 가르치는 학교를 만들어 나가야 한다. 이것이 이루어지기 위해서 몇 가지 개선되어야 할 것들이 있는데, 학교교육계획을 학교구성원에 의해 실천성있게 수립될 수 있어야 한다. 우선 신년도 학교교육에 대한 계획을 교사가 책임지고 수립하기 위해서는 학기말에 교원 인사이동이 모두 이루어져서 다음 해의 교육에 대한 계획을 새로 부임한 교사에 의해서 이루어질 수 있게 하여야 하며, 예산편성 지침과 예산배정이 학기말 이전에 종료되어야 한다. 현재는 2월과 8월에 인사이동이 이루어지고 있어서 교체된 교사에 의한 교육계획이 불가능하며, 11월 초에 예산지침이 교육청으로부터 하달되고 예산총액은 1월 초에 배정이 되고 있어서, 학교교육계획 수립은 겨울방학 중에 다시 수정하고 짜 맞추는 일을 일부 교사에 의해서 이루어질 수밖에 없다. 학교교육계획에 예산의 반영이 제대로 이루어지고 실질적인 학교교육계획서가 수립되기 위해서는 이 시기의 조정에 대한 개선이 선행되어야 한다.

그러나 이러한 한계 내에서라도 학교교육계획이 교사에 의해 책임있게 이루어지기 위해서 당해 학교교사가 중심이 되어 교육계획이 수립되기 위한 실질적인 활동이 이루어져야 한다. 이를 위해서 교사들의 학교운영에 대한 주인의식과 책임감, 그리고 학생에 대한 책임 있는 성실한 교육계획을 만들어 나가기 위한 적극적인 노력이 요청된다. 과거처럼 교육청으로부터 예산을 가져오기 위한 필요 문건으로서의 형식적인 교육계획서의 형태는 사라져야 한다. 이에 교사들의 주체적인 책임의식이 요청된다.

학교교육계획서와 함께 학급운영계획서도 마련되어야 한다. 이것

역시 담임선생님의 몫인데, 신입생과 새 학년의 담임선생님의 주요 역할이라 볼 수 있는데, 학생에 대한 정확한 정보와 진단을 통해서 1년간의 또는 한학기 동안의 교육계획을 책임 있게, 그리고 알차게 수립하기 위한 준비와 반성이 요청된다. 의사가 환자를 정확하게 진단하고 정확한 처방을 내릴 수 있을 때의 명의가 되듯이 교사에게는 학생을 정확하게 진단평가하고 그에 맞는 교육내용과 프로그램을 투입할 수 있을 때에 좋은 선생님이 될 수 있을 것이다. 이를 위하여 지난 학기의 수업과 학급운영, 그리고 학교운영에 대해서 철저하게 평가하고 그를 기초로 하여 더 나은 교육을 시행하려는 지속적인 활동이 요청된다. 이러한 평가와 계획에 따라 학교가 개선되고 이를 반영한 교육정책이 수립되는 것이 합리적인 순서이다.

학교운영과 학급운영을 잘 해보기 위해 지난 학기에 성과를 반성하고 이를 보완하기 위한 노력을 솔선하여 방학동안 내내 학급과 학교운영에 필요한 것을 준비하고 학습자료를 준비하는 어느 선생님의 모습은 우리에게 귀감이 된다. 이러한 일이 모든 교사에게 이루지리라고는 생각할 수 없는 일이지만, 이러한 교사의 열정은 반성과 준비를 내가 주체적으로 수행해야 한다는 사명감이 마음속에 자리하고 있기 때문에 가능한 일이다. 학교 발전의 동력은 교사가 스스로 객관적인 평가와 반성, 그리고 철저한 계획이 중심적인 일로 자리매김될 때에 교사가 현장의 교육정책가로서 역할을 할 수 있을 것이다.

3. 학급운영

학급운영의 책임자는 교사인데, 이 학급운영이 학교교육의 실질적인 출발이다. 학급운영을 통하여 학생은 공적인 권위를 습득하게 되며 생활을 배워간다. 그래서 담임선생님의 철학이 학생들에게 매우 중요하다. 학생은 담임선생님을 통하여 가장 친근한 관계를 형성하게 되며, 담임선생님을 통하여 학교를 경험하게 되고 교육이 시작된다. 학급 담임선생님의 교육철학과 교육방침은 그대로 학생들의 학습에 직접적으로 영향을 끼치게 된다. 학급은 어떻게 운영되어야 하는가? 앞에서 교사가 학생에게 해야 할 일과 자세 등에 대해서 많은 논의를 했다. 여기에서는 학급을 운영하면서 지켜져야 할 방침을 다루기로 한다.

첫째, 학급은 학교교육의 제일선의 교육의 장으로서 학생들 간에 밀착된 인간관계와 학습이 이루어지는 곳이다. 학교가 해 줄 수 있는 가장 큰 일은 학생 개개인이 한 인격체로서 주체적 인물로서 대우받고 있다는 느낌을 갖도록 해야 한다. 학생 개개인은 한 인간으로서 인정받고 있다는 생각을 가질 수 있는 학급이라면 더 말할나위 없이 좋은 학급이다. 학생 개개인의 인격적 권위가 존중되고 있어서 학교가 학생 자신에게 삶의 의미를 주는 곳으로 느낄 수 있어야 한다. 학생에게 자신만의 내면의 세계가 있다는 점을 인식하는 일이다. 이를 위해 교사가 학생 개개인의 특성을 인정해 주고 존중해 줄 수 있어야 한다. 교사의 자존감이 우선적으로 중요하다. 교사의 건전한 자존감이 학생에게 건전한 인생관을 심어준다.

둘째, 수평적이고 개방적인 교실분위기를 만드는 일이다. 교사의 일방적인 지시와 감독으로 운영되기보다는 학생들의 여러 가지 입장을 고려하여 함께 만들어 나가는 교실 분위기 조성이 중요하다. 교사가 일방적으로 이끌어 나가는 교실이 아니라 담임과 학생이 함께 이끌어 나가는 교실이라는 점을 서로가 알 수 있도록 하는 것이 필요하다. 그래서 학생의 의견을 수렴하여 담임선생님과 함께 학급을 운영해 감으로써 주인의식을 높일 수 있을 것이고, 그렇게 함으로써 학교에 대한 다른 의미를 찾게 될 것이다.

셋째, 신뢰에 바탕을 둔 교실분위기 조성이다. 담임선생님과 학생들 간에 무엇보다 중요한 것은 인격적 만남인데, 이 인격적 만남을 이루기 위해서 가장 중요한 요소가 인격적 신뢰이다. 신뢰가 무너지면 그 이후의 교육적 효과는 기대하기 곤란하다. 담임선생님과 학생들 간의 신뢰를 쌓아가야 한다. 신뢰는 요령이나 기술로서 이루어지는 것이 아니라 진실과 정직이 바탕이 되어야 한다.

넷째, 학급의 정의와 공정성이 유지되어야 한다. 앞의 신뢰를 키우기 위한 또 다른 방안인데, 교사와 학생 간에 이루지는 교육활동에서 가장 큰 관건이 공정성과 정의를 실현하고자 하는 노력이다. 교육활동에서 정의를 지키지 않는다면 학생들은 누구를 믿을 수 있는가? 정의와 공정성이 학급에 지켜지지 않을 경우 학생들은 성인이 되어서도 부정을 쉽게 묵과해버릴 수 있는 사람을 만들 위험이 있다. 즉 자신이 옳다고 여기는 원칙마저 쉽게 포기해버릴 수도 있다. 이는 결국 자신을 버리게 되는 결과를 초래할 수도 있다는 말이 된다. 학급에서 경험한 부정의와 불공정은 학생 개개인의 자존감과 용기를 잃게 하는 결과를 초래할 수도 있다는 점을 간과해서는 안 된다. 정의와 공정성이 지켜지는 교실은 정당하게 자신을 지킬 수 있고 자신의 존재가치를 정당하게 확인할 수 있는 곳이다.

다섯째, 투명한 학급운영이다. 학생 개개인들이 모두가 자신만의 빛깔과 색깔을 지니고 있으며, 이를 자연스럽게 표현할 수 있는 관계를 만들 수 있다면 더 이상 좋은 교육적인 상황은 없을 것이다. 결국 학생들은 자신이 지닌 잠재적 능력을 정확하게 찾아 실현할 수 있다면 행복을 찾은 인생이 된다. 학급은 자신을 실현하기 위한 실험실과도 같은 곳이다. 이런 저런 일들을 부딪쳐 보면서 자신의 능력과 특성을 찾기 위해 많은 시행착오를 범하는 실천의 장이 학급이다. 여기 담임선생님과 학생, 그리고 학생들 간에 투명한 관계가 요청된다. 투명한 관계가 이루어질 때에 서로는 믿음을 얻을 수 있고 서로가 힘이 된다.

학급을 운영하는 이외에 여러 가지 방향을 생각할 수 있겠으나, 학생의 자존감을 키워가기 위해서 요청되는 주요 방향을 제시한 셈이다. 교사의 민주적인 교육철학에 입각하여 여러 가지 다양한 학급운영을 생각해 볼 수 있을 것이다.

4. 학교운영에 대한 합의를 만들어 내는 교사

앞에서 논의한 내용은 일반화된 내용들이다. 학교운영과 학급운영을 수행하면서 부딪치는 여러 가지 일들을 해결해야 할 과제가 많다. 학교와 학급운영을 하면서 부딪치는 크고 작은 일에 대해서 학교구성원이 협동 노력하여 대처한다면 학교운영에 좋은 결과를 만들어 낼 수 있을 것이다. 이를 위하여 학교구성원이 함께 논의하는 공동의 장을 조성하여 합의를 이끌어 낼 수 있는 구조가 요청된다. 물론 서로간의 관심과 이해관계가 다르고 생각도 천차만별하여 합의를 도출한다는 일이 쉬운 일은 아니다. 그러나 우리가 좋은 사회와 좋은 학교를 지향한다면 좋은 학교의 구조를 만드는 일 자체가 매우 큰일이고 소중한 일이다.

동료교사 간에 사랑과 존경을 바탕으로 한 공동의 합의를 만들어 가는 도덕집단이 교사와 학생의 성숙을 완성시켜 나간다. 우리 사회는 서로의 이해관계에 얽매어 공적인 대화를 만들어 나가는 일은 익숙치 않다. 가진 자와 못가진 자 간의 양극화, 수구세력과 비수구세력 간의 양극화, 지역 간의 불균형과 의식의 양극화, 지위의 높낮이에 따른 양극화 등 우리사회에 민주화란 단어가 무색할 정도로 사회적 양극화가 심화되어 있음은 시급히 해결해야 할 과제이다. 이 책 제7장에서 논의하고 있지만, 좋은 사회란 '함께하는 마음'을 쉽게 공유할 수 있는 사회이다. 이를 해결하기 위해 여러 다양한 접근이 동시에 수행되어야 할 것이지만,

우선적으로, 교육의 장에서 실현하기 위한 노력이 요청된다. 이에 교사의 선도적인 역할이 요청된다. 그 이유는 차세대가 될 학생들에게 발전된 민주사회의 모습을 실험하고 실천할 수 있는 장을 체험하도록 하는 일은 교과학습 못지않게 중요한 일이다. 이를 위해 학교구성원의 민주적인 생활방식의 훈련장으로서 '공동의 의미'를 찾아 만들어가는 노력을 교사가 해야 할 중요한 일이다. 학교교육을 통하여 교사가 학생교육을 위하여, 그리고 우리사회의 공동발전을 위하여 해낼 수 있는 과제를 수행하고 있다는 것 자체가 매우 보람 있는 일이다.

가치와 진리의 절대성에 대한 불확실성을 전제한다 하더라도 구성원 간의 균형적 판단이 불가능한 것은 아니다. 우리에겐 공통의 생태환경과 공통의 기본욕구, 공통의 바람, 공통의 물리적 공간이 있다. 서로가 공통성을 지니고 있다고 해서 똑같아 질수는 없는 일이지만, 서로간의 합리적 균형을 유지할 수 있는 윤리를 찾는다는 것이 불가능하지만은 않을 것이다. 스트라크(K. A. Strike)와 솔티스(J. E. Soltis)는 이에 대한 대안으로서 반성적 균형(Reflective equilibrium)을 제시하고 있고, 하버머스는 이상적 담화상황(이 책 제7장 참조)을 제시하고 있다.

학교교육이라는 교육의 장에서 학교구성원이 공동으로 해결해야 할 과제를 찾고 공동의 논의를 통하여 함께 풀어가야 할 과제와 해결책의 방향을 찾아가는 일 자체가 매우 소중하고 큰 교육이다. 교사가 주체적으로 자신의 학교와 학생의 교육문제를 해결하기 위한 논의를 주체적으로 수행한다면 시간과 노력이 더 필요하겠지만, 학교구성원 여러 사람들의 의견을 모을 수 있고, 또 참여의 수준도 높일 수 있는 공동의 장이 반드시 만들어 질 것이다. 그래서 모름지기 구성원이 주체가 되어 학교를 도덕적인 상황으로 만들 수 있게 될 때에 많은 교육문제가 스스로 해결될 것이다.

참고문헌

교육혁신위원회(2004), 즐거운 삶터로서 좋은 학교 만들기.

K. A. Strike, J. E. Soltis, 4th. ed.,(2004), The Ethics of Teaching, Teachers College, Columbia University.

참고문헌

〈국내문헌〉

강승규 외(2007), 좋은 교육, 서울: 민음사.

곽미경 역(2007), 개성의 탄생, 서울: 동녘사이언스(Judith Rich Harris, 2006 No Two Alike, W.W. Norton).

김정환(2007), 한국교육이야기 백가지, 서울: 박영사.

이윤식 외(2007), 교직과 교사, 서울: 학지사.

고려대학교 교육문제연구소(2006.7), 교육문제연구 제25집.

김기태 · 조평호(2006), 교사론, 서울: 교육과학사.

최창섭 역(2006), 학생의 권리, 서울: 원미사.

강승규(2005), 나다움, 어떻게 찾을까!, 서울: 학지사.

강영우(2005), 도전과 기회 3C혁명, 서울: 생명의말씀사.

교육혁신위원회(2004), 즐거운 삶터로서 좋은 학교 만들기.

박의수 · 강승규 · 정영수 · 강선보(2003), 교육의 역사와 철학, 서울: 동문사.

주경복 · 고복만 역(2003), 인간불평등기원론, 서울: 책세상.

이정화 · 이지헌 역(2003), 하버마스의 비판이론과 담론교실(Robert Young, Critical Theory and Talk, 1991), 서울: 우리교육.

강혜영 역(2003), 왜 학교에 가야 하나요?, 서울: 비룡소.

공양희 역(2002), 프리스쿨(크리스 메르코글리아노(1998), The Story of the Albany Free School), 서울: 민들레.

강대중(2002), 대안학교는 학교가 아니다, 서울: 박영률출판사.

햇살과나무꾼 옮김(2002), 나는 선생님이 좋아요, 서울: 양철북.

이선숙(2001), 대안학교와 학생들의 생활이야기, 서울: 교육과학사.

이병곤 외 역(2000.12), 학교, 국가 그리고 시장, 인천: 내일을 여는 책.

이영진 역(2000), 누가 내 치즈를 옮겼을까?, 서울: 진명출판사.

박동섭 · 김영환 역(1998), 개성화 · 개별화 교육 어떻게 할 것인가, 서울: 학지사.

강승규 외 역(1997), 루돌프 슈타이너의 교육론, 인천: 내일을 여는 책.

차호일(1997), 소파 방정환의 아동교육사상, 서울: 양서원.

유철 역(1996, E. 캇시러), 루소, 칸트, 괴테, 서울: 서광사.

조동섭 외 역(1996), 역가르침의 윤리학(K. A. Strike, J. E. Soltis. The Ethics of Teaching. Teachers College, Columbia University, 1985.), 서울: 원미사.

안경식(1994), 소파 방정환의 교육운동과 사상, 서울: 학지사.

이강수 역(1994), 커뮤니케이션 행위이론(Thomas McCarthy trans. The Theory of Communicative Action <J. Habermas>. Polity Press. 1987), 서울: 나남출판.

림종삼 외(1993), 쇠찌르레기, 서울: 살림터.

정우현(1993), 현대교사론, 서울: 교육과학사.

한국교육연구소 편(1993), 참교육 - 그 이해와 오해, 인천: 내일을 여는 책.

강승규(1992), 어린이의 삶을 사랑하는 교육, 서울: 서원.

강선보(1992), 만남의 교육, 서울: 양서원.

이돈희(1992), 교육정의론, 서울: 고려원.

안인희(1990), 루소의 교육론, 서울: 서원.

이용남 역(1990), 교육이론의 선구자(Ivor Morrish), 서울: 교육과학사.

이오덕(1990), 참교육으로 가는 길, 서울: 한길사.

이규행 감역(1989), 미래쇼크(Alvin Toffler, Future Shock, 1970), 서울: 한국경제신문사.

김정환(1987), 교육철학, 서울: 박영사.

이홍우 역(1987), 민주주의와 교육, 서울: 교육과학사.

정봉구 역(1987), 에밀, 서울: 범우사.

김정환 외 역(1985), 인간주의 교육학(J. M. Rich), 서울: 박영사.

한국정신문화연구원(1984), 교육의 사명과 교직의 보람, 성남: 한국정신문화연구원.

장상호 역(1983), 인간주의 교육, 서울: 박영사.

이돈희(1983), 교육철학개론, 서울: 교육과학사.

김정환(1982), 전인교육론, 서울: 세영사.

이홍우 역(1980), 윤리학과 교육(R. S. Peters, Ethics and Education), 서울: 교육과학사.

강승규 역(1974), 사랑이라는 예술(Erich Fromm, The Art of Loving), 서울: 왕문사.

〈논 문〉

우석대교육과학연구소(1998), "지방화시대의 지역교육의 방향", 『교육학연구』 제4집, 1-29.

한국교원교육학회(1995.6), 『한국교사교육』 제11호.

이규환(1995), "선진국 교원교육 개혁과 그 시사점", 『한국교육연구』 제2권2호, 75-104.

한국교육학회(1992.10), 『교육학연구』 제30권3호, 한국교육학회.

강승규(1990), 존 듀이의 판단이론, 고려대학교 박사학위논문.

______(1986), "교육의 개념에 터한 교육목적 탐색연구", 우석대논문집 제18집.

______(1983), "B. Russell의 이상적 인간상", 우석문화 제2권, 우석대.

〈기타〉

'교육춧첨', 한겨레신문 1992년 5월 12일자 제12면.

강승규(1992), '왜, 학교교육에서 인간존중이란 가치를 실현해야 하는가?', 우석대신문, 1992년 1월 1일, 제4면.

______(1992), '학생죽음을 유도한 학교교육의 현실', 「더불어 생각하며」, 한겨레신문 1992년 5월 20일 제5면.

______(1984.5.13), '비교육적과 교육적의 차이', 우석대학보 제53-54호, 우석대.

〈외국 저서〉

K. A. Strike & Soltis, J. E.(4Th. ed.2004), The Ethics of Teaching, Teachers College, Columbia University.

Carr, David(2003), Making Sense of Education, New York: Routledge Falmer.

Schiraldi, Glenn R.(2001), The Self-Esteem Workbook, Oakland: New Harbinger Publication, Inc.

McKay, Matthew(2000), *Self-Esteem-Third Edition, Oakland,* CA: New Harbinger Publications, Inc.

Tanner, Laurel N.(1997), *Dewey's Laboratory School.* New York: Teachers College Press.

Soresen, Marilyn J.(1998), Breaking the Chain of Low Self-Esteem, Sherwood(OR): Wolf Publishing Co.

Miller, George David(1994), *An Idiosyncratic Ethics,* Netherlands: Kluwer Academic Publishers.

Nataniel Branden(1994), The Six Pillars of Self-Esteem, New York: Bantam.

Houston, W. Robert ed.(1990), *Handbook of Research on Teacher Education,* New York: Macmillan Publishing Company.

Chambers, John H.(1983), The Achievement of Education: An Examination of Key Concepts in Educational Practice, New York: Harper & Row Publishers.

Power, Edward J.(1982), *Philosophy of Education,* New Jersey: Printice-Hall.

Hare, William(1979), *Open-mindedness and Education,* Canada: McGill-Queen's University Press.

Schofield, Harry(1972), The Philosophy of Education, London: George Allen & Unwin.

Rich J. M.(1971), *Humanistic Foundations of Education,* Ohio: C.A. Johnes Pulishing Com.

Brubacher, J. S.(1966), *A History of The Problems of Education,* New York: McGraw-Hill.

Dewey, J.(1965), *The Relation of Theory to Practice in Education.* In M. L. Borrowman(Ed.), Teacher Education in America: A Documentary History, New York: Teachers College Press(초판, 1904).

Axline, Virginia M.(1964), In Search for Self, New York: Ballantine Books.

Dewey, John(1964), "Democracy and Education Administration," in Problems of Men, New York: Philosophy Library.

Russell, B.(1961), Fact and Fiction, London: George Allen and Unwin Ltd.

Fromm, Erich(1956), The Art of Loving, New York: Harper & Row.

Neill, A. S.(1937), That Dreadful School, London: Herbert Jenkins Ltd.

Russell, B.(1932), Education and the Social Order, London: George Allen and Unwin Ltd.

Dewey, John(1927), The Public and It's Problems, Chicago: Swallow Press.

Russell, B.(1926), On Education, London: George Allen and Unwin Ltd.

__________(1916), Principles of Social Reconstruction, London: George Allen and Unwin Ltd.

Dewey, John(1916), Democracy and Education, New York: Macmillan.

〈외국논문〉

Katz, Michael S.(1992), 'Respect for Persons and Students: Charting Some Ethical Territory' in *Philosophy of Education 1991* (Normal, Il: Philosopphy of Education Society, 1992), pp. 186–201.

Moss, Myra ed., The Journal of Value Inquiry, vol. 26, No. 3, July 1992.

Wilbur, James ed., The Journal of Value Inquiry, vol. 24, No. 2, April 1990.

Cranor, Carl F.(1982), Limitation on Respect-for-Persons Theories,' in O. H. Green ed., *Respect for Persons, vol. 31*(New Orleans: Tulane University, 1982), pp. 46–60.

Atwell, John(1982), 'Kant's Notion of Respect for Persons,' in O. H. Green ed., Respect for Persons, vol. 31. New Orleans: Tulane University, pp. 18–33.

Johnson, Edward(1982), 'Ignoring Persons,' in O. H. Green ed., *Respect for Persons, vol. 31*(New Orleans: Tulane University, 1982), pp. 93–105.

Cranor, Carl(1977), 'Towards a Theory of Respect for Persons,' *American Philosophical Quarterly 12*(October 1977), pp. 36–49.

Darwall, Stephen L.(1977), 'Two Kinds of Respect,' *Etics 88*(October 1977), pp. 36–49.

Schofield, Harry(1972), The Philosophy of Education, London: George Allen & Unwin.

Downie, R. S. and Telfer, Elizabeth(1970), Respect for Persons, New York: Shocken Books.

Maclagan, W. G., 'Respect for Persons as a Moral Principle,' in *Philosophy 35, 134*(July 1960), pp. 193–217.

American Teacher 12, 1928, pp. 3–6.

〈참고웹사이트〉

http://www.siu.edu/~deweyctr/

http://www.nea.org/index.html

http://www.eduhope.net/

http://www.kfta.or.kr/default.asp

http://www.skolverket.se/sb/d/354

http://www.ingwon.com

찾아보기

저자
인지

학생의 삶을 존중하는 교사

교직소양

2008년 1월 5일 초판 인쇄
2008년 1월 10일 초판 발행

지은이 / 강 승 규
발행인 / 이 중 수
발행처 / **동 문 사**

서울특별시 서대문구 홍제동 137-8
Tel : (02) 736-3718(대), 736-3710, 3720
Fax : (02) 736-3719
등록번호 : 제9-17호
가격 : 11,000원

ISBN : 978-89-8251-284-1(93370)
E-mail : dms736@korea.com
www.dongmunsa.com